转型期城乡新生代青年对社会稳定的影响及策略研究

姚亮 著

图书在版编目（CIP）数据

转型期城乡新生代青年对社会稳定的影响及策略研究 / 姚亮著 . -- 北京：中国书籍出版社，2023.8

ISBN 978-7-5068-9535-4

Ⅰ . ①转… Ⅱ . ①姚… Ⅲ . ①青年－影响－社会稳定－研究－中国 Ⅳ . ① D63

中国国家版本馆 CIP 数据核字（2023）第 156467 号

转型期城乡新生代青年对社会稳定的影响及策略研究

姚 亮 著

责任编辑 李 新
责任印制 孙马飞 马 芝
出版发行 中国书籍出版社
地　　址 北京市丰台区三路居路 97 号（邮编 :100073）
电　　话 （010）52257143（总编室）（010）52257140（发行部）
电子邮箱 eo@ehinabp.com.cn
经　　销 全国新华书店
印　　刷 武汉市首壹印务有限公司
开　　本 710 毫米 ×1000 毫米 1/16
字　　数 245 千字
印　　张 14.25
版　　次 2023 年 8 月第 1 版
印　　次 2023 年 8 月第 1 次印刷
书　　号 ISBN 978-7-5068-9535-4
定　　价 68.00 元

前　言

习近平总书记指出："青年是整个社会力量中最积极、最有生气的力量，国家的希望在青年，民族的未来在青年。""青年兴则国家兴，青年强则国家强。青年一代有理想、有本领、有担当，国家就有前途，民族就有希望。"青年是社会的核心，他们衔接着家庭、单位和社会，既是家庭的中坚力量和未来的希望，也是代际之间物质、精神价值的联结纽带，在一个国家的社会稳定与和谐中发挥着至关重要的作用。同时，青年具有很强的可塑性，是国家和社会发展的力量源泉。毫无疑问，要了解和把握新时代的脉搏，维护好国家安全和社会稳定，就必须关注青年群体。

本书立足中国社会转型这一宏观背景，深入探讨改革开放以后成长起来的"80后""90后"和部分"00后"的城乡新生代青年在中国式现代化转型过程中出现了什么样的新变化，这种变化既包括共同性的特征，也包括异质性的特征。从共同性的特征来看，城市新生代青年和农村新生代青年无论是在生活方式、就业观念和方式，还是权利和参与意识、思想观念方面都出现了新变化，尤为值得指出的是城乡新生代青年的网络数字化特征日益显著。从异质性的特征来看，城乡新生代青年在成长环境、婚育状况、就业状况、社会政治态度方面都存在不同。

针对这些共同性和异质性特征，城市和农村新生代青年对社会稳定的影响是什么，又具有怎样的共同性与差异性？本书在城乡新生代青年的共同性和异质性特征的基础上，充分结合问卷调查数据和CGSS的数据，运用社会稳定理论、社会风险理论等分析工具，重点从城市和农村新生代青年的向上流动、维权意识、婚恋观、组织化状况和网络行为等几个方面来探讨城乡新生代青年对社会稳定产生的共同影响和不同影响，并探讨其内在关联性。

从生成机制来看，城市和农村新生代青年对社会稳定的影响具有多方面因素，既有内在结构根源，也有外部性诱因。本研究从社会基本矛盾的一般原理出发，分别从结构性因素、制度性因素和技术性因素等几个层面来重点探索新生代青年影响社会稳定的内在形成机理，并从中揭示出其演化的规律。从结构性根源来看，主要涉及青年人口结构、向上社会流动、青年组织化和价值观等因素；从制度性根源来看，主要涉及利益表达机制、社会能量转换机制和价值引导机制等，这些机制健全与否是关系有效化解各种青年群体矛盾和冲突的关键；从技术性因素来看，互联网是城市和农村新生代青年影响社会稳定的重要助推因素。就三者关系而言，结构性因素是根本，制度性因素是关键，技术性因素则是助推条件，且这三者之间会相互影响、相互作用，甚至相互加重。

城乡新生代青年既对社会稳定具有重要促进的一面，也对社会稳定具有消极负面的一面。结合社会控制理论来探讨城乡新生代青年影响社会稳定的治理对策成为可能。对城乡新生代青年积极建构的一面，要采取各种有效措施，充分发挥城市和农村新生代青年在社会发展和社会稳定中的作用。对城乡新生代青年消极建构的一面，则需要针对具体破坏性的机理采取针对性的治理策略。本书理论探讨旨在为制定和出台青年发展政策、以维护社会的稳定提供理论支撑。

目录

CONTENTS

第一章 前言

第二章 城乡新生代青年的概念与类型

第三章 城乡新生代青年的共同性特征

第四章 城乡新生代青年的差异性特征

第五章 新生代青年对社会稳定影响的理论架构

第六章 城乡新生代青年对社会稳定影响的比较分析
——基于问卷调查和 CGSS 数据的分析

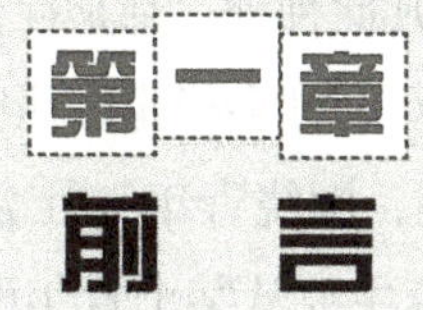

第一章 前言

第一节 选题的由来及价值

一、选题的由来

习近平总书记指出，“青年是整个社会力量中最积极、最有生气的力量，国家的希望在青年，民族的未来在青年”①。“青年兴则国家兴，青年强则国家强。青年一代有理想、有本领、有担当，国家就有前途，民族就有希望。”②青年是社会的核心，他们衔接着家庭、单位和社会，既是家庭的中坚力量和未来的希望，也是代际之间物质、精神价值的联结纽带，在一个国家的社会稳定与和谐中发挥着至关重要的作用，青年的稳定是社会稳定的基石。同时，青年具有很强的可塑性，是国家和社会发展的力量源泉。毫无疑问，要了解和把握新时代的脉搏就必须时刻关注青年群体。

（一）理论的思考

围绕青年与社会稳定的关联性研究，既是一个重要的理论性问题，又是一个重要的现实热点问题。尤为值得指出的是，不同类型的青年具有不同的特点，也会对社会稳定造成不同的影响。从城市新生代青年和农村新生代青年来看，他们既具有共性的一面，又有差异性的一面。城乡新生代青年这种共同性和异质性特征对社会

---

① 出自 2019 年 4 月 30 日习近平总书记在纪念五四运动 100 周年大会上的讲话。

② 出自党的二十大报告。

稳定带来怎样的影响，其内在的生成机制又是怎样的，以及需要采取什么样的策略来应对青年对社会稳定的影响？凡此种种，都是社会各界需要直面的现实问题。从已有文献来看，目前学者围绕青年与社会稳定的研究取得了不少的进展，形成了一些重要的学术观点。但也应看到，围绕青年与社会稳定问题的研究存在“三多三少”：在研究视角上，大多数研究主要从某个青年群体来探讨与社会稳定的关系问题，如大学生、新生代农民工等，而针对城市和农村新生代青年之间的比较研究较少；在研究主题上，大部分研究侧重于青年问题本身，而关于青年对社会稳定产生的影响，以及青年影响社会稳定的生成机制等问题的研究较少；在研究目标上，大多研究立足于解决青年问题来提出具体对策，而立足于整个社会稳定来分析对策的研究较少。为此，本研究尝试从如下几个方面作出努力：从城乡新生代青年比较的视角探讨社会稳定问题，探讨城乡新生代青年对社会稳定产生的影响及其差异性，阐释城乡新生代青年影响社会稳定的生成机制及策略应对。

（二）研究的深化

马克思曾在《德意志意识形态》中说：“思辨终止的地方，即在现实生活面前，正是描述人们的实践活动和实际发展过程真正实证科学开始的地方。”目前大多数研究是把当代中国青年作为一个整体来进行综合性的研究，虽然城乡青年的共性在增加，异质性在减少，但实际上受城乡二元结构的影响，城市和农村新生代青年依然具有很大的差异性，同样，他们对社会稳定的影响也不尽相同，而从既有的研究文献来看，在这方面的比较研究显得非常缺少。一直以来，笔者围绕社会风险与社会稳定问题展开了一些研究，也对青年这个特定人群有一些特别关注，同时形成了自己的一些理论思考，本书正是基于这些基础而作的一些理论思考总结。

（三）实践的需要

从实践层面来看，新生代青年稳定是社会稳定的基石，这一群体的各种社会行为都与社会稳定紧密相关。然而，新生代青年群体不同于其他的社会群体，他们具有其自身的独特性。也正是青年群体所具有的这种特点，使得他们的各种社会行为都可能会对整个社会的秩序产生重要的影响。无疑，对城乡新生代青年人群展开研究显得尤为必要和具有重要现实意义。

首先，青年的性格容易冲动，正处在从不成熟迈向成熟的过渡时期，情绪和感情也都呈现出一种极不稳定的状态，因而容易造成性格上的冲动，甚至会出现各种越轨行为。在一些社会突发事件中，青年是参与的主体人群，青年在这其中都扮演着“出头人”或“主力军”的重要角色，在事件中既发挥着事前的动员作用，又有事中的广泛参与，还是事后的网络助推力量，对当地或整个国家的社会秩序与稳定造成了一定的冲击。

其次，青年群体具有很强的可塑性。青年是社会的主体人群，是国家和社会发展的力量源泉。青年是任何一个国家和社会中最活跃、最积极上进、最具创造力的一代，他们在接受、吸收、消化和创新等方面都有很独特的优势，社会上的新生事物往往始于青年群体，他们是各种新社会思潮的引领者，是社会发展的“晴雨表”。因此，要了解和把握新时代的脉搏就必须时刻关注青年群体，正所谓“春江水暖鸭先知”。

有研究者认为，冲动的行为对于青年来说总是有特殊的意义，青少年时期是迈向成熟的过渡时期，情绪和感情也都呈现出一种极不稳定的状态。正是由于青年的心理还不成熟，因而容易造成性格上的冲动。而这种冲动的性格，也往往容易被别人利用。在不少的群体性事件中，一些社会势力会采取各种方式来煽动青年的不满情绪，导致大量不明真相的青年参与其中，这直接危及社会的安全与稳定。

二、研究的意义

（一）研究的学术价值

1. 深化马克思主义青年观的研究。本研究主要在充分掌握马克思主义青年观的基础上，更好地将这一理论运用到实现青年发展的实践中。在立足指引青年人成长的基础上，动员和凝聚社会各方面力量，努力为青年的发展营造积极向上、安全和谐的环境与土壤。并在此基础之上不断阐释现实问题，并以此来不断丰富和深化马克思主义的青年观。

2. 提供社会稳定问题研究的一个新视角。从宏观层面来看，学术界围绕社会稳定问题和青年问题的研究大多是独立分开的，而对两者的关联性问题展开的研究较少；中观层面来看，既有的一些研究文献主要从特定人群视角来研究社会稳定的较多，而从青年群体视角来探讨社会稳定问题的研究较少；微观层面来看，不同的青年群体既有共性的一面，也有异质性的一面，本项研究从城市和农村新生代青年比较的视角来探讨青年对社会稳定的影响研究，有一定的新颖性，具有较好的学术意义，有助于丰富社会稳定理论的研究。

3. 拓展青年问题研究。围绕青年问题的研究非常多，也提出了很多具有价值的学术观点。然而，大多数学术文献仅对青年问题本身来展开各种探讨，却少有研究者将青年问题置于中国社会转型和社会稳定的全局中来考量和研究，因而也就难以从整体上来把握青年问题。本项研究则立足于中国社会转型这一深刻背景和服务于社会的安全稳定来探讨青年问题，这就为青年问题的研究提供了一个更具现实意义的研究领域，而且也具有进一步深化和拓展的空间。

（二）研究的应用价值

对于当前正处于转型加速期的中国社会而言，新生代青年是推动社会发展进步的中坚力量，也是维护社会稳定的重要力量。但同时，也要看到不同的青年群体对社会稳定的影响是有区别的，本课题通过研究城市和农村新生代青年对社会稳定所产生的影响，并通过比较剖析城市和农村新生代青年影响社会稳定的差异性，由此提出采取不同的策略来应对城乡新生代青年影响社会稳定的问题。这可以为制定和出台青年政策以维护社会的稳定提供重要的理论支撑。

第二节 研究的思路与方法

一、研究思路

首先，立足中国社会转型这一宏观背景，深入探讨改革开放以来成长的城市和农村新生代青年在现代化转型的过程中出现了什么样的新变化，这种变化既包括共同性的特点，也包括异质性的特点，还体现在青年的各种类型上。

其次，基于城乡新生代青年的共同性和异质性特点的基础上，充分结合课题组问卷调查数据和 CGSS 的数据，运用社会稳定理论这一分析工具，重点从青年的向上流动、维权意识、婚恋观、组织化状况和网络行为等几个方面来探讨城乡新生代青年对社会稳定产生的共同影响和不同影响，并探讨其内在关联性。

再次，从社会基本矛盾的一般原理出发，分别从作为经济基础的社会结构和作为上层建筑的社会制度等两个层面来重点探索新生代青年影响社会稳定的内在形成机理，并从中揭示出其演化的规律。

最后，在剖析城乡新生代青年对社会稳定的影响和内在机理的基础上，结合社会控制理论，从刚性约束和柔性引导两个方面提出应对城乡新生代青年影响社会稳定的问题，并期望这一研究成果可以为制定和出台青年发展政策，以维护社会的稳定提供重要的理论支撑。

二、研究方法

本研究以理论研究方法与经验研究方法相结合的方式，围绕城乡新生代青年群体对社会稳定的影响展开比较研究。首先，开展全面调查，掌握现实状况。通过文献资料、实地调查和问卷调查等方式了解和掌握城乡新生代青年的独特性。其次，进行比较研究，揭示内在关系。本研究基于城市和农村青年的不同特性，分析城市和农村新生代青年对社会稳定的影响，并从中揭示出城乡新生代青年对社会稳定影响的差异性。再次，深入展开剖析，提出相应对策。以全面调查和比较研究为基础，分析城乡新生代青年影响社会稳定的内在生成机理，从而为城乡新生代青年影响社会稳定问题的治理提出切实有效的政策建议和理论体系。

具体采用的研究方法如下：

1. 文献研究法。一是查阅国内外关于青年与社会稳定关联研究的学术成果，汲取其理论营养成分，这是开展本研究的基石；二是通过网络、报刊、书籍、广播、电视等渠道来收集近年来发生的各种社会矛盾的相关资料，进行整理和定性与定量分析，为研究提供丰富的素材；三是收集有关青年与社会稳定的各种统计数据资料，并对既有统计资料进行二次分析，如 CGSS 的数据。

2. 实地研究法。本研究采用参与观察法和无结构访谈法，选取有一定代表性的青年群体事件或公共事件发生地进行实地研究，收集定性资料，以深入了解青年在事件演进中的作用，探讨青年与社会稳定间的内在关系，确定的调查点：浙江、山东、江西、湖南、重庆、云南等地。

3. 调查研究法。主要采用问卷调查和访谈法。在问卷调查方面，结合分层抽样和随机抽样两种方法：本研究在抽样上采取社会学研究方法中的非概率抽样方法。在抽样时，基于考虑东、中、西部等方位的因素，按照判断抽样的方法从全国 31 个省市自治区选取样本，除西藏自治区、台湾省、香港和澳门特别行政区之外，其他各省均有样本分布。本次样本规模为 1939 人，其中东部地区样本数为 827 人，中部地区样本数为 717 人，西部地区为 395 人；分别占到样本规模的 42.65%、36.98% 和 20.37%。同时，基于课题研究数据的可获得性和样本的代表性，样本的分布主要在山东、浙江、江西、湖南、重庆、云南等省市。共发放问卷 2000 份，回收问卷 1968 份，剔除无效问卷 29 份，共有有效问卷 1939 份，问卷有效回收率 97%。同时，把浙江的杭州、山东的青岛、江西的南昌、湖南的衡阳、云南的曲靖等地作为实地调查点，并在上述的城市和农村调查点中选取了近 80 名青年进行个案访谈，收集翔实的第一手资料。

第三节　研究的工具与理论假设

一、理论分析工具

（一）社会风险理论

社会风险属于风险的一种或一类，它更侧重于从社会学的角度来理解。从社会本身而言，具有广义与狭义之分，广义的社会是指包括政治、经济、文化和社会等在内的复杂系统；而狭义的社会则是指与政治、经济、文化相并列的一个子系统。相应地，社会风险也有广义和狭义之分。广义的社会风险是指由于自然灾害、政治因素、经济因素、技术因素以及社会因素等方面的原因而引发社会失序或社会动荡的可能性。[①] 而狭义的社会风险是与政治风险、经济风险、文化风险、科技风险、自然风险等相并列的一种风险。不同的学者从不同的视角有不同的界定。中共江苏省委党校教授冯必扬认为社会风险包括两层定义：其一，社会风险就是社会损失的不确定性；其二，社会风险是由个人或团体反叛社会行为所引起的社会失序和社会混乱的可能性。[②] 南京政治学院的陈磊认为，社会风险是由人类实践和社会性因素（社会结构、制度、文化、科技等）引起、对人类社会和人

① 冯必扬. 社会风险：视角、内涵与成因［J］. 天津社会科学，2004（2）.

② 冯必扬. 社会风险：视角、内涵与成因［J］. 天津社会科学，2004（2）.

们的社会生活能够造成危害的可能性社会事件。社会风险又可区分为社会结构性风险、社会制度性风险、社会实践性风险。[①]社会风险是一种导致社会冲突，危及社会稳定和社会秩序的可能性，更直接地说，社会风险意味着爆发社会危机的可能性。一旦这种可能性变成了现实性，社会风险就转变成了社会危机，对社会稳定和社会秩序都会造成灾难性的影响。[②]按照不同的标准，社会风险有多种类型划分：依据危害程度，可以划分为高度社会风险、中度社会风险和低度社会风险；依据人类认知的程度划分，可以划分为已知的、疑似的和假定的社会风险；[③]按社会风险涉及的范围划分，主要包括特定风险、基本风险；按照承受能力分为可承受的风险和不可承受的社会风险，等等。

从特征来看，社会风险具有如下几个方面的特征：一是形成的人为性。无论生态风险，还是科技风险，包括精神危机，追根溯源都与人的实践活动密切相关。随着人类对自然领域的日益开拓与扩展，风险逐渐失去了昔日在自然与文化之间的严格边界，纯粹意义上的自然风险几乎不存在，绝大多数领域都打上了人类实践活动的烙印，以“天灾”形式表现出来的风险归根结底基本上都是“人祸”所致。[④]“人造风险”已成为现代社会最主要的风险形式，如吉登斯所说：“我们所面对的最令人不安的威胁是那种‘人造风险’，它来源于科学与技术的不受限制的推进。”[⑤]德国社会学家贝克认为，风险是人类活动作用于社会的一种反映，是生产力高度发展的一种表现，人为因素日益渗透到风险之中，成为风险形成的重要因素。而这种人为引发的风险也促进了风险社会的到来。风险社会存在的一个主要悖论是：风险往往是在试图控制它们的现代化进程中产生的。在现代社会中，人们面对的许多危险往往主要不是源于自然界，而是源于人类自己。但是随着科学技术的迅猛发展，人类活动的广度、深度和力度的加深，社会风险越来越表现出它的人为性的一面。贝克认为，风险是人类活动和社会的反映，是生产力高度发展的表

① 陈磊. 风险社会理论与和谐社会建设［J］. 南京社会科学，2005（2）.

② 熊光清. 当前中国社会风险的形成原因及其基本对策［J］. 教学与研究，2006（7）.

③ Piet Strydom, 2002, Risk, Environment and Society, Buckingham: Open University Press, p. 81.

④ 潘斌. 社会风险论［D］. 华中科技大学博士论文，2007：38.

⑤ 〔英〕安东尼·吉登斯. 现代性的后果［D］. 田禾，译，译林出版社，2000：115.

现，人为因素日益渗透到风险中去，成为“人为风险”，这些风险具有无限可再生性，它们总是随着我们制定的决策策略而自我蔓延。随着人造风险的扩散，我们越来越多地生活在一个风险社会中。吉登斯认为，与大规模环境污染、地球变暖或沙漠化等相联系的风险都是人类活动的结果，这些风险是在试图去控制它们的现代性过程中产生的。而贝克认为：“自 20 世纪中期以来，工业社会的社会机制已经面临着历史上前所未有的一种可能性，即一项决策可能会毁灭我们人类赖以生存的这颗行星上所有的生命。”① 仅这一点足以说明，现代社会的风险已与人类难脱干系了。二是风险发生的不确定性。风险社会理论告诉我们，随着人类现代化的发展，各个行业各个领域都会存在风险，各种各样类型的风险都会出现，它们不仅有政治风险、经济风险，也有文化风险、生态风险，还有社会风险；不仅有全球性的风险，也有区域性的风险。同时，这些风险之间相互交织、相互渗透和相互叠加，它们的出现也将变得越来越难以预测和防范，其对人类社会所产生的危害也变得难以估量。吉登斯说，“我们今天生活在一个人为不确定性的世界，其中的风险与现代制度发展的早期阶段的风险完全不同”。② 当然，有必要指出的是，风险发生的这种不确定性，并非意味着人们在风险面前就无能为力，只能任其发展和泛滥。实际上，人类可以通过建立各种风险评估和预警机制来预测风险，对未来可能发生的风险未雨绸缪，制定必要的预防与应对的方案和策略，从而将风险和损失降到最低限度。这正是风险社会理论研究者关注和研究风险，进而希望有效治理风险的初衷之所在。三是风险后果的二重性。风险二重性是指风险既可能带来巨大的威胁，也可能带来拓殖未来的机遇。正所谓“风险与机遇同在”。就前者而言，如若应对不及时或不当，可能会给人类社会带来灾难性的后果，具有很强的负面影响。就后者来看，风险也可以带来挑战和机遇，它们为人类更好地认识世界和改造世界带来了新的创新和希望。在风险社会理论中，对风险后果的认识存在着两种截然不同的观点。一种观点认为，风险会对人类造成灾难性伤害，甚至是毁灭性打击，具有极大的破坏性；而另一种观点则认为，风险通常是人为因素的结果，是文化原因导致的，体

① 〔德〕乌尔里希·贝克. 从工业社会到风险社会［J］. 马克思主义与现实，2003（3）.

② 〔英〕吉登斯. 超越左与右［D］. 李惠斌，杨雪冬译. 社会科学文献出版社，2001：82.

现了人与文化之间的矛盾。因此，解决这类矛盾正是应对风险的策略。从这种意义上讲，风险又具有积极意义，因为风险的存在意味着创新，意味着变革，意味着发展的机会。[①] 实际上，风险二重性是一个可能性范畴，无论是风险可能导致的灾难性后果，还是即将带来的选择与机遇，都是面向未来时间的，只有在可能性转化为现实性时，风险的二重性才以确真的客观事实或现实状态加以具体呈现。

（二）社会稳定理论

人类社会出现以来，社会稳定就一直是人们所不断追求的状态，它是社会生活和生产得以正常开展的必要条件，也是一个国家和民族走向强盛的基本前提。学术界关于社会稳定的学术研究主要包括以下几个方面的内容：

其一，社会稳定的基本内涵。社会稳定并非要社会生活与生产的静止不动，而是指一个国家或社会通过各种有效的干预、调节和控制等措施实现的社会生活安定协调、和谐有序的平衡状态。具体而言，它包括这几个方面的涵义：一是社会生活的有序性和可控性。一旦社会生活陷入无序和失控的状态时，则意味着该社会是不稳定的社会。二是在客观条件允许的情况下人们自觉调控活动的结果。在任何一个社会中，硬控制与软控制是相互结合、相互作用的，它们共同维系着社会的安全稳定。三是社会不稳定有两种情形：阻碍社会进步的情形是社会生活陷入严重的波动甚至动乱的局面；促进社会进步的情形是社会处于急剧的变化和革命中。[②]

其二，社会稳定的基本内容。社会稳定是从整体的社会系统来考察的，而社会有机系统包含着多个子系统。因此，社会稳定又可以分解为政治秩序稳定、经济秩序稳定、社会秩序安定和社会心态良好等多项指标。首先，政治稳定在社会稳定中具有根本性的地位，是社会稳定追求的首要目标，具体包括政治系统及其运行的有序性、国家主权的独立性和完整统一性、政治制度的持续性以及执政的相对稳定性等。其次，经济稳定是整个社会稳定的前提和基础，具体包括经济的可持续发展、充满活力的经济活动、有效的经济调控等。再次，社会秩序安定是从事其他一切生产和生活活动的条件，具体包括良好的社会治安、社会阶层结构

① 郑保卫，杨柳. 论风险社会中危机传播的策略与方法［J］. 新闻前哨，2010（10）.

② 陶德麟. 社会稳定论［M］. 山东人民出版社，1999：4-9.

合理和社会风气正常等。最后，良好的社会心态是维护社会稳定的重要社会心理条件，具体包括信任和支持政府、形成主流的价值选择和行为取向、较好的社会认同感和满意度。

其三，影响社会稳定的因素。从宏观的角度来看，学术界把影响社会稳定的因素主要归纳为国内和国外。国内的因素主要包括经济因素（如发展速度、就业、贫富差距、产业转型等）、政治因素（如腐败问题、民族与宗教问题、民主化因素）、思想因素（价值观教育、宗教迷信）、社会因素（人口结构、阶层结构、城乡结构、社会治安等）；国外的因素主要包括经济因素（经济危机、经济制裁、贸易战）、意识形态因素（价值观渗透、颜色革命）、政治因素（军事威胁、政治干预）。这些因素如若应对不当，都会对社会稳定产生一定的冲击，所不同的只是程度不一样。

（三）社会控制理论

美国社会学家罗斯 1901 年在他的《社会控制》一书中最先提出“社会控制”这一概念。他认为社会控制是一种有意识、有目的的社会统治，包括对于意志的控制、情感的控制和判断的控制等三类。从国内学术界的研究来看，对社会控制的理解有广义和狭义之分。广义的社会控制是指社会组织体系运用社会规范以及与之相适应的手段和方式，对社会成员（包括社会个体、社会群体以及社会组织）的社会行为及价值观念进行指导和约束，对各类社会关系进行调节和制约的过程。狭义的社会控制是指对社会越轨者施以社会惩罚和重新教育的过程。

从特征上看，社会控制具有普遍性、强制性和多样性等特征。就普遍性而言，社会控制是任何一个国家和社会维护正常秩序所必不可少的手段，存在于任何一个时代和国家之中。就强制性而言，社会控制具有强有力的约束性，它依托于一定的制度规范来实现这种约束力。就多样性而言，社会控制的手段是多种多样的，既可以是政权、法律和纪律等刚性制度规范，也可以是道德、舆论、风俗、习惯等柔性价值规范。

从类型上看，依据不同的标准，可以把社会控制分成不同的类型，如分为硬控制和软控制、积极控制和消极控制、外在控制和内在控制、制度化控制和非制度化控制等。在此，本研究将这些不同类型的社会控制进行有机融合，分别从刚性约束和柔性引导两个方面来探讨青年影响社会稳定的治理对策。

从功能上看，社会控制对于社会秩序和社会稳定的维护具有非常重要的意义。当社会成员之间发生冲突时，社会控制能够有效抑制各方的冲突行为甚至越轨行为。如若任其社会成员间的矛盾冲突演变，必然会由个体性矛盾状态发展为群体性甚至阶层阶级间的矛盾，从而使整个社会系统出现失衡甚至瓦解。简言之，社会控制既是一种推动社会发展的外源性动力，又是一种保证社会结构正常运转的内源性动力。

二、主要研究假设

社会流动机制越畅通，青年向上流动就越容易，群体的社会认同度就越高，也就越愿意进行各种制度化的社会参与，从而有助于维持社会的良性运行和形成良好的社会秩序；社会流动机制阻塞，青年向上流动就越难，群体的社会认同度就越低，就越可能出现各种社会越轨行为，从而影响社会的稳定。

新生代青年的维权意识越来越强，针对这种日益增强的维权意识，如若组织化程度高，就可以通过制度化的渠道释放青年的压力，从而有助于促进社会的稳定和谐；而如若组织化程度低，缺乏制度化的渠道就可能导致非制度化的压力释放，容易导致非理性的集权行为的出现，从而危及社会的安全。

随着我国快速的社会转型，传统家庭结构发生了巨大的变迁，在城市中，独生子女家庭增多，加之青年个性化特征越来越明显，这直接影响了青年群体的婚恋观，形成了具有新生代青年特征的婚恋观；加之来自就业、住房等生活压力，使得单身男女青年、丁克家庭和离婚率高等现象越来越突出，传统维系家庭婚姻的纽带逐渐消解，进而影响了社会的稳定。

青年组织化的高低会影响青年群体的社会参与状况。通常情况下，青年的组织化程度越高，他们的参与积极性就越高，反之亦然。同时，青年的社会参与越多，就越能进行自我利益的表达，从而实现自我价值，增进获得感和满足感，从而有助于促进社会稳定。

青年的网络行为是青年进行社会参与的一种重要方式，如若能够有效引导青年的网络行为，则有助于青年群体的情绪释放，从而缓和人际关系，进而促进社会稳定；而如若无法有效引导青年的网络行为，其网络行为所蕴藏的社会动员负能量一旦激发，则可能会对社会的秩序与稳定造成极大的冲击。

第二章 城乡新生代青年的概念与类型

目前，学术界对城乡新生代青年的界定有各种不同的观点，研究者出于各自研究的需要来理解和阐释。有的学者从广义的角度来理解，认为改革开放后出生的青年都属于新生代青年这个范畴；也有的学者从中观层面理解，就是符合一定年龄标准的就属于这个范畴，如16—30岁的人群就属于新生代青年；还有的学者从狭义层面理解，仅指某一群体，如“80后”群体。无疑，对本研究研究的开展而言，也非常有必要对新生代青年进行科学合理的界定，这是进行论证和分析的前提。因此，对于一些具体的问题，如城乡新生代青年是指哪些人群，它的规模究竟有多大，以及究竟包括哪些类型的青年，都必须进行一一解答，并找到合理的界定依据。

第一节 城乡新生代青年的概念界定

一、青年概念的由来

在不同的国家和民族里，对青年这一概念有着各自不同的表达，如英语的“youth”，法语的“jeunesse”，德语的“die jugend”，俄罗斯语的“молодёжь”，等等。在中国古代主要使用“少年”“后生”“年轻人”和“郎”等词语来表示青年。春秋时期的《论语·季氏》中指出：“君子有三戒：少之时，血气未定，戒之在色；

及其壮也，血气方刚，戒之在斗；及其老也，血气既衰，戒之在得。”这实际上是“有了把完整的人生分为青年、中年和老年三阶段的认识”。“青年”这一词语在中国最早出现在唐代中期，“在隋唐以后的文献中，我们可以看到‘青年’的概念开始出现在诗文之中，到了宋元时代，‘青年’一词已经被相当普遍地使用了[①]”。在欧洲古希腊时期，亚里士多德在《修辞学》一书中提出了人生的“青年、成熟期、老年”三个阶段，并比较和分析了这三个年龄阶段的特点。进入近代以来，“青年”的广泛使用主要是在欧洲文艺复兴运动之后，特别是18世纪基督教创办青年联合会以来，“青年”逐渐为社会上所接受。在中国，1840年以后，青年逐渐引起社会各界的重视，而在1919年五四运动后，“青年”一词才在国内被广泛使用。

二、国内外关于青年概念的界定

“青年”一词的概念界定在全世界不同的社会中有不同的含义，而且随着经济社会的发展而不断发生变化。毫无疑问的是，以年龄为标准界定的社会群体，是青年所属的一个主要社会群体，是一种常见的制度安排。然而，如何界定青年的年龄，对于哪个年龄段的人可以称作“青年”的问题，是青年问题研究、青年工作开展和青年政策制定的重要基础和内容，但一直以来都存在很大的争议，到目前为止，都没有一个世界范围内的统一界定。只是不同的组织机构或研究者根据自身的需要，会对青年的年龄范围进行各自的限定。“在一定的历史时期和人类认识发展的一定阶段，概念的内涵和外延有其确定性。正因为如此，人们才能运用各种概念确定地进行思维活动[②]。”

1. 国际组织的界定

在1985年国际青年年，联合国首次将“青年”定义为年龄介于15岁与24岁之间（含15岁和24岁）的那些人。[③]联合国1995年制定的《到2000年及其后世界青年行动纲领》重申了该定义。根据世界卫生组织确定新的年龄分段，青

① 吴端. 青年的虚像与实像——对中国的“青年”概念原创时期特征的探讨［J］. 当代青年研究，2009（7）.

② 吴坚，傅殿英. 实用逻辑学［M］. 首都经济贸易大学出版社，2005年第21页.

③ 郭鹏飞. 联合国正式定义“青年”：介于15岁与24岁间的群体［EB/OL］. 环球网，2016-05-04.

年人的年龄上限已经提高到44岁，45岁至59岁为中年人，60岁至74岁为年轻老年人，75岁至89岁为老年人，90岁以上为长寿老人。[①] 按照世界卫生组织的界定估算，到2050年15岁至44岁的青年人总数将达到11.76亿人。联合国教科文组织关于青年的定义，随着时代的发展在不断改变。1982年，它将青年界定在18岁到34岁，后来又将青年定义为16岁到45岁。

2. 国内机构的界定

在国内，使用“青年”概念比较多的组织机构包括国家统计局、共青团、青联等。然而，这些机构对“青年”这一概念的界定标准是不一样的。具体而言，主要包括五种界定标准：

一是把青年年龄界定为14岁至28岁。中国共青团章程规定：申请入团的一个条件是“年龄在14岁以上，28岁以下的中国青年，28岁以上则为中年人。2008年4月，国务院法制办明确，青年节放假适用人群为14岁至28岁的青年。国务院2007年12月公布的《全国年节及纪念日放假办法》提出，五四青年节“14岁以上的青年放假半天”。这明确了青年年龄的下限，但未涉及青年年龄的上限。

二是把青年年龄界定为14岁至35岁。根据中共中央、国务院于2017年4月13日印发并实施的《中长期青年发展规划（2016—2025年）》来看，规划所指的青年，年龄范围是14—35岁（规划中涉及婚姻、就业、未成年人保护等领域时，年龄界限依据有关法律法规的规定）。中国青少年研究中心2007年推出的专题研究报告——《“十五”期间中国青年发展状况与“十一五”期间中国青年发展趋势研究报告》，则将青年界定为14—29岁和14—35岁的两类。

三是把青年年龄界定为15—34岁。在2013年之前，国家统计局在人口普查和统计劳动人口的时候，一般将15—34岁之间的人群界定为青年，将34岁以上的人界定为中年。2013年末，国家统计局将劳动年龄人口的统计范围调整为16—60岁，即将16岁至35岁的人群界定为青年。从研究文献的情况来看，目前我国学术界的研究者以采用国家统计局人口普查的统计口径居多。

四是把青年年龄界定为18—40岁。中华全国青年联合会的《章程》则规定，18—40岁之间为青年，41岁以上则为中年。

五是港、澳、台地区的界定。香港青年事务委员会、澳门人口暨普查司、台

① 世卫组织确定新年龄分段：44岁以下为青年人[EB/OL]. 央视网，2013-05-13.

湾青年辅导委员会等将 10—24 岁的人界定为青年人口。

三、新生代青年的概念界定

在我国社会实践中，如各种评选活动，40 岁是经常被采用的上限标准，14 岁则是经常被采用的下限。本项研究认为，在青年与社会稳定问题的研究中，不宜将青年界定的过于年轻，因此采用 40 岁为青年的界定上限，便于和 2020 年全国开展的人口普查数据一致，本书将新生代青年界定为改革开放以后成长的新一代群体，年龄为 15 岁至 39 岁的人群，其主体人群是“80 后”和“90 后”两个代际群体，也包括一部分“00 后（千禧一代）”青年。总体来讲，“80 后”已成为社会的中坚力量，“90 后”迈入社会，“00 后”也正逐步走上历史舞台。本项研究关于新生代青年界定的主要依据如下：

其一，基于开展调查研究的实际需要。从社会群体角度的年代学年龄看，1 岁组、5 岁组等年龄组是典型的年代学年龄[①]。然而，为了便于课题组问卷调查和 CGSS 问卷调查的数据在年龄上的一致性，把 16—40 岁分为 16—21 岁、22—27 岁、28—33 岁、34—40 岁四个年龄段档次。

其二，基于当前国内国际的人均寿命考虑。从国内的情况来看，据国家统计局透露，2015 年中国人口平均预期寿命达到 76.34 岁，比 2010 年的 74.83 岁提高 1.51 岁。其中男性为 73.64 岁，比 2010 年提高 1.26 岁；女性为 79.43 岁，比 2010 年提高 2.06 岁。从国际的情况来看，据世界银行数据显示，2015 年世界人口的平均预期寿命为 71.60 岁，其中高收入国家为 79.28 岁，中上收入国家为 74.83 岁，中下收入国家为 67.48 岁，低收入国家为 61.80 岁。[②] 综合国内和国际的数据情况来看，世界各国的人均寿命都在提高，其背后是人们的社会生活水平的稳步提升和卫生医疗条件的极大改善。针对这种日益延长的人均寿命，青年的界定也必然要随着变化。为此，本研究将青年的年龄区间范围扩大，年龄的下限为 16 岁，年龄的上限为 40 岁，即 16—40 岁为青年，41—60 岁是为中年，61 岁及以上则为老年。

其三，基于青少年发展特征考虑。一方面，考虑青少年的发展新特征的因素。

---

① “年代学年龄”是一个专业术语，也叫“日历年龄”，即从出生之日起，按年月顺序自然累加计算的年龄或岁数，故又称“自然年龄”或“时序年龄”。

② 2017 中国人平均寿命最新统计：女性增速比男性快［EB/OL］. 中国新闻网，2017-07-26.

当前，全世界均出现青春发育年龄提前的“年代趋势”。有研究指出，目前我国青少年儿童展现出的生长发育长期趋势为：儿童期生长水平提高、青春期发育提前和成年期身高增长。相比40年前的青少年，大约提前了2年。最明显的表现之一就是，现在13岁孩子的身高相当于过去孩子15岁的身高。另一方面，基础义务性教育的完成和初始就业的形成，是界定青年年龄下限的依据。根据我国关于普遍实施9年义务教育制度的规定，完成国家基础义务性教育的年龄基本在16岁。

其四，基于国家法律法规的考虑。在我国的一些重要法律法规中，对于能否承担法律责任有专门的法律规定，即法定年龄，这可以作为界定青年的重要参考。例如，《中华人民共和国刑法》第十七条规定，已满16岁的人犯罪，应当负刑事责任。《中华人民共和国民法总则》第十八条规定，16岁以上的未成年人，以自己的劳动收入为主要生活来源的，视为完全民事行为能力人。综合这些法律规定，本项研究将青年的年龄下限界定为16岁，15岁及以下则为少年。

其五，综合不同学科的研究观点。生理学学者认为，青年是处在生殖能力成熟阶段的人，把青年年龄界定为14岁至22岁；心理学学者认为，青年是处在心理成熟过程中的人，把青年年龄界定为14岁至25岁；社会学学者认为，青年是从依赖成人的童年到能进行独立负责的成人活动的人，把青年年龄上限延至35岁或40岁，也有的社会学研究者把新生代青年的年龄界定为出生于1978年以后的；教育学学者认为，青年是从接受中等教育开始，到就业、结婚、独立生活为止的这段时期的人群，把青年年龄界定为在12—14岁至22—25岁。总的看来，不同的学科有不同的看法，但有一点是值得肯定的，都是基于各自学科的发展和研究的需要而进行概念的界定。同样，本项研究也是基于研究需要的基础来对青年的概念进行界定。

第二节　城乡新生代青年的基本构成

依据15—39岁的年龄标准来界定青年，那么，当前我国新生代青年的规模究竟有多大，其基本构成情况又如何，这是开展本项研究必须解决的首要问题。根据第七次全国人口普查数据并主要从人口比重、城乡比重、性别比、婚恋和文化程度等指标来对新生代青年的基本构成状况展开分析。

一、新生代青年的人口比重情况

从国家统计局公布的2020年全国人口第七次普查数据来看，截至2020年11月1日，我国普查登记的大陆31个省、自治区、直辖市和现役军人的人口共1411778724人），其中15—19岁的为7268.41万人，占总人口的比重为5.2%；20—24岁的为7494.17万人，比重为5.3%；25—29岁的为9184.73万人，比重为6.5%；30—34岁的为12414.52万人，比重为8.8%；35—39岁的为9901.29万人，比重为7%（详见表2-1）。总体上看，新生代青年人口总数和占总人口的比重继续呈现下降态势。在“全国”层面，15—39岁年龄段青年人口占总人口的比重在2010年第六次全国人口普查时为39.65%，为5.43亿人。

从全国人口变动情况抽样调查的数据①来看，2011年至2017年15—39岁的青年人口约占总人口数的比重分别为39.93%、38.97%、38.11%、37.24%、36.57%、35.87%、35.33%。到2020年第七次全国人口普查时，15—39岁的青年人口4.63亿人，比例下降到32.83%（详见表2-1），与2010年相比，2020年人口普查15—39岁的青年人口少了8000万。青年人口占比的萎缩，将直接导致未来“40—64岁”成年人口和“65岁及以上”老年人口占比的上升，由于人均预期寿命的延长，“65岁及以上”老年人口占总人口的比重将趋于大增。第七次全国人口普查数据展示的这种变化趋势，与第六次全国人口普查所展现的变化趋势高度一致。

表2-1　全国第六次和第七次人口普查情况　　（单位：万人）

类别＼年份	2010年	2020年
15—19岁	7490.85	7268.41
20—24岁	9988.91	7494.17
25—29岁	12741.25	9184.73
30—34岁	10101.39	12414.52
35—39岁	9713.82	9901.29
合计	54347.97	46263.13
占总人口比重	39.65%	32.83%

来源数据：根据国家统计局公布的数据整理。

① 全国人口变动情况抽样调查样本数据2011年比为0.850‰，2012年为0.831‰，2013年为0.822‰，2014年为0.822‰，2015年抽样比为1.55%，2016年为0.837‰，2017年为0.824‰。

二、城乡新生代青年的性别比状况

人口性别结构是衡量一个国家或地区人口发展水平的重要指标，合理的性别结构、协调的两性发展是社会公正的重要体现，是构建和谐社会与实现人口可持续发展的重要基础。尤为值得指出的是，青年的性别比状况如何，不仅会影响到青年个人的婚恋家庭状况，也关系着整个社会的和谐与稳定。从国家统计局公布的数据来看，2011—2019 年我国的总体性别比在下降，由 2011 年的 105.18 下降到 2019 年的 104.45，但到 2020 年，我国的性别比又出现了反弹，为 105.07（详见图 2-1）。

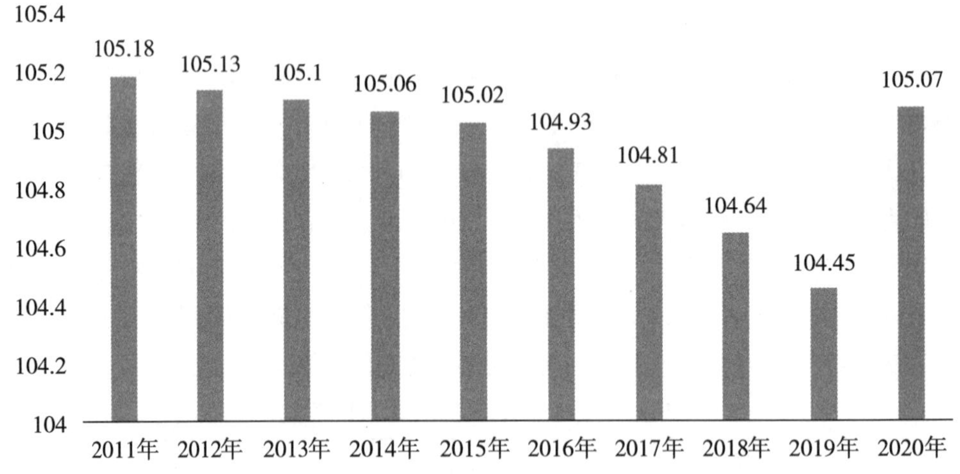

图 2-1　2010—2020 年中国总人口性别比走势图

数据来源：根据国家统计局公布的数据整理。

据全国人口第六次和第七次普查数据显示，2010 年 15—39 岁的男青年人数为 27666.33 万人，女青年为 26681.63，性别比为 103.69；2020 年 15—39 岁的男青年人数为 24169.54，女青年为 22093.59，性别比为 109.39。在 2010 年，15—39 岁的男青年比女青年多 987 万人；然而到了 2020 年，15—39 岁男青年比女青年多了 2075.95 万人（详见表 2-2）。

表 2-2　全国人口第六次和第七次普查数据青年性别情况　　（单位：万人）

类别＼年份	2010 年第六次普查			2020 年第七次普查		
	男	女	合计	男	女	合计
15—19 岁	4026.73	3464.12	7490.85	3905.33	3363.08	7268.41

续表

类别 \ 年份	2010 年第六次普查			2020 年第七次普查		
	男	女	合计	男	女	合计
20—24 岁	5190.48	4798.43	9988.91	3967.60	3526.57	7494.17
25—29 岁	6400.86	6340.39	12741.25	4816.23	4368.51	9184.74
30—34 年	5083.7	5017.68	10101.39	6387.18	6027.34	12414.52
30—39 年	4952.18	4761.64	9713.82	5093.20	4808.09	9901.29
合计	27666.33	26681.63	54347.97	24169.54	22093.59	46263.13
占总人口比重	20.19%	19.47%	39.65%	17.13%	15.66%	32.83%

再从城乡新生代青年的比重来看，在城镇青年人口中，15—39 岁的男青年为 17012.63 万人，15—39 岁的女青年为 11619.74 万人，男青年比女青年多 892.89 万人。在乡村青年人口中，15—39 岁的男青年为 7156.92 万人，15—29 岁的女青年为 5973.84 万人，男青年比女青年多 1183.07 万人。从中可见，农村的青年性别比失衡更为严重（详见表 2–3）。

表 2–3 全国人口普查城乡 15—39 岁青年比较 （单位：万人）

类别 \ 性别	男	女
城市	11492.01	10861.32
镇	5520.62	5258.42
乡村	7156.92	5973.84
合计	24169.54	22093.58

三、新生代青年的文化教育程度情况

从 2020 年全国第六次人口普查的数据来看，15—39 岁的青年人群中，文化程度为小学及以下的共 2351.91 万人，占总人口的比重为 1.67%；初中文化程度的为 16263.06 万人，比重为 11.53%；高中的为 11763.48 万人，占 8.34%；大专的为 7885.29 万人，占 5.59%；本科的为 7170.9 万人，占 5.8%，研究生及以上的共 753.71 万人，占 0.53%。从具有高中学历以上的青年知识分子规模来看，有学者根据 2010 年人口普查的数据估算我国 2010 年的青年知识分子人数大约有 153811385 人，即 1.5 亿人，并且，这些青年知识分子的特点是人数众多，分化严重，差异性也很大。[①] 然而，2020年全国第七次人口普查数据显示，15—39岁青年具有大专及以上教育程度的人数就达到1.58亿，比2010年具有高中学历以上的青年多了800万（详见表2-4）。

表2-4　全国第七次人口普查青年受教育程度情况　（单位：人）

年龄＼教育程度		小学以下	小学	初中	高中	大专	本科	研究生
15—19岁	男	189310	976917	10055548	20155739	4411279	3259156	5394
	女	157855	808617	7156761	17497553	4238667	3767132	4132
20—24岁	男	143885	1097406	10972323	8722260	9260026	8794574	685521
	女	129279	907345	7755029	6321433	9198997	10092473	113366
25—29岁	男	169635	1795841	17106885	11071119	9264429	7630408	1123953
	女	177421	1637670	14051499	8752982	9143002	8549506	1372982
30—34岁	男	258448	3250697	26384934	14095804	10236402	8491178	1154345
	女	312772	3359394	24104127	12118279	10195071	8905095	1278644
35—39岁	男	274606	3475442	23361887	10071850	6566555	6247528	934169
	女	395044	4001433	21681589	8827768	6338469	5971984	864608
合计		2208255	21310762	162630582	117634787	78852897	71709034	7537114
占总人口比重		0.16%	1.51%	11.53%	8.34%	5.59%	5.08%	0.53%

数据来源：依据2020年全国第七次人口普查数据整理计算。

从城乡青年的受教育情况来看，15—39岁城镇青年具有大专教育程度的人数为65747849人，具有本科教育程度的为64754709人，具有研究生及以上学历的为7843843人，三者合计人数为138346401人，占15—39岁城镇青年总人口的41.76%。15—39岁乡村青年具有大专教育程度的人数为13014948人，具有本科教育程度的为6954320人，具有研究生及以上学历的为441659人，三者合计20410927人，占15—39岁乡村青年总人口的15.54%。不难看出，城市青年人口的受教育程度要远远高于农村，高出26.22个百分点。

① 叶丽. 当代中国青知识分子社会意识形态引领与实践［D］. 博士论文，2013：16.

表 2-5　全国第七次人口普查城乡青年受教育程度情况　（单位：人）

类别		15—19 岁	20—24 岁	25—29 岁	30—34 岁	35—39 岁
城市	大专	5033045	10570844	10948778	13276419	9086134
	本科	4820639	13098044	11169520	12983721	9660545
	研究生及以上	6756	1221816	2049152	2110271	1628766
镇	大专	1870903	3779698	4012674	4504661	2664693
	本科	1333191	3475916	3010607	3158582	2043944
	研究生及以上	1475	190974	262687	233560	138386
乡村	大专	1745998	4018481	3445879	2650393	1154197
	本科	872458	2313087	1999787	1253970	515018
	研究生及以上	1295	134485	185096	89158	31625

数据来源：依据 2020 年全国第七次人口普查数据整理计算。

四、新生代青年的城乡比重状况

根据 2010 年全国人口普查数据来看，15—39 岁的城镇青年人数为 3.03 亿人，占总人口数比重为 22.62%；农村青年人数为 2.40 亿人，比重为 17.91%。依据年龄递增的规律，到 2015 年 10—34 岁的人就成为 15—39 岁的青年人，根据第六次人口普查数据推算，城镇青年人口总数约为 2.77 亿人，占总人口数的比重为 20.22%；乡村人口约为 2.29 亿人，比重为 17.09%。（详见表 2-6）全国人口第六次普查的数据显示，15—39 岁之间的男性青年总人数为 2.77 亿人，占总人口数的比重约为 20.19%；15—39 岁之间的女性青年人口数为 2.67 亿人，占总人口数的比重约为 19.47%。其中 20—24 岁和 35—39 岁的男女青年比例为最高和次高。

再从城乡新生代青年的比重来看，15—39 岁城镇青年人口规模为 3.03 亿人，农村青年人口规模为 2.40 亿人，城镇青年人口比农村青年人口多 7300 万。现在，农村青年人口占农村总人口的比重，已经从 2010 年第六次人口普查的 18.02% 降低到 2020 年第七次人口普查的 9.31%。[①]

① 张翼. 中国青年人口的新特征——基于“第七次全国人口普查数据”的分析［J］. 青年探索，2022（05）.

表 2–6　全国人口第六次和第七次普查城乡青年比重　（单位：万人）

类别 \ 年份		2010 年		2020 年	
		15—39 岁	占总人口比重	15—39 岁	占总人口比重
城镇	男	15440.04	11.58	17012.63	12.07%
	女	14896.42	11.18	16119.74	11.43%
	小计	30336.46	22.76	33132.37	23.50%
乡村	男	12226.29	9.17	7156.92	5.08%
	女	11785.18	8.84	5973.84	4.24%
	小计	24011.47	18.02	13130.76	9.31%

数据来源：依据全国第六次和第七次人口普查数据整理计算。

另据国家统计局的数据显示，当前我国农民工约为 2.93 亿人。据 2016—2021 年农民工监测调查报告显示，2016 年 16—40 岁的青年农民工占总量的 53.9%，到了 2021 年，这一比例下降到 48.2%。[①] 就青年农民工的规模来看，约为 1.6 亿左右，再加上未外出务工的青年、青年农民和青年学生等人数，总人数约在 2.2 亿至 2.4 亿之间。也有学者研究指出，青年城镇化水平继续提高，高于社会总体水平，女青年的城镇化程度较男青年有微弱优势。

表 2–7　2016—2021 农民工年龄构成　（单位：%）

年龄段 \ 年份	2016 年	2017 年	2018 年	2019 年	2020 年	2021 年
16—20 岁	3.3	2.6	2.4	2.0	1.6	1.6
21—30 岁	28.6	27.3	25.2	23.1	21.1	19.6
31—40 岁	22	22.5	24.5	25.5	26.7	27.0
41—50 岁	27	26.3	25.5	24.8	24.2	24.5
50 岁以上	19.1	21.3	22.4	24.6	26.4	27.3

数据来源：根据国家统计局公布的 2014—2018 年农民工监测调查报告整理。

① 国家统计局. 2021 年农民工检测调查报告［EB/OL］. 国家统计局网站，2022–04–29.

第三节　新生代青年的基本类型

随着改革开放的不断深入和市场经济的快速发展，我国的社会结构也发生了急剧的变迁，青年群体的类型呈现出日益多样化的态势，他们在思想观念、生活方式、交往方式和就业方式等方面都发生了深刻的变化，并逐渐分化为各种不同类别的青年。根据不同的依据，可以将新生代青年划分为多种类别群体。

一、地域划分法

从地域角度可以将青年划分为城市青年和农村青年。但实际上，无论是城市青年还是农村青年，它们之中又分化为多个青年群体，而且各个青年群体由于各自不同的特点，对社会的需求及价值观念也存在着一定的差异。在城市青年中，又可以分为白领青年、新经济组织青年、个体私营青年、大学生青年群体、蚁族群体、青年网民、待业下岗青年等各类群体。在农村青年中，也有个体私营青年、新经济组织青年、青年农民等。在我国推进城市化的过程中，产生了很多离开故土的新生代农村青年流动人口到城市来寻找各种发展机会。在这些流动的农村青年人群中，还存在一部分既无法融入城市，也难以回到农村的青年人群。他们常被称之为“迷失的一代”。

二、职业划分法

从职业背景角度可以将青年划分为各种不同类型的青年。当前，中国的职业已经从过去“管理者”和“劳动者”的“二元化”结构，正按照知识层次、职业特点、职务高低、职场地位及薪酬厚薄进行划分，开始呈现出“多元化”的格局。[①] 有研究者依据陆学艺提出的十大社会阶层划分法，将“80 后”的职业青年划分为六大类群体（详见表 2-8）。

① 梁胜. 中国职场“五领”全调查［J］. 交通企业管理，2005（8）.

表 2-8 “80 后”青年职业群体的分类

第一类	第二类	第三类	第四类	第五类	第六类
国家干部、企业主、管理者、专业技术人员	办事人员	个体工商户、自营劳动者	从事一线生产劳动或者服务城市工人	从事一线生产劳动或者服务的农民工	从事农业生产活动的农民

也有的习惯用“领子”的颜色来划分不同职业的青年人群，将他们分为金领、白领、粉领、灰领、蓝领、黄领等几类。金领（gold-collar）是社会对一群人的知识结构、公关能力、团队协调能力、管理经营能力、社会关系资源等综合素质的认可。他们不仅是顶尖的技术高手，而且可以决定白领的命运，如执行总裁、口译员、精算师。白领（white-collar），是指在办公室做秘书或管理者等工作的人，常被称为 workers，也就是我们说的“白领”，这跟早期的白领穿的白色衬衫有关系。蓝领（blue-collar），也就是汉语里说的从事体力劳动的、上班需要穿制服的“蓝领”。粉领（pink-collar）是指从事办公室低收入工作的女性，如接待员、行政助理等。当然，它也不局限于办公室，餐厅服务员、护士、导游等也属于这个大范畴。灰领（grey-collar）是指业务熟练的技术工人，尤指那些兼具白领和蓝领工作性质的行业从业人员，比如程序员、软件开发者等。他们本质上是白领，但经常会做一些蓝领性质的工作。黄领（yellow-collar）是指创意产业的工作人员，如摄影师、电影制作人等。他们可能在做白领和蓝领性质的工作，而有时候干的活儿却不是任何一个“领”域的活儿。①

还有的研究者指出，改革开放以来我国新生代青年逐渐形成“单位青年、社团青年、云养青年”三大群体。单位青年是在国有机关、单位、企业中工作的年轻人，社团青年是发起社会组织或参与社会组织专职工作的年轻人，云养青年主要是自身依靠网络文化创意、网络游戏创意、网络技术创新等滋养的年轻人。此外，也有研究依据职业的性质将青年划分为行政事业单位青年、新经济组织青年、自由职业青年、大学生青年、青年工人、青年农民等群体。

① 什么样的人属于“金领”，你知道吗？［EB/OL］. 搜狐网，2017-05-09.

三、社会阶层划分法

当前，有不少学者从社会分层的角度来划分新生代青年的类型，主要使用了社会财富、社会地位以及其他综合性指标。通过对已有文献的梳理来看，运用这一方法来划分青年类型的主要学术观点有如下几种：

一是根据社会财富划分青年类型。根据家庭财富的收入状况来划分新生代青年的类型。如作家梁晓声将当代中国青年分为四个阶层：不差钱的“富二代”；中产阶层家庭的儿女；城市平民阶层的儿女；农家儿女，并对每个群体的处境进行深入解读。[①]

二是根据社会流动和地位划分青年类型。有研究者指出，20 世纪 90 年代中期以来，社会流动的先赋性因素在逐步增强，而流动的后致性因素逐渐减弱，上层社会的继承性大大增加，社会阶层流动已经呈现代际遗传性加强，而同代交流性减弱的趋势。网络上频现的“官二代”、“富二代”、“拼二代”、“穷二代”等都是身份化了的社会产物。这类研究者把青年划分为三种类型：第一类是“世袭化”的上等社会青年阶层，就是指父代拥有的社会资源传递给子女一代，出现社会资源的代际流动性，如富裕家庭的子女成为“富二代”，学者家庭的子女成为“学二代”，官员家庭的子女成为“官二代”。第二类是“下流化”中间的社会青年阶层，主要是指那些靠自身努力工作谋生的青年群体，基本都是税收调节的主要对象，同时，他们所面临的生活负担日益加重，特别是住房压力，而且向上流动的渠道也受阻。[②] 第三类是“边缘化”的社会底层青年阶层，这类人群主要包括处于社会最低端的青年农民工、青年农业劳动者和城市青年失业半失业人员。社会底层青年群体在教育、就业、社会保障、医疗等方面无不受到歧视，其中有些是制度层面的歧视，如针对青年农民工的城市用工制度，而有些则是约定俗成的社会歧视，这些都极大地影响着这类青年的发展。

三是根据其他指标来划分青年类型，如家庭、教育、住房等因素。归纳起来，这些青年群体的称谓主要包括“二代”青年、“蚁族”青年、“夹心层”青年、“新底层青年”、“高考弃考青年”等。“二代青年”即指改革开放后出生成长

---

① 梁晓声 . 中国青年各阶层扫描［J］. 同舟共进，2010（5）.

② 孙立平 . 中国今天的贫富格局［N］. 商周刊，2011-04-11.

的年轻一代，从父辈继承了身份、职位、财富、机会等资源禀赋差异所形成的内部剧烈分化的现象。“官二代”“富二代”“星二代”等表示处于社会中上层阶层的子女，他们的父辈拥有丰富的社会资源，如政治精英、经济精英和文化精英等；“农民工二代”“穷二代”等表示处于社会底层阶层的子女，他们的父辈所拥有的各项社会资源非常少；此外，还有用“拆二代”“拼二代”来表示其他社会阶层的子女。“蚁族”青年群体是我国学者廉思提出的，是指生活在大城市中的“低收入毕业大学生群体”，是被廉思称为继“农民、农民工、下岗职工三大弱势群体”之后的第四大弱势群体。“蚁族”青年群体是我国城市化、人口结构转变、劳动力市场转型、高等教育体制改革等一系列结构性因素综合作用下产生的弱势群体。“夹心层”青年主要是指那些在城镇中买不起房子，又享受不了政府保障性住房的边缘性青年群体，有学者认为“新生代农民工”就是“夹心层”青年的一个重要组成部分。“新底层青年”是伴随我国社会转型发展而产生的一种特殊群体，主要包括“蚁族”、农民工二代、城市打工者、小手工业者和山区教师等社会群体。“高考弃考青年”的出现背景是“读书无用论”“大学无用论”“知识不能改变命运”等论调的出现，导致一些青年产生放弃高考的念头。从深层次的成因来看，“高考弃考青年”主要存在两种情形：一种是少数家庭富裕的子女放弃国内的高考，选择到国外大学进行留学；另一种是一些贫困家庭的子女一代，特别是欠发达地区农村贫困家庭的子女，在面对高考难、学费贵、就业难等现实问题时而选择放弃高考。

四、思想观念划分法

有的研究者提出，由于社会主流意识形态难以维系对青年思想的统一，因而从思想观念角度可以将青年划分为以下四种类型：

一是精英型青年。这类青年对社会秩序与个人现状都较为满意，比较注重个人的生活品质和社会交际圈。然而，总体上看，这部分人在青年中的比例较低，主要是“官二代”与“富二代”中的佼佼者，但这类青年容易引起公众的关注和不满。

二是批判型青年。这类青年在社会上被称之为“愤青”，主要通过各种方式表达对社会秩序的不满与批判，并将社会个体的艰难境遇归结为是当前体制所带来的结果，他们常常在一些事件中扮演着意见领袖的角色。

三是投机型青年。这类青年没有特定的人群来源，但他们都缺乏精英型青年的家庭背景，主要是凭借自身的聪明和勤奋抓住了现有体制所给予的有限机遇，作为现有体制的受益者，相应地对社会的批判性也较弱。

四是犬儒型青年。这类青年是青年中的大多数，对社会政治热点问题和意识形态表现出冷漠或失望，更多关注的是自我个人的学习教育、工作和家庭生活。这类青年当中也有一部分具有一定的批判性，但缺乏足够的热情和勇气来改变现状，主要采取冷漠观望的逃避态度。

五、其他划分法

此外，也有其他角度的划分，如日本学者二关隆美从与既成社会秩序的关系着眼，以顺应—偏差—反抗这样的行为式样和精神结构特性为主轴，把青年和青年文化分为角色型、逍遥型、脱离型和反抗型四种类型，其中逍遥型、脱离型和反抗型属于非角色型。最近国内还有网络流行“佛系青年、儒系青年、法系青年、道系青年”的划分。所谓“佛系”青年指得是那些崇尚看淡一切、得过且过、不大走心的活法和生活方式的青年人。而“道系”青年是“佛系”青年的对立面，有一种旷世脱俗的豁达感。

我国学者陈映芳引入法国社会学家 R. Caillois 提出的“圣—俗—游”范式，将青年研究及青年文化研究的类型模式进一步细致化。“神圣性”范畴内，角色型青年如“革命青年”，担当了社会期待青年人实现共产主义的使命，这个角色是神圣的。在“世俗性”范畴内的青年人，他们并不响应社会对年轻人的特殊的角色期待（扮演神圣的角色），而只认同其他日常性的社会角色。在这个层面上，角色型的如“好学生”“好孩子”。“游戏性”范畴内的年轻人不愿意认真扮演被期待的社会角色。他们都是非角色型的，如逍遥于世的“享乐派”，以及 20 世纪 80 年代中期出现的表现为脱离、解构、颠覆一切价值的“痞子青年”“摇滚文化”。

第三章
城乡新生代青年的共同性特征

青年的变化和发展总是与国家的政治经济文化社会等诸方面的变革相伴而行的。如若说变革时代的社会是一个瞬息万变的万花筒，那么青年则是其晴雨表，且城市新生代青年和农村新生代青年具有很大的差异性。然而，随着我国现代化进程的加快，横亘在城乡之间的鸿沟逐渐缩小，这也使得城乡新生代青年的异质性特征在减少，而共同性特征在逐步增多。以城乡新生代青年的个性标签为例，在问及“您认为80、90及以后的新生代青年人的个性标签是什么”时，城市新生代青年和农村新生代青年表现出很高的相似性，选择“个性与自我”和“勇于探索”的最多，前者选择的比例为79.5%，后者为70.9%，相差并不大（详见表3–1）。另一调查显示相同观点，在问及“大多数青年人在生活中是一个‘屌丝’”和“青年人大多赞同：走自己的路，让别人去说”问题时，第一个问题回答“同意”和“非常同意”的比例为51.9%；第二个问题回答“同意”和“非常同意”的比例为58.5%。

表3–1　新生代青年的个性标签是什么？　　（N=1939）[①]

个性标签 \ 青年分类	总计		城市青年		农村青年	
	频率	百分比	频率	百分比	频率	百分比
个性与自我	1060	54.7	706	58	354	49.1

① 数据来源于笔者主持的国家社科基金项目《转型期城乡新生代青年对社会稳定的影响研究》的调查数据，样本数为1939份；文中涉及的数据若未特别注明出处的，则均来自笔者课题的调查数据。

续表

青年分类 个性标签	总计		城市青年		农村青年	
	频率	百分比	频率	百分比	频率	百分比
勇于探索	419	21.6	262	21.5	157	21.8
热心社会活动	160	8.3	73	6	87	12.1
娱乐精神	147	7.6	89	7.3	58	8
无所谓未来	68	3.5	44	3.6	24	3.3
垮掉的青年们	43	2.2	23	1.9	20	2.8
其他	42	2.2	21	1.7	21	2.9

究其原因，一方面，改革开放以来，我国城镇化进程的不断加快，实施了工业反哺农业、城市带动农村发展的战略和举措，广大农村地区发生了翻天覆地的变化，城市和农村的生活方式及公共服务越来越趋近，城乡之间的空间鸿沟逐渐缩小；另一方面，随着网络化、信息化和智能化时代的到来，又将横亘在城市和农村之间的数字鸿沟逐步填平了。当前，无论是城市新生代青年还是农村新生代青年，是最富有创新精神的群体，他们在思想上和行动上都闯劲十足，是社会发展、国家富强、民族振兴的中坚力量。

本章内容重点探讨城市新生代青年和农村新生代青年的共同性特点，结合相关的文献资料和课题组的调查数据，主要从生活方式、就业方式、思想观念、权利诉求和网络行为等多个方面来展开分析。

第一节 城乡新生代青年生活方式的新变化

一、追求新潮和前卫的生活方式

城乡新生代青年是伴随改革开放不断推进而成长起来的，他们富有青春活力，思想解放活跃、个性化鲜明、好奇心强，非常愿意追求各种新潮和前卫的生活方式，赋有很好的尝试性、创造性和先锋性。在新时代社会中，如果没有新生代青年对各种新生事物的敏锐感知和勇于接纳，新的潮流时尚就难以走向大众，形成各种改变人们生活观念和生活方式的大众流行。

首先，新生代青年是新事物和新产品的实验者。青年最具有创造性，每一代青年都善于超越旧习惯，接受新事物，他们对新技术的普及和引领作用也非常显著，所以年轻者在数字技术的掌握和使用上通常更领先于年长者。[①] 无论是城市青年，还是农村青年，大多是思想活跃、积极向上，对社会新生事物的敏感性和包容性都比较强，也具有很好的模仿性和示范引领性的特点。他们常常是新事物和新产品的实验者。以最新科技 VR 产品为例，参与 VR 体验馆的绝大多数是新生代青年。究其原因，一方面，新生代青年对新事物抱有很强的好奇心，急于探究其中奥秘，VR 体验馆传达信息的方式是一种独特的艺术形式，容易引起青年的好奇心。另一方面，青年社会经验相对缺乏，更渴望接触新事物，不会对新事物抵制，求知欲强。当前，虚拟现实技术逐渐被引入高校，大学生能够直接地接触 VR 技术，使得他们的眼界变得更加开阔，知识面也得到了拓宽。

其次，城乡新生代青年是新潮流和新款式的接纳者。新生代青年有着强烈的求知欲望和探索精神，这一群体的创造力也越来越强，思想更加开放，潮流意识更加超前，在各方面的创造力更加明显。这正是青年群体不同于其他社会群体最为明显的一个特征，也是青年群体敢于进行尝试和创新的重要力量源泉。青年经常是创新的源头，网络世界中的创客、博客、红客、极客、威客、黑客、闪客等都与青年有关。青年常常成为社会各界模仿的对象，从而引领社会的时尚风潮。无论是服装、音乐、流行语、影视潮流等等，敏锐的市场早就发现：得青年者得天下。[②] 通常情况下，青年是最容易接受社会流行文化，而新的时尚、风气总是第一时间被青年群体所认同和接受，并风靡和蔚为风尚，体现出生活品位和价值追求。所以，流行时尚文化的主要消费群体为青年群体。同时，这种流行文化也体现出青年的生活态度、品位要求和价值追求，具有很强的社会引领性。正如有青年所言，“我们引领的是生活的主潮，我们的生活方式日益显示出独到的魅力和社会作用”[③]。譬如，“空巢”过去可能代表着空虚与无力，然而今天代表着独

---

① 肖峰，窦畅宇．青年的网络行为特征及其伦理导引［J］．中国青年社会科学，2016（4）．

② 郭雪．青年群体的“佛系”现象分析及其引导策略［J］．普洱学院学报，2018（5）．

③ 余逸群．从青年文化视角看青年时尚［J］．北京青年政治学院学报，2007（2）．

立、自由、活力、有节制的生活风貌，“空巢”成为新生代青年一种新的社会风尚和时代潮流，独居与异地婚姻现在越来越普遍，其社会接受度也越来越高。数据显示，目前中国“空巢青年”主要以20世纪90年代以后出生的青年为主，他们占了一大半，超过5000万人。从具体的区域分布来看，“空巢青年”主要聚集在一些产业发达和密集的城市中，其中深圳位居前列，超过北京、上海，而苏州、郑州、东莞等城市也因为产业密集位居前十。据民政部数据显示，2018年我国的单身成年人口高达2.4亿人，其中有超过7700万成年人是独居状态，到2021年，这一数字接近1亿。①

再次，城乡新生代青年是新消费方式和娱乐方式的积极推动者。成长中的新生代青年正处于消费需求十分旺盛的人生阶段，是整个社会消费的领先群体，也是现代社会中消费最大的群体。20世纪90年代以来，我国出现的音响、影碟机、游戏机、CD、MP3、手机、电脑、网络、移动终端机等，手机短信、微博、微信、手机App在数年前悄然掀起一场生活方式的革命。在新生代青年群体中，既有染成五彩颜色、身穿“嘻哈”装的前卫者，也有背负着家庭责任的“办公一族”，都不约而同地拿着手机，不停地用拇指在手机上按动。尤其是在善于追逐时尚的新生代“手机族”“拇指族”中，手机短信这样一种新的文化方式已被普遍认可和接受。短信文化是一种年轻的文化，这注定了短信文化具有很强的青春活力。②特别值得指出的是，近年来互联网的广泛应用，新生代青年也不再仅限于手机短信，手机App、微博、微信成为一种新型的人际交往、娱乐和生活方式，网络文化娱乐在青年日常生活中扮演的角色越来越重要，其中以具有架空世界观的小说、游戏、抖音、网购作为主要载体的“二次元”网络文化在过去几年中通过各类互联网娱乐应用在青年网民中快速渗透。譬如，随着共享单车、共享汽车等共享经济的到来，现在越来越多的青年更倾向于接受。新生代青年普遍认同和接受网络支付，通过网络进行支付的青年，占到了被调查者的80.03%，这意味着网络信任度和网络安全度，都已经达到了较为成熟的阶段。③

---

① 中国超2亿人单身，一线城市单身青年四成“月光”［N］. 人民日报，2021-04-18。

② 余逸群．“80后”青年群体特征的解读［J］. 山东省青年管理干部学院学报，2009（3）.

③ 薛桦．未来已来——移动互联网时代“数字青年”调查报告［Z］. 营赢，2014（11）.

二、追求文明和健康的生活方式

首先，城乡新生代青年的需求发生了很大的变化。当前，我国社会主要矛盾已经转化为人民日益增长的美好生活需要和不平衡不充分的发展之间的矛盾。马克思的“三级阶梯式”需要理论和马斯洛“五级宝塔式”需求理论告诉我们一个道理，当人的低一层次需要得到基本满足后，就会追求高一层次需要，如此逐级上升。当前，新生代青年日益增长的美好生活需要包含两层意思：一方面，新生代青年的美好生活需要越来越广泛，物质生活丰富也不再是他们的唯一需求，不仅是对物质文化生活提出了更高的要求，而且对民主、法治、公平、正义、安全、环境等方面的需求也日益增长。另一方面，新生代青年在基本生理需求得到满足之后，他们的社交与归属、自尊与求职、自我实现、交往、健康与休闲娱乐的需要就越来越多。这一点在新生代青年农民工身上就有很好的体现，他们的需求也开始由低层次的物质性需求向高层次性的精神性需求转变，也即由生存型向发展型转变。他们不同于传统一代的农民工或第一代农民工，其目标是能够成为融入到城市中去，成为真正意义上的“新市民”，因而他们对自身的工作和生活的要求更高，不但关注工作收入、工作环境等问题，还关注子女教育、住房、人际交往等问题，心理预期明显高于他们的父辈。然而，新生代青年农民工的社会忍耐力要比他们父辈的更低，从而造成就业的稳定性相对更差，这其中有家庭生活条件的改善、维权意识的增强等因素影响。

其次，更加注重文明、科学和健康的生活方式。一方面，由于受日常生活方式、现代学习工作节奏等因素的影响，青年在成长的过程中会受到各种恶性疾病的威胁，有些恶性疾病甚至成为青年人群的多发病，如劳累猝死、肥胖症、抑郁症等。这使得青年人群越来越关注社会压力的释放，并追求文明、科学和健康的生活方式；另一方面，人类对大自然过度开发及破坏，然而在科技进步的情况下社会保护措施却未能同时得到相应发展，破坏性的消费和生活方式造成了生态危机，由此也带来各种疾病和问题，给人类发展和生存造成毁灭性打击。这种生态环境的恶化也引起青年开始反思价值观和消费观，提倡节俭、环保的生活理念，越来越追求物质与精神相适应、和谐自然的生活内容将是未来青年生活形式的发展趋势。

再次，努力寻求物质生活与精神生活的平衡。人类社会生产力的发展客观上要求青年做出极大努力，以寻求一种在本质上使物质生活和精神生活更为和谐、更加平衡的生活方式。随着我国全面小康社会的建成，年轻人的生活水平有了极大的改善，会越来越重视精神层面的需求，并反思过去那种物质生活的过分追求，从而寻求“物质生活”和“精神生活”的平衡。从更深层次的角度来看，人的全面而自由的发展将会在很大程度上取决于对闲暇时间的开发和对精神生活的追求。正如美国未来学家托夫勒在《第三次浪潮》中指出的：“在人们的物质生活条件得到大大提高以后，人们对精神需求提出了客观要求，这促使人们把为交换而生产和为使用而生产在经济中安排得不偏不倚，较为平衡，人们开始听到日益强烈的呼声，要求有一个‘平衡的’生活方式。”[①] 各种研究标明，“60后”和“70后”进城务工的农村青年人员更侧重于经济层面的目标，他们主要是为了满足自身的物质需求，而对精神层面的需求相对不高。然而，“80后”和“90后”务工青年，尤其是“90后”务工青年不但注重物质需求，而且将物质与精神并存的需求放在非常重要的位置，这些青年喜欢城市，爱好看电影、网购、旅游。除了娱乐性休闲，还热衷于学习型休闲活动和健康性休闲活动，期望增进个人文化水平及技能。这成为区别其他年龄段青年务工人员的显著特点。调查数据显示，“参加文体类比赛或文娱活动（25.3%）”“参加知识技能培训（21.6%）”“看电影、看演出（18.7%）”“爬山、旅游等户外活动（16.9%）”在青年农民工期望的文化活动中，排在了前4位。[②] 从中可见，新生代青年在精神文化层面存在旺盛需求，只不过是经济条件制约了他们这些需求的满足。

三、追求工作与闲暇交融的生活方式

闲暇时间是群体或个体进行文化娱乐活动的黄金时间。对于青年而言，除了工作时间之外，还要注重对闲暇时间的利用。它不但关系青年个体的身心健康，也关系整个社会的安全稳定。闲暇时间如果缺乏正确的引导，青年个体既可能会受其他群体对自己的不良影响，也可能会对别人或群体产生各种影响。曾有过一项针对130名青年罪犯的调查显示，其中87%的被调查者说“作案犯科是在闲暇时间进行的”；77%的被调查者回答“入监前所过的业余生活是无聊的，不知如何消磨时间，总想寻求刺激，打打闹闹，无事生非”；87.6%的回答“犯罪基

---

① 〔美〕阿尔文·托夫勒. 第三次浪潮［M］. 三联书店，1983：452.

② 崔玉娟. 90后农民工追求“物质”和“精神”并重［N］. 中国青年报，2011-12-01.

本上是因为闲暇时间结交了思想落后、品质恶劣的坏朋友”；而96%的回答“犯罪之前就养成了种种坏习惯，而这些坏习惯又全是在闲暇时间养成的”。[①]

现如今，社会知识和信息已然成为最重要的社会生产力，信息技术不断广泛运用在生产力上，新生代青年要获得好的工作，就必须利用好各种线上线下的渠道，如报刊、杂志、媒体、网络等，以此来加强知识的学习和获取，从而不断提升自我的能力。在这一过程中，新生代青年闲暇时间的运用状况如何会在很大程度上影响着他们的人生事业发展。从不少事业发展较为成功的青年来看，他们往往把“闲暇”时间变为成就财富的“生产”时间，通过闲暇时间利用人与人之间的信息交流，增长了知识，成就了事业。所以，闲暇时间虽然可自由衔接，但不仅仅对劳动工作具有补偿性功能。诚然，休闲时间也是个人“社会资源”和“信息资源”的时间，这种社会和信息资源也可以转化为经济效益。在现代信息社会中，随着网络化、信息化和智能化进程的加快，工作和闲暇时间越来越趋于高度统一，且彼此是相互关联和转化的。也正是因为信息社会的独特性，它能够既使知识和思想具有很强的创造性，又具有很好的共享性，青年人更能通过这种知识和思想的劳动而获得满足和愉悦。毋庸置疑的是，在不久的未来社会中，青年的工作是在闲暇时间中完成，同时，工作的时间越来越像是度闲暇时间，正所谓“休闲就是工作”“工作也是休闲”。

第二节 城乡新生代青年就业观念和方式的转变

不同时代的青年人群会具有不同的特征，而这些特征是与当时特定的社会环境与制度变革紧密相关的。同样，与此前的代际青年相比，以“80后”和“90后”为主体新生代青年的就业方式具有鲜明的时代特征。青年群体作为一个国家的根基和发展血液，其就业不但和自身的日常生活有着密切联系，同时还会对我国的社会稳定和发展带来很大的影响。[②]当前，城乡“80后”“90后”和“00后”已成为我国青年就业的主力军。由于受经济社会的发展、家庭和学校教育环

① 袁定华. 抓好“闲暇时间”是预防青年犯罪的重要环节［N］. 法治论丛，1992（2）.

② 郜攀峰. 社会组织成为青年就业“蓄水池”［J］. 人民论坛，2016（31）.

境变化、综合素质能力提高等因素的影响，城乡新生代青年无论在就业观念，还是在就业方式上，都发生了很大的变化。

一、倡导和践行新的就业理念

改革开放四十多年来，中国社会的各个方面都发生了深刻的变革，青年就业的范围和领域日益扩大，国家和社会所提供的就业机会也明显增多，但同时青年的就业观念也发生了很大的变化。不可否认的是，不同时期青年的就业理念是不一样的。有研究者将改革开放以来的时间分为四种类型就业观念的发展阶段：经济转轨的试验和过渡时期（1979 年至 1989 年），青年的就业观念更为积极、趋向城市和现代性，以及注重就业的稳定性与保障性；迈向市场经济的系统转型期（1992 年至 2001 年），青年对个体分化的职业能力和就业偏好的自我认知，成为最显著的一个就业观念；经济腾飞期（2002 年至 2009 年），青年具有谋求高回报的收益、实现自我价值、职业忠诚感的两面性；经济模式转型期（2010 年至今），青年个体希望以更为自主的方式规划人生；而实习实践的普遍化，则意味着个体更愿意提前习得并遵循劳动力市场的职业规范；职场自主性、自我价值的充分实现、劳动者权益保护和业余生活的同等重要性等新型观念开始主导青年一代的就业心理和动机。[①]

首先，在工作就业上，“新生代青年”有了新的看法和选择，不再将工作视为人生中最重要或最有意义的事情，也反对“一个人的生活目标应该以工作为重”，更加遵循自己的兴趣并选择具有挑战性的工作岗位，以实现自我的人生价值。一项调查显示，作为“新生代青年”的重要构成人群，超过八成的“80 后”大学生认为家庭幸福比个人事业重要，超过六成的大学生表示愿意为了照顾家中长辈而牺牲个人的发展，超过五成的大学生表示愿意为了照顾孩子或者配合夫妻感情牺牲个人事业。[②] 同时，新生代青年不太愿意固定于某一种工作，更愿意选择具有挑战性的工作。他们也不会再像“择偶”一样忠实地守护着一份工作，频繁“跳槽”成为新生代青年择业过程中的典型特征之一。不少青年人表示，随着社会流动性加剧，跳槽已经成为一种正常现象，“人往高处走，水往低处流”，哪

① 刘能. 中国社会的急剧转型与青年就业的观念演变［J］. 人民论坛，2018（35）.

② 李春玲，等. 境遇、态度与社会转型：80 后青年的社会学研究［M］. 社会科学文献出版社，2014：129.

里有更好的平台和机会，就往哪里去。跳槽是一笔财富，记录着自己的人生阅历。当然，新生代青年也理性认知频繁的跳槽行为。在重庆一家国企工作的大学毕业生张诚认为，跳槽是把双刃剑，跳得好了是柳暗花明，跳得不好则是丢弃机会。“现在的企业都看重求职者的忠诚度，过度频繁跳槽，会让人觉得你没有定力，缺乏忠诚，从而很难对你委以重任，这又可能引发再度跳槽，形成恶性循环。即使把跳槽看成一笔财富，也不应该‘暴富’，而应当逐步积累，一步一个脚印地走。”①CBNData《报告》显示，相对于乐于追求稳定的“80后”以及更年长人群，“90后”“95后”中，因为对一份工作没有兴趣、工作生活失衡而跳槽的人数占比更高，打破单一职业束缚，争当“斜杠青年”的人也更多。②

其次，青年的“慢就业”现象开始凸显。自2020年新冠疫情爆发以来，受疫情冲击造成的企业裁员、岗位减少，使得后疫情时代的毕业生就业形势发生改变。相较于积极投入就业市场的往届毕业生，很多后疫情时代的毕业生选择报考研究生、公务员或者编制岗位，考不上者多选择待业在家继续备考，错过很多就业机会。主要有如下几种现象：其一，第一次考试失利的情况下，部分毕业生第二次报考研究生、公务员，从而逃避就业；其二，通过主动延期毕业逃避就业；其三，就业预期过高。这不仅是因为经济下行导致企业压缩招聘计划，也是因为毕业生排斥民营企业，对就业岗位预期要求过高。根据人力资源服务机构“前程无忧”发布的《2021大学生就业形势报告》，有计划增加2021届大学生招聘岗位的民营企业雇主达到了被调查雇主总数的67.1%。这说明毕业生不愿意选择民营企业作为就业去向。有学者对2021年6—8月的大学生就业状况进行过调查，发现毕业生期待薪酬与实际薪酬之间的差距在扩大，对民营企业的就业期待位次出现明显下降。③

二、追求更为务实的创业方式

当前，无论是城市新生代青年还是农村新生代青年，他们在就业创业上有了新的理念。一方面，新生代青年在职业选择上日益趋向多元和复杂，充分展现了在就业上的自我选择和个性化，这是当代青年就业心态的主要特征。随着我国现

① 青年就业心态变化折射核心技能之困［EB/OL］. 搜狐网，2017-05-12.

② CBNData.2018中国互联网消费生态大数据报告［EB/OL］. 中国经济网，2018-12-21.

③ 夏利波. 后疫情时代高校毕业生“慢就业”现象探析［J］. 中国大学生就业，2022（19）.

代化进程步入新阶段，一些新的行业和新的职业正在产生，最能够代表时代前进潮流和社会发展趋势的职业，将对青年人最具吸引力，而青年则是最敏锐地体察这种潮流和趋势的人群。[①] 另一方面，新生代青年在职业选择更加务实，注重结果的实效性。无论在思索社会发展的宏大问题，还是设计个人未来生活，都更加注重实际，反对形式主义，更加崇尚务实的创业方式。现在，越来越多的青年大学生选择了自主创业、到基层和西部进行创业。

其一，青年自主创业的比例呈上升的趋势。自主创业而非择业开始逐渐获得青年大学生的青睐，成为他们就业的首选方式。大学生如何进行创业已经成为大学校园的一个热点话题。有调查显示，67.5% 的大学生认为目前创业氛围较好，越来越多人愿意选择创业。最主要的原因在于“政策支持”（70.0%）和“当代大学生更喜欢挑战和冒险”（61.4%）。在有自主创业打算的受访者中，69.1% 打算创业的方向为新兴领域，30.9% 为传统领域。在有创业打算的大学生中，60.2% 计划在上海创业，长三角地区（14.3%）、中部地区（8.2%）为主要分流地。[②] 另据《中国青年创业发展报告：2022》的数据显示，19—23 岁的大学在校生、应届毕业生、毕业后待业人员是青年创业主体。其中在校大学生占比 51.3%，高校应届毕业生占比 11.8%，毕业后待业人员占比 10.7%，三者合计 73.8%。从创业范围看，近 70% 的青年创业企业集中在农林牧渔、批发零售、教育文化、体育、娱乐、住宿餐饮行业。其中，农林牧渔业占比 16.3%，批发零售行业占比 16.1%，反映出青年创业者倾向于选择技术和资金门槛不高的行业进行创业，这也符合大多数青年创业者缺乏资金和社会资源的现状。位列第四、第五位的是文化、体育、娱乐业和住宿餐饮行业，分别占比 12.2% 和 12.1%。这反映出近年来我国居民在娱乐消费方面的需求日益旺盛，可以吸引更多创业者在相关行业做出贡献。从技能来看，青年创业的领域比较集中，如青年学生群体倾向于电商、计算机技术支持等方面，而青年农民更愿意从事自己较为熟悉的种养殖业，同质化的创业可以形成一定的规模效应，同时也难免会带来过度竞争。其中很重要的一个原因，就是青年社会流动的减缓加剧了就业压力。

---

① 沈杰 . 务实与创业：当今中国青年的主旋律［J］. 中国青年研究，2001（3）.

② 吴缵超 . 上海市应届毕业生创业调查：近七成大学生愿意选择创业［N］. 青年报，2019-08-29.

三、崇尚互联网就业方式

随着经济社会的不断发展，经营模式的变化，网络的日渐发达，现在越来越多的新生代青年崇尚自由职业，这些人数量非常庞大，并且还在不停地扩大。一方面，伴随金融社会的兴起，使得投资银行、国际评级机构、证券公司和互联网金融公司之类的新型“市场形塑力量”，成为年轻人求职的理想目标。另一方面，网红、网络主播/网络写手、新媒体运营和电商/微商等自由职业的出现，也为年轻人追求就业自主性和表达自己对垄断性就业组织的文化抵抗提供了机会。[①]随着“大众创业、万众创新”的提出，青年人的就业实践发生了重大的改变，与他们个性日益加强的代际特点相符合，更多职业发展上的自主性成了就业观念中很重要的一个组成部分。[②]

有的青年表示，“打工十年，不如开网店一年”，其就业择业理念发生巨大变化。另据统计，60%青年电商的年龄在20—30岁之间，超过95%的电商年龄在35岁以下。可见，“80后”“90后”是电商的绝对主力。广东省的青年电商中，超过一半的人是全职电商，近20%的电商是在校学生。[③]在应聘求职方面，工作人群则呈现出和大学人群不同的特点：这一已经拥有工作经验的群体，将网络视作最主要的求职通道，比例高达57.62%，但他们同样重视“通过人际关系”来获得新工作机遇的可能，比例高达44.07%。[④]据数据显示，我国网络创业人数达上千万人，其中“80后”“90后”和“00后”都是网络创业就业的主体人群，从事网店的工作人员80%以上都是34岁以下的青年。[⑤]大量的青年从事网络的就业方式，既反映了青年在就业观念方面发生的深刻变迁，也在一定程度上体现了当前中国新生代青年的创造力。

青年人才在新兴行业就业占优势，“平台型就业”浮现。网络技术的发展诞生了新的行业，青年成为这些行业就业的重要主体。大数据技术已经渗透到各行

---

① 刘能．中国社会的急剧转型与青年就业的观念演变［J］．人民论坛 2018（35）．

② 刘能．中国社会的急剧转型与青年就业的观念演变［J］．人民论坛 2018（35）．

③ 尹来．广东青年创业热情高“实操”少［N］．南方都市报，2015-05-22．

④ 薛桦．未来已来——移动互联网时代“数字青年”调查报告［Z］．营赢，2014（11）．

⑤ 郑阳梅．共青团助推青年网络创业就业的有效途径与方法研究［J］．文化学刊，2016（11）．

业发展和人们的日常生活中，越来越多的企业需要大数据人才，大数据青年人才已经成为企业争抢的“香饽饽”。[①] 中国互联网协会发布的《2021 年中国社交电子商务行业发展报告》显示，2020 年社交电子商务整体规模达到 3.7 万亿元，从业人数超过 7000 万。这种就业最显著的特点是以一种“生态系统”的模式发展，其就业机会以青年人为主体。[②] 统计数据显示，互联网行业从业人员的平均年龄为 28.3 岁，平均工作年限为 2.5 年，学历背景以本科为主。在“互联网 +”的新型劳动关系下，出现了不少非传统劳动关系的工作种类，如网约车公司的专车司机、外卖平台的外卖员、网上预约上门的私人厨师等诸如此类的新型劳动工作内容，成为越来越多青年的就业新选择。[③]

第三节 新生代青年的权利和参与意识增强

一、青年的权利意识在不断增强

权利意识是指“特定的社会成员对自我的利益和自由的认知、主张和要求，以及对他人认知、主张和要求的社会评价”[④]。从构成要素上看，权利意识包括权利认知、权利主张和权利要求等三个基本要素。基于实际的需要，研究主要将这种权利意识界定为青年个体自身的角度，不包括对他人认知、主张和要求的评价。日本学者川岛武宜指出，社会主体“自己权利的确立是以尊重他人的权利意识为媒介的，他人权利的承认和尊重是以自己固有权利得到确认为媒介的”[⑤]。总体上看，我国新生代青年的权利意识明显要高于父辈一代，具体表现在权利认知、权利主张和权利要求等多个方面。

---

① 李迅. 教育、就业、创业与青年人才培养：现状与发展趋势［J］. 中国青年研究，2018（7）.

② 中国网络空间研究院. 中国互联网发展报告 2021［C］. 电子工业出版社，2021：90.

③ 中国宏观经济研究院课题组. 我国劳动就业新趋势新特征［N］. 经济日报，2016-12-15.

④ 夏勇. 中国公民权利发展研究——走向权利的时代［M］. 社会科学文献出版社，2007：34.

⑤〔日〕川岛武宜. 现代化与法［M］. 中国政法大学出版社，1993：69.

1. 权利认知的水平不断提高

权利认知是最基本的权利意识，是权利意识的初级层次。从这一层次来看，新生代青年个体对自我享有权利的了解和认知水平有了很大的提高。课题组成员的调研体会：无论是城市青年、农村青年，还是新生代青年农民工，他们越来越频繁提及和使用“民主”“自由”“平等”“法治”等词汇，而第一代农民工使用更多的“命运安排”“将就”“没办法”等字眼。据一项问卷调查显示，在问及“个人权利是来自哪里”时，有大约 50% 的青年农民工选择“与生俱来”，25% 左右的选择“法律的赋予”，而有一部分人则选择“政府的规定”。由此可见，新生代农民工的权利意识较之上一代更为强烈。尤为值得指出的是，青年农民工在某些方面比青年大学生意识更加强烈。在“侵犯隐私”关涉哪些方面的问题上，87.02% 的青年认为“泄露他人身份信息”，82.74% 的青年认为“未经允许，在互联网上发布他人照片”，还有 76.25% 和 73.45% 认为“偷看他人日记”“私拆他人信件”。[①]

2. 权利的主张日益凸显

权利主张就是人们对实现其权利的方式的选择，以及当其权利受到损害时，以何种手段予以补救的一种主观认识，这些权利意识的中间层次。从权利主张的意愿来看，新生代青年除了能认识到自身的合法合理权益之外，他们的权利主张更加强烈，更加注重对自我权利的确认和维护。课题组的问卷调查显示，在问及“在生活中遇到服务不到位时，应该去投诉”这一问题时，其中选择“同意”和“非常同意”的分别占 43.7% 和 25.4%，两者合计高达 69.1%（详见表 3–2）。那么，为何新生代青年具有强烈的权利主张意愿？究其原因，既有新生代青年对自身权利维护的内在需求，也有新生代青年接受过更好的法治教育因素。

表 3–2　新生代青年权利主张的意愿状况　（N=1939）

权利主张意愿 \ 频率	选项	频率	百分比
在工作生活中遇到服务不到位时，应该去投诉	非常不同意	199	10.3
	不同意	211	10.9
	无所谓	189	9.7
	同意	847	43.7
	非常同意	493	25.4

① 周勇. 青年法治参与意识调查［J］. 法治与社会，2016（10）.

新生代青年不但对于维护自身权益的意愿强，而且对于了解维护自身各种权利方法的意愿也非常强烈。课题组的问卷调查显示，在问及“青年人应该了解主流的维权方法”时，回答“同意”和“非常同意”的被调查者分别为32%和46.7%，两者合计达78.7%（详见表3-3）。

表3-3　青年对主流维权方法的意愿　（N=1939）

	选项	频率	百分比
青年人应该了解主流的维权方法	非常不同意	146	7.5
	不同意	218	11.2
	无所谓	49	2.5
	同意	620	32.0
	非常同意	906	46.7

当合理权利受到非法侵犯时，新生代青年也更倾向于运用法律来维护自身的权益。在对待这一问题上，与前几代青年相比，新生代青年显得赋有现代性和理性。问卷调查显示，在问及“当自身合理的利益受损时，您倾向于采用哪种方式来维护自身的权益？”时，回答“使用法律武器来维护自身的权益”的占58.2%，其次是选择“直接找到当事责任人进行维权”，占20.3%（详见3-4）。

表3-4　新生代青年维权的选择方式　（N=1939）

	选项	频率	百分比
当自身合理的利益受损时，您倾向于采用哪种方式来维护自身的权益?	托关系找领导来处理	130	6.7
	使用法律武器来维护自身的权益	1128	58.2
	直接找到当事责任人进行维权	394	20.3
	找政府部门反映问题	167	8.6
	找新闻媒体报道方式来维权	107	5.5
	以自我伤害方式引起重视，达到维权目的	13	0.7

然而，即使问题得不到合理的解决，新生代青年也更乐意选择积极的方式来发泄不满情绪，而非消极的方式来排泄心理不满。在问及“如若得不到合理的解决，您又会采取什么方式来发泄不满？”时，选择积极正式的途径“去信访部门上访”的比例达到58.9%，选择“直接报复损害自己利益的责任人”“上街游行

示威发泄不满”和“自认倒霉，借酒消愁”等消极方式的分别占 6.9%、1.2% 和 8.4%，还有其他方式的占 24.7%（详见表 3–5）。

表 3–5 新生代青年采取发泄不满情绪的方式 （N=1939）

	选项	频率	百分比
如若得不到合理的解决，您又会采取什么方式来发泄不满？	直接报复损害自己利益的责任人	133	6.9
	去信访部门上访	1142	58.9
	上街游行示威发泄不满	23	1.2
	自认倒霉，借酒浇愁	163	8.4
	其他	478	24.7

此外，据最高人民法院的统计年报数据显示，近些年来全国的劳资纠纷日趋增多，呈现快速上升趋势。2017 年，全国各级劳动人事争议调解组织和仲裁机构共处理争议 166.5 万件；2018 年为 182.6 万件；2019 年为 211.9 万件；2020 年为 221.8 万件；2021 年为 263.1 万件。在这些劳资纠纷中，新生代青年则是涉及的主要人群。这种日益增多的劳资纠纷从一个侧面反映了新生青年群体对权利的主张增多了。但同时，这种过于强烈的权利意识也容易带来其他的社会问题。

3. 权利的要求日益增多

所谓权利要求，就是指当公民个体根据经济社会发展的变化，在法律规定的框架内，主动向国家提出新的权利需求，并希望促进立法工作来确定这些新的权利诉求，这是权利意识的最高层次。在现代社会中，青年参与属于公民参与，青年通过合法的渠道和方式参与立法活动，表达利益诉求并影响立法内容，通过强化青年参与特别是源头参与，有助于促进科学立法和民主立法。据研究者的调查显示，有 71.9% 的青年白领表示愿意参加志愿活动，有 50.1% 表示愿意参与到社会管理工作之中，而当“对自己身边的事务有不满意的地方”时更有超过半数的白领表示自己会“站出来，向有关部门反映”。同时，在调查中也发现，“蚁族”群体对社会事务有着细致的观察与深入的思考，权利意识更加强烈。可见，随着经济诉求得到满足，青年群体的社会诉求和政治诉求将会提升。①

① 廉思. 当代中国青年诉求的变迁［N］. 学习时报，2015–05–05.

二、青年的参与意识更加强烈

参与是指社会成员对社会生活各个方面的关心、了解与实际行动，包括对国家的政治形势、经济发展、社会安全、文化生活和生态文明等方面关注和了解的程度与实际的行为投入，包括主观的参与意识和客观的参与行为两个方面。青年参与意识是指青年对社会生活各方面的关心、关注及其了解，是青年社会参与的一种低级形式。而青年参与行为是指对社会生活各方面的行为投入，则是青年社会参与的一种高级形式。[①] 从本质上看，参与意识是一种主观能动性的表现，它是青年加速实现社会化的一种实践精神。

首先，从总体上来看，新生代青年的参与意识越来越强烈。这种日益增强的参与意识主要表现为政治上，积极参与社会政治生活，关心民主、法治建设，批评时弊，抵制不正之风；经济上，积极参与经济改革，关心不同层次的经济决策及管理的成功与失误；文化上，积极参与文学、艺术创作与评价，关心教育改革与普及，乐于组织或参加各种学术交流活动。[②] 社会上，积极参与各种社会公共事务，关心社会公平正义，关心脱贫攻坚、社会养老问题；生态上，积极参与各种环保行动，关心绿化、垃圾分类。在此，以青年组织为例来考察新生代青年的参与意识情况。一方面，新生代青年非常希望了解青年组织，这是参与青年组织的基本前提。问卷调查显示，在问及“青年组织应使青年人广泛知晓”时，回答“同意”和“非常同意”的分别为 42.3% 和 30.2%，两者合计 72.5%（表 3–6）。

表 3–6　新生代对青年组织的了解意愿　（N=1939）

	选项	频率	百分比
青年组织应使青年人广泛知晓	非常不同意	193	10.0
	不同意	169	8.7
	无所谓	172	8.9
	同意	820	42.3
	非常同意	585	30.2

另一方面，新生代青年除了希望了解青年组织之外，参加青年组织活动的意

① 吴鲁平. 90 年代中国青年社会参与意识和行为［J］. 当代青年研究，1994（Z1）.

② 侯江波. 浅谈青年参与意识的形成与爱护［J］. 中国青年政治学院学报，1986（3）.

愿也非常强烈。问卷调查显示，在问及“您愿意参加青年组织活动吗？”时，回答“愿意”的高达90.7%。通常情况下，性别状况、文化程度的高低、职业层次的不同、收入的高低对新生代青年会产生显著的影响，有些是正相关关系，也有的是负相关关系。从性别状况来看，新生代女性青年参与青年组织活动的意愿明显要高于新生代男性青年。表3–7中的数据比较显示，在“您愿意参加青年组织活动吗？”这个问题上，有93.5%的女性青年选择“愿意”，而男性青年的比例为87.2%，女性选择“愿意”的比例高于男性青年。

表3–7　参与青年组织活动意愿的总体及性别比较　（N=1939）

	选项		总体	男	女
您愿意参加青年组织活动吗？	愿意	频率	1758	756	1002
		百分比	90.7	87.2%	93.5%
	不愿意	频率	181	111	70
		百分比	9.3	12.8%	6.5%

从文化程度来看，新生代青年的文化教育程度与其参与青年组织活动的意愿成正相关关系。调查数据显示，在“您愿意参加青年组织活动吗？”这个问题上，初中及以下的新生代青年参与青年组织活动的意愿最低，为77%；参与青年组织活动意愿最高的是文化程度为本科的新生代青年，占92.6%。从职业状况来看，不同职业的新生代青年在参与意识上存在着显著的差异。具体来讲，在机关事业单位、国有或集体企业中的青年职工参与组织活动的意愿要更高一些，而私企青年职工、青年自由职业者以及青年学生参与组织活动的意愿略低一些。调查显示，国有和集体青年职工的参与意愿最高，为93.6%；其次是机关事业单位的青年职工，为91.5%；自由职业者和青年学生的比例低于90%（详见表3–8）。

表3–8　参加青年组织活动意愿的文化程度和职业比较　（N=1939）

项目 \ 教育程度		初中及以下	高中 / 中专	大专 / 高职	本科	研究生
愿意	频数	94	141	171	1171	181
		百分比	89.8%	88.6%	92.6%	89.6%
不愿意	频数	28	16	22	94	21
		百分比	10.2%	11.4%	7.4%	10.4%

续表

项目＼职业		学生	机关事业人员	国有 / 集体职工	私企职工	自由职业者
愿意	频数	507	455	322	293	181
	百分比	88.9%	91.5%	93.6%	90.2%	89.2%
不愿意	频数	63	42	22	32	22
	百分比	11.1%	8.5%	6.4%	9.8%	10.8%

从理论上讲，经济收入状况与青年的社会参与意识水平之间应该存在着一定程度的正相关关系。然而，从实际的调查结果来看并非如此。总的看，参与意愿都高于 80% 以上。但具体到不同的经济收入中，经济收入最高的青年，参与组织活动的意愿反而没有经济收入最低的青年高。其中，收入在 1 万元以上的青年，参与意愿只有 80.3%，经济收入 1999 元及以下的青年参与意愿最高，为 95.9%；其他的分别是 91.7%、89.1% 和 86%（详见表 3–9）。

表 3–9　不同收入青年参加组织活动的意愿比较　　（N=1939）

项目＼收入状况		无收入	1999 元及以下	2000 至 3500 元	3501 至 5000 元	5001 至 10000 元	10001 元及以上
愿意	频数	727	118	288	376	196	53
	百分比	92.5%	95.9%	91.7%	89.1%	86%	80.3%
不愿意	频数	59	5	26	46	32	13
	百分比	7.5%	4.1%	8.3%	10.9%	14%	19.7%

其次，从政治参与角度来看，新生代青年的参与意识和热情明显更加强烈。通常情况下，青年的文化教育程度和参与积极性具有很强的关联性。一个受教育程度越高的青年，其综合素养就越高，对政治系统所掌握的信息就越丰富，就越了解通过何种渠道来进行利益诉求表达，他是愿意也有能力积极地参与公共事务的。[①] 城乡新生代青年具有积极的政治参与意愿，对网络政治参与同样持可接纳的态度。一组针对青年的调查数据显示，选择各种政治社会事件“当然”或“有时”与自身相关的比例高达 79.4%，而仅 7% 的表示与自己“没关系”。[②] 由此可

① 杨超. 西方社区建设的理论和实践［J］. 求实，2000（12）.

② 陈联俊，李萍. 网络社会青年公民意识状况的实证调查分析［J］. 中国青年研究，2013（3）.

见，绝大多数青年都非常关注政治社会事件，政治参与的意愿也很高。同时，这种强烈的参与意识又是与青年自我利益与人生发展紧密相关的。但从政治参与水平来看，城乡新生代青年主动进行网络政治参与的水平较低，积极发表理性建议的人少，而更多青年是停留在浏览和“转发”“点赞”的参与形式。①

再次，从社会参与角度看，新生代青年更加关注各种社会热点问题，关心社会的发展与进步。数据显示，77.8% 的青年认为应该关注国内外时事新闻，通过新闻来了解社会发展状况。② 同时，本研究组的问卷调查也显示，青年参加社会性的组织活动意愿比较高，在问及“您愿意参加哪些方面的组织性活动？”这一问题时，回答参加“志愿公益性的活动”“文体娱乐性的活动”和“社区事务性的活动”分别占比为 51.1%、20.2% 和 4.3%，三者合计达 75.6%（详见表 3–10）。由此可见，青年对社会参与的意愿非同一般。

表 3–10　青年愿意参加组织性活动的类型　（N=1939）

	选项	频率	百分比
您愿意参加哪些方面的组织性活动？	维护权益性的活动	383	19.8
	志愿公益性的活动	991	51.1
	政治选举性的活动	62	3.2
	社区事务性的活动	83	4.3
	文体娱乐性的活动	391	20.2
	商业宣传性的活动	28	1.4

第四节　新生代青年的思想出现了新动态

一个国家的长治久安，离不开青年的支持，尤其是处于时代前沿的新生代青年的支持。新生代青年是社会发展和变革的产物，他们的价值观念具有很强的引领性作用，代表着青年思想观念变化的趋向。新生代青年的思想动态状况和他们

① 时伟. 我国公民网络政治参与的发展、困境及有效引导［J］. 云南行政学院学报，2020（3）.

② 陈联俊，李萍. 网络社会青年公民意识状况的实证调查分析［J］. 中国青年研究，2013（3）.

的生存状况一样，会对社会稳定造成一定的影响。当前，新生代青年群体作为处在时代最前沿的青年人群，已成为我国社会发展的最核心推动力量，他们的思想状况更是国家和社会关注的重点，其思想变化是未来社会发展的第一“晴雨表”，他们的思想观念在很大程度上决定着一个国家和民族的未来与前途。同时，社会上有什么样的思想苗头往往最先反映在新生代青年身上，正所谓“春江水暖鸭先知”。无疑，要了解中国社会未来发展的趋向，就必须了解新生代青年思想变化的新动态，这对维护中国社会的安全稳定具有重要的现实意义。

一、关注社会热点问题，社会认知度显著提高

社会认知是指个体对社会性客体和社会现象及其关系的认知。根据不同对象，可以分为自我认知、人际认知、群际认知以及以社会决策为核心的社会事件认知等。[①]社会认知是对社会问题和现象的了解，是一种客观的认知状态，不带有任何感情色彩。社会认知是社会认可和社会认同得以实现的前提与基础，它属于低级阶段的感性认知。

当今时代是网络新媒体普及的时代，是青年思想认知、规律变革的时代，是沟通交流扁平化、大众化的时代，人们了解信息和热点问题的藩篱已被打破。不管是城市新生代青年，还是农村新生代青年，互联网已成为他们生活中很重要的一部分。网络信息技术的发展不但使社会生活的信息传播更加快速便捷，而且也为青年提供了对社会热点问题和国家大事发表见解的有效途径，促使其不断形成和强化着网络关注及参与意识，成为推动青年思想认知、规律变革的一种重要推动力。正如研究者指出，互联网的普及对中国青年具有全方位、划时代的意义，使青年们的成长、发展跃上了一个极为广阔的平台，从而使其成长环境发生了很大程度上的质变，使他们迅速进入属于自己的新时代，并成为全新的自己。如果说互联网改变了中国，那么它首先改变的是中国青年。[②]

其一，对社会热点的关注。当前，新生代青年非常关注社会事件和热点问题。与其他代际的青年相比，新生代青年除了关注之外，对社会热点事件和问题都有自己独特的看法，也喜欢在互联网等平台发表自己的看法，近些年在各种网站的评论

---

① 李宇，王沛，孙连荣. 中国人社会认知研究的沿革、趋势与理论建构［J］. 心理科学进展，2014（11）.

② 袁贵礼. 中国青年的世代与第六代青年的诞生［J］. 中国青年研究，2015（1）.

也快速增长。从对近些年发生的热点事件来看，如“阴阳合同事件”“长生疫苗事件”“‘昆山龙哥’砍人反被杀事件”“刘强东事件”“重庆公交车坠江事件”“新冠肺炎疫情”等，都受到了新生代青年的广泛关注和热议。其中“重庆公交车坠江悲剧”引发全国媒体与网友广泛反思，随后中央政法委官方新闻网站中国长安网、微信公号“长安剑”发出倡议：“弘扬正气，从我做起”，获得超过 2809 万人积极响应。[①] 2020 年初，武汉抗击新冠肺炎疫情期间，中央广播电视总台采取“慢直播”方式报道火神山、雷神山医院建设，引发社会各界“云监工”热潮，相关直播参与人数超千万。团中央的“我和国旗合个影”等时政类话题，在新中国成立 70 周年之际，吸引众多青年网民参与，广大青年积极表达对国家日益繁荣昌盛的爱国主义感情，唤起青年向上向善向好的精神力量，总阅读量达 31 亿人次。[②] 总体上来看，新生代青年对社会热点问题都很关注。但就其关注的程度来看，与青年利益紧密相关的社会热点问题受关注程度高。有调查显示，如房价问题（51.7%）、就业和教育问题（46%）、贪污腐败（45.5%）、贫富差距（42.2%）和社会保障（40.4%）等问题（见表 3–11）。[③] 从中可见，房价、就业教育、贫富差距和社会保障等问题都是与青年的自身利益紧密相关的，因而青年对其关注度就更高。

表 3–11　政治社会稳定的关注度

选项	房价	就业教育	贪污腐败	贫富差距	社会保障
百分比	51.7%	46%	45.5%	42.2%	40.4%
选项	环境	社会稳定	国家安全	世界和平	其他
百分比	26.5%	16.3%	6.5%	3.7%	0.9%

其二，关于社会公平的认知。新生代青年对社会公平的认知不同于以往年代的青年，他们对社会公平的要求也更高，有着自己独特的理解和认识。无论是“70 后”“80 后”，还是“90 后”，有相当一部分人对总体上的社会公平还不满意。数据显示，有 40% 的“70 后”、44.1% 的“80 后”和 42.5% 的“90 后”认为“总

① 重庆公交坠江悲剧后 2800 万人响应这样做［EB/OL］. 新浪新闻综合，2018–11–05.

② 彭慧敏，胡屏华. 新时代青年网络政治参与问题研究［J］. 华北水利水电大学学报（社会科学版），2022（2）.

③ 刘黎红，胡琳丽，崔桂萍. 当前青年思想动态分类研究［J］. 山东青年政治学院学报，2014（5）.

体上的社会公平状况”是不公平的，而“50后”和“60后”的比例则更低，分别只有23.2%和32.2%。同时，新生代青年对当前改革中涉及的公平正义问题更加敏感，更关注个人的发展空间，对社会公平正义的期待，尤其是对政治腐败、贫富差距、社会稳定和民生保障等问题，比较担忧社会不公平的问题。数据显示，以“80后”为例，认为“财富及收入分配”“不同地区、行业之间的待遇”和“城乡之间的权利、待遇”是不公平的比例分别为60.9%、63.9%和60.2%，比例都达到60%（详见表3-12）。[①]然而，也必须看到的是，新生代青年对有些方面的社会公平认同也是比较高。数据显示，76.8%的就业青年大学生认为工作能力是实现晋升的主要因素，对社会公平有了新的认识——“能力”作用大于“关系”。他们对基层工作的认可度增加，对于基层工作的积极影响问题，选择“可以使我的能力或创造力充分发挥出来”以及“可以使我获得社会或者他人的尊重”的比例合计达到70%。[②]另一项针对“90后”青年的调查结果也显示如此，绝大多数青年赞同通过后天努力就能在社会取得成功的观点。调查显示，有80.5%的被调查青年认为“要取得成功就需要自己勤奋努力”，“41.7%”的被调查青年认为要取得成功需要受到良好教育，47.9%的被调查青年认为要取得成功需要自己聪明能干，而仅有22.3%的被调查青年认为要成功需要有优厚的家庭条件。[③]

表3-12　不同群体对社会不公平的看法

项目＼年龄段	50后	60后	70后	80后	90后
高考制度	9.1%	12.2%	17.4%	18.2%	24.6%
义务教育	8.5%	9.1%	12.1%	13.7%	12.9%
公民实际享有的政治权利	25.7%	31.3%	38.3%	44.0%	41.0%
司法与执法	24.9%	31.0%	37.6%	42.6%	40.6%

① 崔岩.“90后”青年社会认知特征和社会评价分析［J］.青年研究，2016（4）.

② 2015年，蒋承组织了“高校毕业生基层就业问卷调查”，选择了陕西省和黑龙江省的两个县，一共发放了约2000份问卷，回收有效问卷1622份。调研的对象是40岁以下青年群体，主体为县级或者县级以下党政机关、企事业单位、社会组织团体、在艰苦行业和岗位工作的青年群体，包括村官、农村教师和医生等行业年轻人。（参见文献：县城青年新认知：“有能力”比“有关系”更重要［N］.中国青年报，2018-04-18.）

③ 崔岩.“90后”青年社会认知特征和社会评价分析［J］.青年研究，2016（4）.

续表

项目＼年龄段	50后	60后	70后	80后	90后
公共医疗	20.8%	23.8%	24.8%	30.2%	27.2%
工作与就业机会	34.6%	56.1%	49.0%	52.4%	55.0%
财富及收入分配	48.7%	59.0%	61.3%	60.9%	57.9%
养老等社会保障待遇	30.1%	32.7%	34.4%	40.1%	31.3%
不同地区、行业之间的待遇	44.3%	51.3%	58.0%	63.9%	63.0%
选拔党政干部	37.3%	45.9%	48.8%	53.5%	56.5%
城乡之间的权利、待遇	50.6%	50.8%	60.3%	60.2%	62.9%
总体上的社会公平状况	23.2%	32.2%	40.0%	44.1%	42.5%

数据来源：崔岩．“90后”青年社会认知特征和社会评价分析［J］．青年研究，2016（4）．

其三，关于社会信任的认知。当前，我国正处于急剧的社会转型过程中，各种社会规范不断调整，也出现价值失范，导致各种社会诚信问题的出现，甚至遭遇诚信危机。同时，再加上新生代青年的社会辨别能力不强，对一些社会问题的认识缺乏客观理性的分析，容易采取一些非理性的方式来对待，从而导致社会信任度的总体下降。调查数据显示，对于“社会的一般信任”问题，不同代际青年的社会信任度呈现出逐渐递减的趋势：“90后”青年的社会信任水平最低，只有39.7%，其次是“80后”，为42.7%，“70后”相对更高一些，达到55.2%。新生代青年对“陌生人”的信任度都非常低，“70后”“80后”和“90后”的比例分别为5.4%、6%和8.8%。除此之外，新生代青年还有对“企业家”“党政机关办事人员”和“党政领导干部”的信任度不高，均值分别为42.2%、52.3%和52.8%（详见表3–13）。[①]

表3–13 “70后、80后、90后”青年的社会信任比较

项目＼年龄段	70后	80后	90后
社会一般信任	55.2%	42.7%	39.7%
亲戚朋友	95.1%	95.3%	97.0%

① 崔岩．“90后”青年社会认知特征和社会评价分析［J］．青年研究，2016（4）．

续表

项目＼年龄段	70后	80后	90后
邻居	83.0%	77.8%	79.6%
领导、雇主	69.9%	60.1%	60.3%
警察	69.2%	62.5%	67.4%
法官	66.7%	63.2%	62.7%
党政领导干部	54.3%	48.9%	55.2%
党政机关办事人员	54.7%	49.4%	52.8%
企业家	48.9%	34.5%	43.3%
教师	89.4%	86.1%	87.6%
医生	83.3%	78.3%	79.9%
陌生人	5.4%	6.0%	8.8%

数据来源：崔岩．“90后”青年社会认知特征和社会评价分析［J］．青年研究，2016（4）．

二、易于接受新生事物，社会认可度日趋增强

社会认可主要是指主观上的一种接受态度，观点不一定相同，自己也不一定参与其中，但同意、默认或许可某种事物的存在。每一代青年的思想理念更趋于活跃，善于超越旧习惯，更乐于接受和认可新生事物，而新生代青年则处于时代潮流的最前沿，掌握着最丰富的时代信息，熟悉网络并善于在网络空间里发现机会，也更愿意接受互联网上的各种新生事物，其创新理念更强，对新生事物的普及和引领作用也更加显著。正如有研究指出，不论是对于计算机网络的接受能力，还是对于“人机互动”等最新信息技术的灵敏程度，青年都比其他年龄的人更得心应手。①青年不但凭借对新生事物的高接受能力对网购、共享等新兴方式的介入水平远高于年长者，而且对新出现的工作就业、生活方式、婚恋观念等都表现出高度的认可。

作为改革开放后成长起来的新生代青年，是处于时代潮流的最前沿，掌握着最丰富的时代信息，他们不但凭借对新生事物的高接受能力对网购和互联网创业这些新兴方式的介入水平远高于年长者，而且从择业观、消费观念、婚恋观等方面都表现出其社会认可度也高于前一代青年。像未婚同居、单身、丁克

① 肖峰，窦畅宇．青年的网络行为特征及其伦理导引［J］．中国青年社会科学，2016（4）．

家庭、离婚等观念越来越被一些新生代青年所认可和接受。据一项调查显示，55.39% 的青年对“未婚同居”持“接受”的态度，23.33% 的青年表示反对。其中，66.24% 的男性青年接受“未婚同居”，而女性青年对“未婚同居”的接受比例是 47.21%。可见，在“未婚同居”问题上，女青年更为谨慎（详见表 3–14）。另外，在家庭模式上，有 6.26% 的青年选择“丁克家庭”。[①]

表 3–14　青年对未婚同居的态度

选项	男青年	女青年	平均值
未婚同居	66.24%	47.21%	55.39%

同时，新生代青年对家庭模式也有了新的看法，愿意接受新的事物。调查显示，在“您理想中的家庭模式是？”这一问题上，选择“核心家庭”的比例最高，均值为 63.8%，其中，城市青年选择的比例为 63.1%，农村青年选择的比例为 65%，两者差别不大；其次是“主干家庭”，均值为 18.5%，城市青年和农村青年选择的比例分别为 19% 和 17.5%；而选择“丁克家庭”的均值竟然也达到 9.2%，而且高于“扩展家庭”的均值 8.5%（详见表 3–15）。此外，在新生代青年看来，离婚的涵义已经发生很大的变化——原来是感情不好才离婚，现在是感情好才离婚。如若有青年现在离婚，很可能是感情很好，而不是感情很差。[②] 这些都足以说明新生代青年对新生事物的接受和认同。究其原因，处于叛逆期的新生代青年更容易以多元社会大背景为参照，加之网络的催化助推作用，他们显得更容易接受反传统的事务。正如美国学者默顿所说：“昔日的叛逆者、革命家、不守成规、个人主义者、持非正统见解者或叛教者，经常是今天的文化英雄。”[③]

① 王晨曦. 团中央“青年之声”发布青年群体婚恋观调查报告［EB/OL］. 中国青年网，2018–05–21.

② 廉思. 中国青年发展报告 NO.3：阶层分化中的联姻［M］. 社会科学文献出版社 2017 年版，自序：8.

③〔美〕罗伯特.K. 默顿. 社会理论和社会结构［M］. 唐少杰，齐心，等译. 译林出版社，2015：329.

表 3–15　你理想中的家庭模式是？　　　（N=1939）

	平均值		城市青年		农村青年	
	频数	百分比	频数	百分比	频数	百分比
丁克家庭	179	9.2	120	9.9%	59	8.2%
核心家庭	1237	63.8	768	63.1%	469	65.0%
主干家庭	358	18.5	232	19.0%	126	17.5%
扩展家庭	165	8.5	98	8.0%	67	9.3%
总计	1939	100%	1218	100%	721	100%

三、价值评判标准不一，社会认同日趋复杂

社会认同是一种主观的意识状态，它是包括民族、国家、文化、地域、身份等认同在内的集合形式。它至少需要两个基本组成要素：一是具有共同的精神纽带，形成一定的社会共识，即共同性的一面；二是作为对立面的“他者”，即异质性的一面。社会成员在各种社会活动中不断思考着未来的发展取向，反复评估自我与他人的性格、情感、反应，并试图理解和说明它们，而作为讨论、反思、证明和考察的结果就是社会认同。①社会认同是高级理性的思维发展阶段，它不同于初级非理性的感性认可，是经过各种理性思考和价值取向考量而形成的一种稳定的认可。社会认同不仅仅是默认某种观点和思想，而是具有观点和思想相同的涵义。

1. 新生代青年的总体认同较好

总体上看，新生代青年在某些方面的认同是比较高的，主要表现在对宏观国家层面的认同。课题组的问卷调查显示：在身份认同方面，在问及“具有中国人的身份是值得骄傲的”这个问题上，77.5% 的青年表示“同意”和“非常同意”；在安全认同方面，在问及“当前中国社会是否安全的”76% 的新生代青年“同意”和“非常同意”中国社会是安全的；在社会责任认同上，在问及“只要国家需要，青年人就会响应国家号召”，71.9% 的新生代青年选择“同意”和“非常同意”（详见表 3–16）。2018 年腾讯 QQ 与《中国青年报》共同发布的《00 后画像报告》数

① 许静波．社会认同的生成机制［N］．光明日报，2013–10–15.

据显示，开放、独立、自信、爱国成为绝大部分“00后”的标签，76.2%的“00后”对未来表示乐观，73.1%的“00后”认为当今中国“虽然不完美，但一直在进步”。[①] 由此可见，新生代青年在社会认同方面具有一些共性的特征。

表 3–16　新生代青年的社会认同状况　（N=1939）

	项目	非常不同意	不同意	无所谓	同意	非常同意
1. 具有中国人的身份是值得骄傲的	频率	116	238	82	545	958
2. 当前中国社会是安全的	百分比	6.0%	12.3%	4.2%	28.1%	49.4%
3. 只要国家需要，青年人就会响应国家号召	频率	181	261	24	822	651
	百分比	9.3%	13.5%	1.2%	42.4%	33.6%
	频率	185	235	125	815	579
	百分比	9.5%	12.1%	6.4%	42.0%	29.9%

2. 价值标准日趋多元

无论是从家庭价值观到职业价值观，从政治价值观到经济价值观，还是从个体道德价值观到社会整体价值观，新生代青年的价值取向与价值评判标准呈现出日趋多元的趋势，更遑论完全达到一致。

然而，必须直面的是，新生代青年在许多方面持有的价值标准日趋复杂多元，造成对很多问题和现象难以形成认同，不但造成社会的隔阂与分歧，甚至造成各种矛盾冲突的出现。具体而言，有如下几个方面的表现：

首先，新生代青年自我意识和自主观念越来越强，崇尚个性自由、机会和能力，重视个人成就，追求自我价值的实现。当然，他们也不会掩饰和压制自我取向，而是乐于表现自我，更关心自身的身心成长、满足与否等，在这些问题上与其父辈之间显然存在明显的差别。广州市委统战部副部长魏国华等基于对广州1682位青年的调查，发现54.3%的青年认同“每个人都可以掌握自己的命运”，肯定自致性因素对获取成功的重要性。[②] 需要特别指出的是，新生代青年的自我取向并非自私自利，而是指对自我价值和自我呈现的注重，这有助

① 礼平. 互联网时代，主流媒体如何赢得青年［EB/OL］. 人民网舆情数据监测中心，2019-04-04.

② 魏国华等. 广州青年发展报告（2012–2013）［C］. 社会科学文献出版社，2013：73–74.

于促使青年个性的自由发展，由此会有助于尊重个性、尊重个体价值的社会风气的形成。[①]

其次，新生代青年的政治态度截然不同。与前一辈的人相比，新生代青年的政治态度发生了很大的变化，甚至出现截然不同的观点。据调查显示，新生代青年的政治态度更加世俗，他们不太愿意或不太习惯用传统的词语来表达他们的政治观点，如“主义”“模式”“道路”之类的词语。据一项调查的结果显示，对共产主义信仰持“非常赞成”“比较赞成”的仅为 24.2% 和 32.5%，持“中立”态度的高达 32.5%，其他为“说不清楚”；对中国特色社会主义共同理想持“非常赞成”“比较赞成”的也只有 31.4% 和 36.1%，持“中立”态度者占到了 29.0%，其他为“说不清楚”。[②] 显然，新生代青年的这种政治态度认同不高问题值得引起高度重视。对此，廉思指出，新生代青年的政治态度也更加世俗、更加理性。他们对我们传统的说教方式不太感兴趣。“你跟他谈理想，他说你才有理想！你们全家都有理想！你们全小区都有理想！”[③]

再次，新生代青年对社会公共事务的关注与其利益诉求紧密相关。当前，新生代青年对公共性、社会性问题的关注和思考，青年所关心的政府公共服务，更多的是与自我利益密切相关。新生代青年的政治判断是跟其利益诉求紧密结合在一起的，他们所形成的一些政治判断主要是基于其自身的利益诉求，而且这种政治判断有从宏大的叙事向自己身边小事转化的趋势。[④] 以新兴青年群体为例，他们是“体制外”的青年，既从现有体制中获得了不少利益，但又普遍对职业安全、自身权益和社会保障感到担忧，这些现实问题成为新兴青年群体提升思想认识的阻碍[⑤]，这使得他们在政治态度上常常出现相互矛盾，出现一些认识的偏差。对此，马克思曾有过经典的阐述：“思想”一旦离开“利益”，

---

① 陆益龙．“80 后”“90 后”青年的思想特征［J］. 人民论坛，2018（22）.

② 赵明，高中建．我国“80 后”青年的社会认同及影响因素分析［J］. 商丘师范学院学报，2015（5）.

③ 康佳．能否有效回应青年权利诉求决定未来中国政治稳定与否［EB/OL］. 中国青年网，2014–11–26.

④ 廉思．社会流动阻滞折射出“寒门难出贵子”的现实［EB/OL］. 腾讯文化，2014–11–17.

⑤ 戚如强．新兴青年群体社会主义核心价值观认同研究［J］. 社会主义核心价值观研究，2019（3）.

就一定会使自己出丑。[①] 无疑，是否能够处理好青年诉求和青年的认同具有重要的影响。

3. “去中心化”思维日趋凸显

随着网络化、信息化时代的到来，新生代青年“去中心化”的思想更加显现。数字传播大师、《数字化生存》的作者尼古拉斯·尼葛洛庞帝说过，数字化和网络化，将赋予年青人以权力，同时对整个社会“去中心化”，如今，这一切正在发生。新生代青年对传统的社会秩序和分工逻辑，有异于前人的理解和观点，他们对理想有着更多的坚持。网络虚拟社会的存在，使得人们在社会“去中心化”的思维上迅速前行，并将促使这一思潮引入到现实社会之中。“无论是学校、企业，乃至政府和社会，旧有的管理思路，将会逐步被质疑、被更新、被淘汰，甚至难以为继。”新生代青年处于发散思维的高峰期，信息社会带来海量的最新信息，多样的思想和观念，增加新生代青年接触外界信息量，拓宽了他们的视野。尤其值得指出的是，互联网中没有了统一的“主义”，也缺乏绝对的权威，那种森严壁垒的藩篱也变得支离破碎，网络将权力分散开来，使个人享有更多的自由，“每个人都是一台没有执照的电视台”，弱小者也能发出他们的声音。“在广大浩瀚的宇宙中，数字化生存能使每个人变得更容易接近，让弱小孤寂者也能发出他们的心声”[②]。毫无疑问，在网络化时代，对新生代青年进行及时、有效的主流意识形态宣传就显得更加困难了。

第五节 城乡新生代青年的网络数字化特征显著

城乡新生代青年与新技术具有天然的亲和关系，他们不仅是发明新技术的主力军，也是接受和使用新技术的先行者。[③] 城乡新生代青年几乎是与网络信息技术一起同步成长的，对他们来说，网络像是与生俱来的天然存在物。城乡新生代青年既是网络使用的主力军，也是网络信息的最主要受众。正是基于这一点，有研究者称

---

① 马克思恩格斯文集［M］. 人民出版社，2009：286.

② 〔美〕尼葛洛庞帝. 数字化生存［M］. 胡泳，范海燕，译，海南出版社 1997 年版，前言.

③ 肖峰，窦畅宇. 青年的网络行为特征及其伦理导引［J］. 中国青年社会科学，2016（4）.

城乡新生代青年为“网络原住民”“互联网一代”等。无疑，这也意味着，网络虚拟空间已成为新生代青年进行活动的重要场域，他们不但是网络各类信息的最主要受众，也是这些信息的最主要传播者，还是推动网络技术升级的最重要力量。

一、学习工作网络数字化

现如今，网络化、数字化、智能化的技术等已经渗透到中国社会的每一个角落，无论是学习教育、工作就业、社会交往，还是日常生活和休闲娱乐，新生代青年的各种行为都无不与此紧密相关。从网络使用的主体上看，使用网络的青年人数规模越来越大。据第 50 次中国互联网发展状况统计报告显示，截至 2022 年 6 月，我国网民规模为 10.51 亿，较 2021 年 12 月新增网民 1919 万，互联网普及率达 74.4%。其中，农村网民规模为 2.93 亿，占网民整体的 27.9%；城镇网民规模为 7.58 亿，占网民整体的 72.1%。毫无疑问，网民以青少年、青年群体为主，10—39 岁的青少年和青年是网民的主体，占总体网民的 51%，其中 30—39 岁年龄段的网民占比最高，达 20.3%，而 10—19 岁、20—29 岁群体占比分别为 13.5% 和 17.2%。具体而言，青年网络行为具有如下几个重要特征：

当代青年的一个显著特征就是学习和工作网络化倾向越来越明显。一方面，各种理论知识和技术技能的学习都越来越依赖互联网，如各种知识搜索查询、在线教育、网络课堂、网络干部学院等，在青年中有一句很流行的话，“不懂就问度娘”。从网络使用的时间上看，新生代青年使用网络的时间越来越长。究其原因，就在于手机、移动设备等的广泛应用，让网络使用变得越来越便利和容易，新生代青年可以无时无刻、无处不在地使用网络，正所谓为“一机在手，尽知天下事”。据研究者一项调查显示，6 所 985 高校只有 2.9% 的“80 后”大学生报告称没有上过网，34.7% 的学生上网时间在 3 个小时以内，28.6% 的学生上网时间在 3~5 个小时，上网时间超过 5 个小时的学生比例为 33.8%。而在 5 所普通高校“80 后”大学生中，只有 1.5% 的学生报告称没有上过网，29.5% 的学生上网的时间在 3 个小时以内，27.5% 的学生上网时间在 3~5 个小时，上网时间超过 5 个小时的学生比例高达 41.5%。[①] 另据中国青年网对全国 1220 名大学生进行问卷调

① 李春玲，等. 境遇、态度与社会转型：80 后青年的社会学研究［M］. 社会科学文献出版社，2014：127.

查显示：超四成学生每天上网超过 5 小时，超八成学生上网主要是社交聊天，多数学生认为手机上网让移动支付、信息获取、社交方式更便捷，近九成学生担心网络安全问题，多数学生期待 5G 的网速能够更快、更方便于学习生活。中国青年网记者在调查中发现，多数受访学生认为手机上网让移动支付、信息获取、社交方式更便捷，分别占 90.25%、80.49% 和 78.52%。[①] 需要引起重视的是，这种学习具有严重的碎片化特征。另一方面，青年的工作就业越来越网络数字化。许多青年的工作是依靠网络渠道获得的，他们将网络视作最主要的求职通道，比例高达 57.62%；有不少青年从事的工作就是与网络数字化紧密相关的。据统计，60% 的青年电商年龄在 20—30 岁之间，超过 95% 的电商年龄在 35 岁以下。“80 后”“90 后”是电商的绝对主力。广东省的青年电商中，超过一半的人是全职电商，近 20% 的电商是在校学生。[②]

二、生活娱乐网络数字化

当前，网络消费呈现出青年化的趋势，这与新生代青年具有的个性化需求、叛逆精神、好奇心理等一系列特征紧密相关。现如今，新生代青年在消费市场中占据的地位越来越重要，他们有着众多的消费需求、强烈的消费欲望和巨大的消费潜力，其消费观念和消费行为会极大地影响今后社会的消费走势。特别是随着互联网与智能手机的广泛使用，使得新生代青年这一群体成为网络消费的主力军。正如有研究指出，网络为青年群体提供了一个没有现实边界、极具便捷化、充满欲望意识的消费空间。[③] 当前，无论是在日常生活方面，如出行、购物、饮食等，还是休闲娱乐方面，如旅游、游戏等，青年都在依赖网络和数字化设备。有研究指出，青年能够熟练运用电脑进行有形和无形商品的交易，B2C、C2C 形式的网络交易形式已经被广大青年所运用，一些青年甚至到了“无网络，不消费”的程度。在网络购物中，中青年居民位居第一位，从年龄构成来看，18—40

① 李华锡. 大学生手机上网调查：超 4 成每天上网超 5 小时［EB/OL］. 中国青年网，2019-10-21.

② 尹来. 广东青年创业热情高“实操”少［N］. 南方都市报，2015-05-22.

③ 员宁波，陈淑珍. 青年群体网络消费特征及影响［J］. 中国青年研究，2015（7）.

岁的中青年占74.7%，处于主体地位。① 同时，青年非常乐意接受移动支付、共享单车、共享汽车等消费方式。据调查，普遍认同和接受网络支付，通过网络进行支付的青年，占到了被调查者的80.03%。② 另据研究者针对大学生的一项调查显示，在3063名受访大学生中，有2231名大学生参与“双十一”网购，占受访总人数的72.84%。③

三、社会交往网络数字化

网络新媒体给社会带来了一种新的社会组织方式，它以其普遍性迅速扩展到全世界，给每个人的生活带来了冲击。在网络数字化时代，空间不再是固定的，成为“流动的空间”，利用高速传播，人们可以立刻进入到一个不同的空间，并参与其中，这种新的时空感潜移默化地改变了青年的社会交往圈子。如今，QQ、微博、微信、抖音等成为青年进行各种社交的重要平台，他们当中不少的人利用“圈粉”来宣传和扩大自己的影响。对此，正如曼纽尔·卡斯特指出的，网民的交往活动进一步加速，满足生活需要的各种活动更为方便快捷，由于减少了面对面的接触，人们也就变得更为独立自由，产生了一种普遍的解放感。④ 同时，青年对互联网的认同度高。数据表明，“90后”青年对互联网这一信息来源较为依赖。有83. 2%的人认为，与电视、广播、报刊相比，互联网提供的信息更为全面深入；有67. 9%的人认为，互联网是最能表达民意和反映社会真实情况的渠道。当然，“90后”青年对互联网的认识也比较客观，74.2%的人认为，网民仅是老百姓中的一小部分，他们的意见不能代表全体老百姓的意见。同时，他们认为，互联网对政府工作具有正面影响，80.3%的人认为，互联网对政府工作能起到一定的监督作用。因而，政府部门可以利用互联网这一媒介，建立与“90后”青年的沟通。⑤ 根据中国青少年上网行为研究报告，64.3%的青少年网民愿意在互联网上分享；49.2%的青少年网民愿意在互联网上发表评论；58.4%的青少年

---

① 网络购物谁最强？中青年占绝对主导地位［N］. 郑州晚报，2014-12-10.

② 薛桦. 未来已来：移动互联网时代青年调查报告［Z］. 营赢，2014（11）.

③ 李华锡. 大学生双十一消费调查：超7成参与网购［EB/OL］. 中国青年网，2016-11-12.

④〔美〕曼纽尔·卡斯特. 网络社会的崛起［M］. 社会科学文献出版社，2006：41-53.

⑤ 崔岩. “90后”青年社会认知特征和社会评价分析［J］. 青年研究，2016（4）.

网民对互联网非常依赖或比较依赖；60.1% 的青少年网民信任互联网上的信息；54.6% 的青少年网民认为我国网络环境安全。①

四、诉求表达网络数字化

在社会网络化的今天，网络数字化的诉求表达正在成为公众参与政治的新形式，也成为一种时尚。青年善于借助智能手机和移动终端，通过网络这个“信息互通、资源共享、自由表达、平等对话”的载体，充分地表达诉求和意见。这样，民意可以“直白”地呈现在网络上，“直达”各级领导，极大地激发了公众参与政治的积极性。作为青年的重要构成，青年白领非常乐意接受这种诉求表达方式，网络已经成为他们获取信息、表达思想和诉求意愿的集散地，以及进行政治参与的重要平台。调查显示，86.0% 的青年白领以互联网作为获取信息的最主要方式，他们习惯以网络为媒介来参与国家政治生活，主要通过互联网发表评论、进行讨论、表达政治意愿与主张，行使自己的政治参与权利。② 当前，青年运用网络维权的行为越来越多。互联网对于新生代青年的权利意识、公平意识、自主意识等的增强起着重要的推动作用，也影响着新生代青年维权方式的变化。当前，突发事件网络舆论作为特定领域多种社会矛盾的集中而激烈的反映，特别容易受到青少年的强烈关注。近些年来，越来越多的青年利用互联网参与公共舆情议题的设置。“90 后”已经登上了互联网的舆论舞台，青年个体权利意识觉醒，热衷于对“身边事”积极表态。

与其他群体相比较，城乡新生代青年能够熟练运用网络来反映自己的诉求和主张是新生代青年的最大优势。近些年来，新生代青年对网络产品的使用日益多元，特别是自媒体的运用尤为娴熟，这也极大地激发和增强了新生代青年在网络自媒体平台中的公共参与意识，成为新生代青年现实生活中的重要组成部分。无疑，新生代青年对网络越来越依赖。值得注意的是，新生代青年的参与意识还出现了自主性增强的特征，即出现了由个体附和型的网络参与开始发展到个体主动发起、具有自我观点和思想的参与，他们不再满足于灌水式的跟帖、评论，而是试图将网络的参与转化为现实生活中的实际行动。当下，各种青年网红的出现在

---

① 贺亚兰. 当代青年面临的价值困惑源自哪里［N］. 北京日报，2015-10-26.

② 李路路. 城市青年白领有着什么样的精神风貌［J］. 人民论坛，2018（22）.

一定程度上反映了越来越多的青年愿意进行网络参与并付诸实际行动。与此同时，新生代青年运用网络进行维权的行为增多。各种青年社会力量汇聚到网上，形成强大的民间舆论场，“地沟油”“毒奶粉”“药家鑫案件”“疫苗事件”“李文亮事件”“江苏丰县生八孩女子事件”“唐山打人事件”等在网上持续发酵并对政府造成一定的影响。在这些事件中，青年是参与的主体，他们通过手机、电脑等对现场进行文字、图片直播，这些信息通过微信、微博、抖音、微视频等自媒体平台进行广泛传播，引起更多人的高度关注。在这其中，网络青年意见领袖更要引起高度重视，他们主要由传媒圈青年才俊、青年商界精英、青年文体明星、青年专家学者、青年白领和在校大学生以及青年政治精英群体构成。网络青年意见领袖的影响力波及社会的各个层面，对于社会的发展与进步起着不容忽视的作用，包括反映网民诉求、引导社会舆论走向、形成舆论压力和影响青年网络文化等方面。[①]

---

① 倪邦文. 中国网络青年意见领袖的构成、特征及作用［J］. 中国青年研究，2011（9）.

第四章 城乡新生代青年的差异性特征

值得肯定的是，随着我国户籍制度改革的推进，原有的城乡社会分割有所淡化，城乡新生代青年的共同性特征日渐增多，异质性特征有所减少。但总体上看，城乡新生代青年的差异性依然存在，还存在鲜明的异质性特征。从实际情况来看，城市新生代青年和农村新生代青年之间既具有“横向群体特征”的差异（即同一年代城乡青年之间的差异），又存在“纵向代际特征”的差异（不同年代城乡青年之间的差异），具体表现在生活状况、行为方式、社会参与等客观层面，也表现在就业取向、价值观念、未来期待等主观层面。从更深层次的因素来看，这些差异性主要受年龄、职业、结构、个人境遇、社会化程度、拥有的社会资本等方面因素的影响。同时，在青年群体中出现了一种新型的城乡分割，这种分割导致青年人口的社会经济分化，而且原来存在于城市与乡村之间的城乡分割，被移入城市社会之中，在生活于城市的人们中建立起新的社会壁垒。也正是这些差异性，造成了城市新生代青年和农村新生代青年在社会中所扮演的角色和发挥的作用是不一样的，从而也就造成了对社会稳定的影响也是不一样的。

第一节 城乡新生代青年的成长环境差异

城市和农村具有很强的地域性差异，城市青年和农村青年从小的成长环境是大不相同的，这种差异性具体表现在家庭经济条件、文化教育、社会交往、职业环境等各个方面。

一、家庭经济条件的差异

家庭是孩子成长的第一学校，是实现人的社会化的重要场所之一。相比较而言，城市青年从小成长的家庭经济环境明显要优于农村青年，城市的家庭也更加注重自己子女的教育，这种家庭环境就更有利于青少年的社会化。社会科学领域的研究普遍认为，家庭社会经济地位是影响儿童及青少年发展的重要因素。

其一，大部分城市家庭的收入比农村家庭的收入更高，他们更能为其子女提供经济、文化和智力资源。国家统计局的数据显示，改革开放以来，我国城市和农村居民人均可支配收入比呈现出先升后降的趋势，其中 2007 年城乡收入差距达到了最高，城乡收入比为 3.14，此后开始逐步下降，至 2019 年为 2.64（详见表 4–1）。从中可见，虽然我国城乡收入差距在不断缩小，但城市和农村之间的收入差距依然较大，而正是这种不同的家庭经济条件又造成了城市青年和农村青年之间的差异。正如有研究指出，与低收入家庭相比较而言，高收入家庭的父母普遍接受过较高教育水平，更加有能力在物质保障和教育投入上创造更多的文化教育优势，以促进子女通过居住条件、学习形式、教育支出等方面达到学有所成。这差异势必会给城市青年和农村青年在人生发展上带来不同的影响。

表 4–1　1978—2021 年我国城乡居民人均可支配收入比较

可支配收入 年份	全国居民人均可支配收入	城镇居民人均可支配收入	农村居民人均可支配收入	城镇和农村居民收入比
1978	171.2	343.4	133.6	2.57
1980	246.8	477.6	191.3	2.50
1985	478.6	739.1	397.6	1.86
1990	903.9	1510.2	686.3	2.20
1995	2363.3	4283.0	1577.7	2.71
2000	372L3	6255.7	2282.1	2.74
2005	6384.7	10382.3	3370.2	3.08
2010	12519.5	18779.1	6272.4	2.99
2015	21966.2	31194.8	11421.7	2.73
2016	23821.O	33616.2	12363.4	2.72

续表

可支配收入 / 年份	全国居民人均可支配收入	城镇居民人均可支配收入	农村居民人均可支配收入	城镇和农村居民收入比
2017	25973.8	36396.2	13432.4	2.71
2018	28228	39251	14617	2.69
2019	30733	42359	16021	2.64
2020	32189	40378	17131	2.56
2021	35128	47412	18931	2.50

注：根据国家统计局公布的数据整理。

其二，城乡家庭的父母对子女的培养理念和方式存在差异。由于受教育水平和认知能力的影响，城市和农村家庭父母对子女培养的理念和具体方式都存在很大的差距，进而对其成长的过程带来很大影响。在农村地区，由于父母自身的文化教育程度不高，因而对子女的教育认识并不到位，主要采取放任的方式，认为主要取决于子女自身的努力因素，也习惯于家长式的命令式管理。在一些农村家庭里，父母在亲子关系中更容易通过经常性的体罚及严厉的批评来达到回应性教育。有不少农村地区的家长对家庭教育存在一些误区，他们认为自己文化水平不高，无法对孩子的学习进行辅导，这也不是孩子成才的关键，而认为“学校教学水平与孩子学习能力是孩子成才的关键”。也正是这种对自己在教育环节中定位模糊，才导致了青年农民家长在小学素质教育中缺位的现象。然而，在城市地区，由于父母接受的文化教育程度更高，更注重对子女的培养，认为要从小培养好子女的学习习惯，同时，也更擅长与子女的沟通交流，通过一些适合的方式和话语来促进子女学习教育。毫无疑问，这种培养理念和方式更有助于青年的早期成长。西方的一系列调查研究表明，处于社会经济较高地位的家庭里，父母在亲子关系中更愿意通过沟通和探讨等技巧来建立和谐的亲子关系。

其三，家庭经济条件状况会影响父母对子女教育的重视程度。与城市相比较，农村青年的家庭对子女的教育重视程度并不够，也缺乏足够的时间陪伴他们。许多农村家长认为会不会读书都是孩子自己的事情，觉得父母对子女的教育影响并不大，这也是造成留守儿童的一个重要原因。毫无疑问，这些青少年在缺乏足够的家庭社会化情况下，如果其行为出现偏差而父母不能及时进行引导和纠偏，会导致青少年价值观的混乱和越轨行为的出现。然而，值得指出的是，随着农村地区生活水平的提高，现在农村父母也开始逐渐重视对子女的教育。据民政部最新统计显示，目前全国共有农村留守儿童 697 万余人，与 2016 年全国摸底排查数据 902 万余人相比，全国农村留守儿童总体数量下降 22.9%。[①] 这是一种好的趋势，相信随着城乡一体化进程的推进，这种差异也会慢慢缩小。

二、文化教育环境的差异

受中国城乡二元结构的影响，城市青年和农村青年成长的文化教育环境迥然不同，这也是造成当前城乡青年差异性的重要原因。

一是城乡青年接受的基础义务教育存在一定的差距。从基础设施来看，城市和农村学校的硬件设施条件有着很大的差距。在城市的青年拥有的教育资源远远多于农村青年。乡村学校与城市学校相比较来看，两者在教学硬件设施和多媒体设施方面差距也是越来越大。城市学校在教学硬件设备广泛应用的时候，乡村学校却连基本的教学硬件设施都未能普及，无法及时满足教师的教学需求，从而影响教学质量，造成城乡学校教学水平距离进一步加大。同时，还必须看到，这些基础设施不仅仅包括课桌椅这些硬件设施，同样也包括图书资源及医务室的设置。据大多青年农民反映，与城市相比农村小学基础设施仍比较落后。教育资金的不足、对素质教育理解的不全面都会导致此类现象的发生。而基础设施的不完善，也直接影响着农村小学素质教育发展的不完善。从师资力量来看，城市地区学校和农村地区学校的差距原来越大，尤其是农村地区的优质教育资源越来越匮乏。有研究者比较某县城关学校和农村学校的小学师资发现，无论是在职称、学历方面，还是在荣誉称号方面，城关学校教师的比例都明显高于农村学校教师的比例。其中最为显著的就是，城关学校本科学历的教师比例高出农村学校 34.7 个百分点（详见表 4–2）。从中可见，我国城乡学校之间师资力量配置存在着较大的差异。究其原因，一方面，出于工资福利待遇的差距，大量优秀教师不断流失，更愿意去城市学校从事教育工作，严重影响了乡村教学质量；另一方面，出于学历水平的要求也造成了城乡间教师学历差距进一步拉大。城市学校有更多更集中的本科以上学历的教师，乡村学校高学历教师非常少，而且少数的乡村高学历教师往往还是通过在工作中再深造获得的，很少直接具备全日制以上学历的教师。

① 李玉梅. 民政部：全国共有农村留守儿童 697 万余人［EB/OL］. 央视网，2018–08–31.

表 4-2　W 县城关学校和农村学校小学师资状况

类别＼项目	职称			学历			荣誉		
	初级	中级	高级	中专	大专	本科	市级荣誉	省级荣誉	总数
城关学校	126	281	13	8	168	244	9	4	420
百分比	30%	66.9%	3.1%	1.9%	40%	58.1%	2.1%	1%	—
农村学校	281	695	15	232	527	232	3	2	991
百分比	28.4%	70.1%	1.5%	23.4%	53.2%	23.4	0.3%	0 2%	—

这种师资力量的差异不但对青年的小时教育造成影响，也对其父母家庭造成影响，从而产生教育不平等的代际传递。以“80 后”这一青年群体为例，他们是目前我国青年劳动力的主体，然而其在基础教育阶段就受到过教育机会不平等的影响。数据显示，未进入小学的“80 后”青年有 90.6% 来自农民家庭，未由小学升入初中的“80 后”青年有 94.4% 来自农民家庭（详见表 4-3）。

表 4-3　“80 后”升学与未升学者家庭背景比较　（单位：%）

类别＼项目		未进入小学	未由小学升入初中	未由初中升入高级中等教育	未由高级中等教育升入大学
16 岁时父亲职业	管理人员	0	0	0.9	1.4
	专业人员	0	0	0.8	1.7
	办事人员	0	3.4	3.9	6.6
	个体 / 自雇	0	3.7	5.4	6.5
	工人	10.9	11.1	19.1	22.5
	农民	89.1	81.7	68.8	61.3
16 岁时父亲户口	非农业户口	9.4	6.6	13.3	22.4
	农业户口	90.6	94.4	86.7	77.6

二是城乡青年接受高等教育的机会不一样。一方面，在我国高等教育所在地，通常是直辖市优于省辖市、大城市优于中小城市、城市优于农村、经济发达的省份优于边远省份、长江流域和沿海省份优于内陆省份。也就是说，我国高等院校大部分建在大城市，小部分建在中等城市，小城镇和农村就基本为零。在现代社会中，实现社会流动的机制主要还是教育机制。一个青年的社会地位变化和调整主要是通

过教育，特别是高等教育来实现的。然而，正是由于形成的这种高等教育资源的分布格局，使得城乡青年接受高等教育机会不公平，把那些在接受教育方面本已面临相当不利地位的农村青年置于接受高等教育的不利地位，从而造成很多农村青年无法通过受高等教育来改变其社会地位。这种分化会通过代际传递下去，以至于不利于城乡贫富差距的缩小，也不利于和谐社会的建设。① 另一方面，区域差距造成高等教育资源分配上的不公平，从而影响农村青年接受高等教育的公平性。由于历史的因素，在我国形成了各种“城市中心”的价值、政策和现实取向，且这种偏向由于区域发展差距更加明显，国家和地方对发达地区一些城市高等院校投入相当巨大，而对于边远地区的高等院校的投入相对较少。但农村青年多数是集中在一些不发达地区的高校，城市青年多集中在发达城市的高校之中，双重因素的影响使得城乡青年接受高等教育的不公平性更加明显。在这种高校就读的农村青年居多，从而使得城乡青年在接受高等教育公平的权利难以得到保障。② 以“80 后”青年为例,未由初中升入高级中等教育的“80 后”青年有 86.7% 来自农民家庭，未由高中升入大学的“80 后”青年有 77.6% 来自农民家庭（详见表 4–3）。再以高校（包括本科院校和高职院校）为例，绝大多数高职院校的学生来自农村家庭，而一流本科院校的学生主要来自城市家庭。据中国社科院社会学研究所的调查数据显示，本科大学与高职院校的大学生来源存在着明显的城乡差异：大约 80% 的高职院校学生出生农村家庭，多数的普通本科大学学生来自农村家庭，而多数的重点本科大学学生来自城市家庭；北京集中了最多的重点大学，其生源来自城市家庭的比例更高；精英本科大学（即全国大学排名前 10 的名校）的学生大约三分之二来自城市家庭。（详见表 4–4）农村家庭子弟在激烈的高考竞争中处于劣势地位，大多只能进入高职院校或二、三流的本科大学。这种区域和城乡差距导致高等教育投入上的区域不平等，从而造成高等教育质量的差距，这又造成了城乡青年接受高等教育的效果不一样。此外，当前高校的各项费用增加也是很多农村家庭难以承受的，也使得一些农村贫困家庭的优秀青年，可能由于交不起学杂费而不能接受高等教育，增加了农村青年通过高等教育改变命运的机会成本。

---

① 谷满意. 我国城乡青年接受高等教育的公平性研究［J］. 河北青年管理干部学院学报，2013（5）.

② 张翼. 教育财政投入的五大问题［J］. 中国社会科学院院报，2004（7）.

表 4-4　不同等级学校学生城乡来源比较　（单位：%）

学校类型 / 学生来源	精英本科大学	北京重点本科大学	重点本科大学	普通本科大学	高职院校
城市	65.2	63.4	54.7	43.8	20.1
农村	34.8	36.6	45.3	56.2	79.9

三是城乡青年接受职业培训的机会不均等和效果也不一样。相较于城市青年受教育的程度，我国青年农民工受制于技术能力普遍较低，仅仅只有三分之一的参加过职业技术能力培训，受到城乡发展各方面条件的限制和区别，城乡青年自身文化程度和职业培训的需求也不相同，因此阻碍了他们融入城市，成长为新型产业工人。新时代要加强农村劳动力的职业教育和技能培训，对进一步增加收入、提高竞争力、产业转型、就业转移都起到了积极作用。① 当然，除了接受职业培训的机会不一样，城市青年和农村青年的自我要求和职业需求也会对职业培训效果产生一定的影响。相比较而言，城市青年的受教育程度更高，掌握的技能和拥有的知识比农村青年要多，因而在就业时就更具优势；而农村青年受教育程度较低，知识和技能都较少，在就业过程中明显处于劣势地位。城市青年的技术水平要更高，创新能力也更强，这使得他们所从事的工种会有所区别，城市青年从事脑力劳动居多，农村青年从事体力劳动居多。同时，城市青年对职业培训的需求也更高，而农村青年对职业培训的需求相对不高。

三、城乡青年的社会交往差异显著

随着网络化和信息化时代的到来，新生代城乡青年的社会交往出现了一些新的特征和共性：社会交往更加平等和透明，城乡青年都可以通过网络平台进行人际交往，由于网络的虚拟性和多样性，青年进行网络交往时受到人情的影响较小，不同的人群可以进行平等的信息交流；社会交往方式丰富多样，网络催生的网络用语可以表达不同的感情和心情，在青年群体中流行的一些表情包文化，简化了青年交往过程，让青年人际交往内容更丰富。特别是新的社交媒体大大丰富了青年的社交方式；网络所具有的虚拟性和便捷性给青年交往带来更多的可能性。但必须看到的是，由于受经济收入、教育程度、家庭状况和工作职业等因素

① 桂杰 . 我国农民工中接受过职业技能培训的仅占 30% [N]. 中国青年报，2014-08-07.

的影响，城市青年和农村青年社会交往的鸿沟依然非常明显，具有很大的差异性。与城市新生代青年频繁、开放和深度的社会交往相比而言，农村新生代青年的社会交往出现了以下几个重要特征：

其一，交往的范围和对象不一样。城市是一个各种社会群体交叉融合的共同体，加之城市各种公共交通的便利性和交往平台的多样性，使得城市青年社会交往的范围非常广泛，交往的对象非常多元，涉及城市社会中的各行各业，无法一一而论。而农村青年的交往相对就要受限，交往范围也要更小，交往的对象也非常有限，即出现内卷化的现象。具体而言，农村青年群体的社会交往主要包括两种情形：一是留守农村青年的社会交往情况。这些农村青年受农村乡土社会的地域限制，以及交通和通讯工具等客观因素的影响，他们的交往圈子往往局限于县村乡。同时，也有主观层面的因素，农村青年从小接受的新鲜事物有限，交往的视野和心态也较为封闭和内敛，从而影响了他们交往圈子的扩大，交往的对象也非常单一，大多为邻里、亲戚等。二是城市青年农民工的社会交往情况。城市交往是青年农民工感知城市社会、与市民进行群际互动的重要途径。青年农民工进城务工，由乡村的"熟人社会"来到陌生的城市，肯定会有所不适。他们在城市迅速站稳脚跟的捷径就是，将由血缘和地缘关系构建的人际关系网复制、延伸。相关调查显示，青年农民工的交往对象几乎是自己的同质群体，94.2% 为同乡、亲戚，而非本地市民。有研究显示，骑手的交往圈主要限于老乡、同事，还有一部分是需要打交道的本地人，如雇主、房东、服务对象等。一项针对外卖骑手的调查显示，骑手交往的老乡、同事、本地人在 5 个以内的比例分别为 68.8%、37.5%、82.4%，在 10 个以上的比例分别仅为 7.5%、18.4% 和 2.2%。这表明，外卖骑手的交际圈非常狭小，他们最坚固的社会支持来源于相互依靠的老乡和同事间的关系网。但同时，也要看到这种主要依托于老乡、同事的社会交往关系网络，极大地降低了他们的人际交往适应水平，限制了骑手建立其他方面的社会关系和获取其他社会资源。由此可见，青年农民工的交际圈大多局限于同事和老乡，缺乏结识朋友的平台和途径。同时，在居住上他们也倾向于与老乡和亲友群居。也正是这些因素造成了青年农民工城市交往的内卷化，阻碍了他们和市民相互进入各自的交往群体，不利于城市青年农民工的社会融入。"社会融入既是一个过程，同时也是一个结果；社会融入是一种个人和群体的现象，包括态度以及行为的改变；融入包括整体性融入和差异性融入，后者就是对主流社会的选择性适应。”①

其二，社会交往的频率情况不相同。社会交往的频率是衡量社会群体之间亲疏程度的一项重要指标，频率越高群体关系越亲密，反之亦然。城市青年群体之间、青年群体和其他群体之间的交往频率相对要更高，这既得益于城市青年拥有稳定的工作和一定的闲暇时间，也得益于城市社会为城市青年所提供的各种交往平台和载体。当然，值得注意的是，在城市青年中也出现了一种另类现象——宅男宅女，他们的交往频率也很低。但无论怎么说，总体上看城市青年的社会交往频率还是要高于农村青年的交往频率。对于留守农村的青年而言，他们的频繁交往仅仅局限于小圈子。对于城市的青年农民工而言，他们工作负荷大，早出晚归，作息时间大多异于他们的市民邻居，这减少了与市民的互动机会，社会交往频率低下。在闲暇时间，他们也会选择成本较低的休闲方式，看电视、上网、打牌占青年农民工总娱乐活动的 71.9%、62.5% 和 20.8%。② 而社区举办的各种活动，青年农民工通常缺乏时间和兴趣参加，只有 14.8% 的人表示参与过社区居民的健身、文体活动。另外，交往频率过低还可能造成农民工对城市人际关系的评价不高、对交往方式的变动无所适从。

其三，社会交往的深度有很大的差异。深度反映的是社会交往的程度，表明交往双方相互依赖的大小。通常情况下，可以从交往双方的利益关联的大小、情感投入的多少、交往延续的时间长短和交往规范的复杂程度来考察社会交往的深度。在城市社会中，受功利主义色彩的影响，城市青年社会交往的情感投入会有所顾虑，相互之间更多的是表层化的交往，交往往往保持适度的距离。留守农村的青年在其交往圈内，不是亲戚就是邻里，利益关联度大，情感投入也比较多，所以交往的深度较高。而在城市的青年农民工的社会交往深度有两种情形：一种是与老乡、亲戚的交往是深度的交往，感情深厚，相互依赖性强；另一种是青年农民工与市民的交往以业缘为主，受工作性质的影响，相关活动仅停留在表层。在单位，他们与共事的市民虽有往来，但因工作分工和级别的差异，远不如和农民工工友感情深厚。居住空间的隔离也使得青年农民工与大部分市民相隔，难以交往。租住在小区的青年农民工接触市民邻居的机会虽多，但往来最多的是房

① 李伟梁. 论少数民族流动人口的城市融入［J］. 黑龙江民族丛刊，2010（2）.

② 路晓佩. 新生代农民工社会交往困境分析：以河南省 N 镇为例［D］. 吉林大学，2012：11.

东，且纯属于经济往来，缺乏情感交流。当遇到困难时，青年农民工通常还是会找自己相熟的老乡和亲友帮忙，这可能与“信任”有关。[①]

第二节 城乡新生代青年的婚育状况差异

一、城乡青年择偶观念的差异

由于受家庭经济状况、文化教育程度以及接触的社会人群等因素的影响，城市青年和农村青年在择偶标准、择偶方式和性观念等方面存在一定的差异。

首先，在择偶标准上，城乡青年存在一些不同的看法。城市新生代青年在择偶方面，既注重外在和物质层面的条件，如社会经济地位状况、相貌等，城市青年一般不愿意找农村的青年，注重精神层面的条件，如“感情”“性格”等。据 2016 年广州市的青年婚恋调查显示，广州青年择偶标准中排名前三位的依次是“道德品质”“性格”和“相貌”，分别占 43.9%、40.9% 和 32.3%（详见表 4–5）。[②] 而农村青年对择偶的要求相对较低，也比较传统。调查显示，择偶观念中排在前三位的是“品行”“感情”和“能力”，而选择金钱、房子、家庭背景、外貌和学历的比例相对较低。[③]

表 4–5 广州城市青年的择偶要求

择偶标准 / 年份	道德品质	性格	相貌
2014 年	41.5%	36.0%	28.3%
2016 年	43.9%	40.9%	32.3%

其次，在择偶方式上，城市新生代青年和农村新生代青年存在一定的差别。城市青年的社会交际圈广于农村青年，且同龄群体的数量也多于农村青年。因此，城市青年的择偶方式更为多元，也更为直接；而农村青年的社会交际圈相对

① 陈靖. 青年农民工的城市交往与社会融合研究［J］. 边疆经济与文化，2013（8）.

② 徐柳，张强. 广州青年发展报告（2017）［M］. 社会科学文献出版社，2017：190.

③ 常宇. 北京青年社会结构变化与共青团工作改革［M］. 社会科学文献出版社，2016：106.

较小，择偶方式比较单一，也以间接的方式居多。有研究的调查显示，城市青年“通过同事或朋友介绍”结识的比例略高于农村背景的青年，城市青年比例为30%，农村青年为24.2%；而农村青年通过“父母或家人介绍”和“其他方式”的结识高于城市青年，农村青年的比例分别为15%和10.5%，而城市青年的比例分别为11.4%和6.3%（详见表4–6）。[①]

表4–6　城乡青年的择偶方式比较

生活背景 / 结识方式	18岁以前的生活背景		总计
	城市背景	农村背景	
在一个单位工作	12.7%	14.3%	13.1%
偶然机会认识	15.6%	13.1%	14.9%
原来的同学	17.7%	15.6%	17.1%
同事朋友介绍	30.0%	24.2%	28.4%
父母或家人介绍	11.4%	15.0%	12.3%
工作关系认识	6.5%	7.3%	6.7%
其他方式认识的	6.3%	10.5%	7.4%
频数	861	314	1175

再次，在性观念上，城乡青年的价值取向差别较大。城市青年表现出更多的包容和开放，对于多次恋爱和婚前性行为都表示可以接受，对同性恋的认同度也提高。调查显示，广州市青年的恋爱平均次数为2.26次，其中被调查男性青年平均恋爱次数为2.76次，被调查女性青年为1.83次。而农村青年的观念则趋向保守和传统，对婚前性行为和同性恋接受度比城市青年低。

二、城乡青年婚姻状况的差异

婚姻是新生代青年所面临的一个重要问题，它关系着青年群体的稳定。而如若婚姻出现不稳定，青年的压力就会更大，从而也会对社会的和谐稳定带来一定的影响。在此，重点从“早婚率”“未婚率”和“离婚率”三个方面来比较城乡青年的婚姻状况。

其一，城乡青年早婚情况的比较。就婚姻状况而言，农村青年受“传宗接代”观

① 风笑天. 社会变迁中的青年问题［M］. 北京大学出版社，2014：189.

念的影响要更大一点儿，加之农村性别比的失衡、结婚的成本增高和家庭因素，使得农村青年依然更倾向于“早婚早育”。所谓“早婚”就是结婚年龄低于国家法定“男22、女20”的结婚年龄。根据2015年全国1%人口抽样调查的年龄段分组，15—19岁的青年符合这一条件。抽样调查数据显示，乡村青年的早婚率远远高于城镇青年的早婚率，前者为23.92‰，后者为7.23‰，乡村青年的早婚率比城镇青年高出近17个千分点，其中以女性早婚最为突出，乡村女性青年的早婚比例高出男青年约25个千分点（详见表4–7）。此外，有研究者基于河北省东南部衡水和沧州地区的调查结果也显示如此，当地农村青年存在不少“早婚早育”现象，其典型性特征男孩儿一般进入20岁、女孩儿19岁就开始有人提亲，一般在23岁之前大部分男女青年都完成了婚姻大事。年轻人一旦结婚就会马上进入怀孕、生育的阶段。年轻人结婚以后，90%左右会在一年内怀孕。[①]不难看出，当前农村青年出现了一系列社会问题，如啃老现象、离婚率高、继续教育水平低等。出现这些问题的原因在于农村青年普遍早婚早育，心理和生理都不够成熟，大多还属于青少年期，从而严重影响了农村社会发展。与农村青年形成鲜明对比的是，城市青年早婚的比例明显要小，反而是晚婚晚育现象更多。

表4–7 城乡青年的早婚率 （‰）

区域 \ 性别	男性	女性	合计
城镇	6.36‰	8.15‰	7.23‰
乡村	12.23‰	37.51‰	23.92‰

其二，大龄青年未婚情况的比较。从总体的情况来看，城镇的未婚大龄青年的比例略高于乡村。根据社会上的基本看法，把30岁以上青年视作大龄青年。同时，也基于本研究界定的青年为16—40岁的人群，所以本研究选取了国家统计2015年的抽样调查数据中30—39岁年龄段来考察未婚率，即30—39岁年龄段的未婚者占该年龄段抽样总人数的比重。数据显示，城镇青年的未婚率为7.62%，乡村青年的未婚率为7.59%。其中城镇女性的大龄青年比例更高，为5.41%，乡村的比例更低，只有3.42%；而乡村的男性大龄青年比例则更高，为11.61%，城镇的比例更低，为9.77%（详见表4–8）。这一数据在一定程度上印证了社会上的一种流行说法：知识层次越高的城镇大龄女青年比例越高，知识层次越低的乡村大龄男青年比例越高。

① 张红霞. 城乡二元结构背景下农村青年早婚现象探究［J］. 产业与科技论坛，2014（9）.

究其原因，城市大龄女青年未婚率较高与她们自身的价值观念、家庭条件、文化程度以及所处的社会环境等因素有关；农村大龄男青年未婚率较高则与他们自身的经济能力、家庭状况、文化程度以及社会的整体性别比等因素紧密相关。

表 4-8　城乡青年的未婚率　（%）

性别／区域	男性	女性	合计
城镇	9.77%	5.41%	7.62%
乡村	11.61%	3.42%	7.59%

数据来源：国家统计局人口和就业统计司. 2015 年全国 1% 人口抽样调查资料［C］. 中国统计出版社，2016:289–295.

其三，城乡青年离婚情况的比较。总体上看，农村青年的离婚率更高，而城市青年的离婚率则低一些。据 2015 年全国 1% 人口抽样调查的数据显示，15—34 岁乡村青年的粗离婚率是 12.21‰，而城镇青年这一比例只有 7.29‰，农村的比例比城市的比例高近 5 个千分点。再从离结比来看，城市青年的离结比是 16.65‰，乡村青年的离结比是 25.49‰，乡村青年的离结比仍远高于城市青年（见表 4–9）。[①] 据此，有研究者认为，近些年来，“快餐式婚姻”也已逐渐渗透到农村地区，导致我国农村的离婚率出现井喷式增长，甚至已经超过城市。尤为值得注意的是，农村“80 后”“90 后”离婚率激增，婚姻的“延续期”越来越短。数据显示，宁夏某县 2018 年诉讼案件有 30% 以上属于离婚案件，数量达到 1100 多起，其中 40 岁以下的青年离婚案件比例达 60% 以上，更为突出的是农村青年离婚案件占全县离婚案件的 66% 左右。无疑，农村青年夫妻离婚问题已经成为社会的隐痛。究其原因，造成农村青年离婚率攀升的原因主要有如下几个方面：一是农村青年的“早婚”数量多，男女双方结婚年龄较小，对婚姻的责任感认识不到位，而且，不少农村青年缺乏忍耐力，性格非常脆弱，双方一旦发生矛盾，都不愿主动跟对方沟通，有的是自己生闷气，有的则是直接吵架，最终结果是负气离婚。[②] 二是“快餐式婚姻”使得夫妻双方缺乏足够的了解，导致婚后因为一些生活方式的不同而出现婚姻瓦解。三是农村青年外出务工造成婚后两地分居而出现感情危机。四是经济方面的因素，男方家庭状况

---

① 城乡青年婚育状况比较研究［J］. 河北青年管理干部学院学报，2019（3）.

② 陈忠权. 农村青年高离婚率值得关注［N］. 天津日报，2018-11-16.

较差，孩子出生后家庭开销大，再加之一些女青年产生盲目的攀比心理，容易导致婚姻危机的出现。此外，有研究者认为，当下的乡村社会，在现代性与市场经济的双重侵蚀下，呈现出乡村公共生活逐渐衰落、乡村公共规则渐趋解体、乡村公共文化日渐消解的现象，这种公共性的消解又导致其对村民的社会约束力和整合作用降低，进而为青年婚姻生活的变革提供了契机。

表 4–9 城乡青年的粗离婚率和离结比

区域＼性别	粗离婚率			离结比		
	男性	女性	合计	男性	女性	合计
城市	6.52‰	8.09‰	7.29‰	16.32‰	16.94‰	16.65‰
乡村	14.50‰	9.25‰	12.21‰	37.02‰	16.59‰	25.49‰

三、青年生育状况的差异

首先，在婚恋生育观念上，城市青年对婚姻和生育的态度更加随性，农村青年则更愿意结婚生孩子。传统观念的影响不同，城市青年对社会家庭的意识要更淡薄，而农村青年对家的意识和感觉要更强，更注重和在意自己的家庭和家人。

其次，在生育状况上，总体上农村育龄女青年的生育率高于城镇育龄女青年。根据 2015 年全国 1% 人口抽样调查的数据显示，15—39 岁的城市育龄女青年的平均生育率是 39.2‰，而乡村这一年龄段女青年的平均生育率是 50.4‰，乡村比城镇高 11.2 个千分点，乡村地区育龄女青年的生育水平明显高于城市地区。在一孩的生育率上，城乡的差距不大；然而，在二孩和三孩的生育率上，城乡之间的差距显现，前者相差近 6.6 个千分点，后者相差 3 个千分点（详见 4–10）。究其原因，农村青年出现早育、多育，整体生育水平偏高，传统的生育观念在农村地区依然较为盛行，尤其是生男孩的偏好也比较高，这不但影响着城乡青年的自身发展，也不利于乡村经济社会的良性发展。

表 4–10 城乡青年的生育率比较

区域＼孩数	一孩	二孩	三孩	总生育率
城镇	22.8‰	14.7‰	1.7‰	39.2‰
乡村	24.4‰	21.3‰	4.7‰	50.4‰

再次，从生育满意度上看，城市青年和农村青年的情况也不一样。据调查显示，城市居民尤其是城市青年，对生育现状的满意度为77.8%，而农村居民（主要是农村青年）的满意度要更低一点儿，为67.6%，两者相差10个百分点，存在明显的差异。[①]其中最主要的问题就是二孩问题上，城市青年的二孩意愿更低，而农村青年则有着更强烈的二孩生育意愿。

第三节 城乡新生代青年的就业状况差异

一、就业结构的差异

所谓的就业结构，又称社会劳动力分配结构，一般是指国民经济各部门所占用的劳动数量、比例及其相互关系。就业结构反映一个国家社会劳动力的利用状况及一个国家经济发展的方向与水平。[②]按照不同的划分标准，就业结构具体可以分为就业的区域结构、产业结构、职业结构等。

首先，从就业的区域结构来看，城市新生代青年和农村新生代青年就业呈现出的区域结构是截然不同的。城市青年的就业区域主要集中在城市，特别是大、中、小城市，具体包括两种情形：一是留在居住地所在的城市就近就业；二是流入到更发达地区的城市就业。然而，农村青年绝大部分流入沿海经济发达地区，一小部分流入中西部地区，他们就业分布的区域很广，既有在大、中、小城市的，也有在小城镇的。据有关的数据显示，2014年超过70%的新生代农民工流入东部沿海地区，主要从事制造业，并且在地级以上城市就业的农民工比重持续上升，跨省流入到该级别区域的2014年占77%，比上一年增加0.8个百分点；流入到中西部地区的主要以住宿餐饮业为主，新生代农民工的流向与地区产业分布情况高度关联。

其次，从就业的行业和职业结构来看，城乡青年的就业在三大产业中具有很

① 杨华磊，吕世辰. 全面二孩背景下城乡生育状况比较研究［J］. 山西师大学报（社会科学版），2019（6）.

② 袁霓. 论当前中国的就业结构及其调整［J］. 技术经济与管理研究，2012（1）.

大的差别。改革开放以来，我国城市青年和农村青年从事第二、三产业的比重越来越大，但具体到各种行业门类来看，城乡青年的就业存在很大差别。当前，在城市青年的构成中，大学以上学历的青年比例越来越高，他们的就业情况就显得更好些，职业主要分布在第二产业中的制造业、电力、热力、燃气及水生产和供应业等具有一定技术的领域，以及第三产业中的科研、管理和公共服务类的单位，也有部分青年从事自由职业。现在一些新兴的产业，如空间、海洋、纳米、材料、航空、信息等，主要还是以城市青年尤其是青年知识分子为主体。相比较而言，农村青年的文化层次偏低，文化素质和职业技能素质较差，正是这种知识结构和水平的限制，影响了农村青年的就业，他们中的大多数只能从事体力型、劳动密集型、技能要求较低的工作。从实际情况来看，当前农村青年的就业已经渗透到第二和第三产业的各个领域，与城镇的生活密不可分。据一项数据显示，以城市青年和青年农民工为例，青年农民工就业的主要行业是制造业（32.4%）、批发零售（21.9%）、建筑业（11.2%）和公共服务业（10.9%），而城市青年就业的主要行业则依次为制造业（25.4%）、批发零售（17.5%）、文教卫（16.9%）和公共服务（11.6%）（详见表 4–11）。

从第一产业来看，几乎鲜有城市青年从事这一领域，仅有一小部分农村青年从事相关的生产活动，而且比例很小。目前，农业的基本生产力量仍然是年长的父辈们所从事的生产经营方式，仅有极少的农村青年开始尝试现代化、专业化的农业生产，但他们也与传统的农民有了根本性的变化，几乎很少有人从事上一代农民所从事传统的耕作，开始学会运用现代化技术和专业化知识来从事种植或养殖方面的农业生产，更懂得市场化的运行规律和作用。

表 4–11 农民工从业行业分布 （单位：%）

年份 行业名称	2018 年	2019 年	2020 年	2021 年
第一产业	0.4	0.4	0.4	0.5
第二产业	49.1	48.6	48.1	48.6
其中：制造业	27.9	27.4	27.3	27.1
建筑业	18.6	18.7	18.3	19.0
第三产业	50.5	51.0	51.5	50.9
其中：批发和零售业	12.1	12.0	12.2	12.1

续表

行业名称＼年份	2018 年	2019 年	2020 年	2021 年
交通运输、仓储和邮政业	6.6	6.9	6.9	6.9
住宿和餐饮业	6.7	6.9	6.5	6.4
居民服务、修理和其他服务业	12.2	12.3	12.4	11.8
其他	9.4	12.9	13.5	13.7

数据来源：根据国家统计局公布的 2018—2021 年农民工监测调查报告整理。

再以青年农民工为例，可以从一个重要侧面反映出农村青年在各个产业的就业情况。国家统计局发布的《2021 年农民工监测调查报告》中的数据显示，农民工平均年龄 41.7 岁，比上年提高 0.3 岁。从年龄结构看，16—40 岁青年农民工占比重一直下降，最近 5 年的比例分别为 53.9%、52.4%、52.1%、50.6%、49.4% 和 48.2%。从农民工的就业地看，本地农民工平均年龄 46.0 岁，其中 40 岁及以下所占比重为 32.6%，50 岁以上所占比重为 38.2%；外出农民工平均年龄为 36.8 岁，其中 40 岁及以下所占比重为 65.8%，50 岁以上所占比重为 15.2%。从文化程度来看，在全部农民工中，未上过学的占 0.8%，小学文化程度的占 13.7%，初中文化程度的占 56.0%，高中文化程度的占 17.0%，大专及以上占 12.6%。大专及以上文化程度农民工所占比重比上年提高 0.4 个百分点。在外出务工农民工中，大专及以上文化程度的占 17.1%，比上年提高 0.6 个百分点；在本地农民工中，大专及以上文化程度的占 8.5%，比上年提高 0.4 个百分点（详见表 4-12）。[①] 从这些数据中可以看出：一是农民工的主体是青年群体；二是青年农民工的文化程度不高。无疑，这说明了农村青年在就业中所处的境况。

表 4-12　新生代农民工占农民工总量的比重　　（单位：%）

年龄＼年份	2016 年	2017 年	2018 年	2019 年	2020 年	2021 年
16—20 岁	3.3	2.6	2.4	2.0	1.6	1.6
21—30 岁	28.6	27.3	25.2	23.1	21.1	19.6

① 国家统计局. 2021 年农民工监测调查报告［EB/OL］. 国家统计局网站，2022-04-29.

续表

年份 / 年龄	2016 年	2017 年	2018 年	2019 年	2020 年	2021 年
31—40 岁	22.0	22.5	24.5	25.5	26.7	27.0
合计	53.9	52.4	52.1	50.6	49.4	48.2

数据来源：根据国家统计局公布的 2016-2021 年农民工监测调查报告整理。

那么，这些青年农民工的具体就业情况是怎样的？据一项针对农民工抽样调查的数据显示，农民工的就业相对集中于制造业、建筑业、批发和零售贸易及餐饮业、社会服务业，四者合计占 82.4%（详见表 4-13）。[①] 这在一定程度上说明了当前青年农民工所从事的职业情况。相比较而言，农村青年所从事的职业岗位大多是对文化水平和职能技术的要求不高，也是大多数城市青年不太愿意从事的行业，且社会地位和工资待遇也相对较低。换言之，农村青年在就业中还是处于劣势地位。

表 4-13　农村青年的职业类型状况

职业种类	所属行业	占比（%）
流水线工人	制造加工业	34.7%
木工、水电工、泥工等相关建筑业从业者	建筑业	9.2%
美容美发师	专业服务业	8.9%
五金水暖电器安装维修员、机械修理师	专业服务业	6.6%
前台及服务员、保洁员	家政、环卫服务业	6.1%
机械师（运输车、挖掘机等盈利性操作员）、司机	运输服务业	5.5%
普通白领（文员、销售等）	其他	5.4%
农民（包含养殖、种植）	农业	5.2%
个体或合伙工商业者	个体户	4.1%
厨师	餐饮服务业	3.5%
印刷包装、广告制作安装员	专业服务业	1.6%
其他		9.2%

① 丁聪. 社会转型时期农村青年的职业现状及发展方向调查研究［D］. 华中科技大学硕士学位论文，2016：18.

二、就业的动力和稳定性的差异

一个国家和社会的就业结构，除了会受经济发展状况、产业结构调整、人口结构状况等宏观因素影响之外，还会受到个人就业的动力和具体职业的稳定性等微观因素的影响。然而，无论是在就业的动力，还是在职业的稳定性方面，城市和农村青年都存在很大的差异。

首先，城市青年的就业动力比农村青年更复杂。就业对于城市青年而言，除了来自满足基本生存的需要，还有来自个人自我价值实现的需要。而且从发展趋势来看，追求个人事业发展的城市青年比例越来越高，不再满足于找到一份工作，或仅仅是经济收入问题，而是越来越重视工作岗位能否提供职业发展的前景，进而实现自我的人生价值。但从农村青年来看，其就业动力主要是基于基本生存层面的因素。考虑农村青年外出务工的动因主要包括这几个方面：第一、二、三产业之间的收入巨大差异使得越来越多的农村青年不愿意从事农业生产；城镇化进程的加快，不少的农民土地被征用，无耕地的生活压力促使农村青年要把目光瞄向其他领域；城乡和东中西部区域之间的收入差别是造成农村青年入流城市和沿海发达地区的经济动因；肩负家庭责任的压力以及向往城市生活也是农村青年外出务工的重要动因。究其原因，造成城市和农村青年的职业选择存在很大差异，既有家庭的经济状况因素，也有个人受教育程度的因素。

其次，城市青年的就业稳定性要高于农村青年。就业稳定性状况关系着青年生活的稳定和事业的持续发展。与城市青年相比，就业稳定性差是农村青年群体面临的一个普遍现象，具体表现在就业单位、工作状态和工作保障的不稳定性等三个方面：一是就业单位的不稳定性。从单位的性质来看，大多数青年农民工（74.0%）在私营或个体单位就业，而城市青年在国有集体单位就业的比例最高。无疑，这种单位的稳定性高低直接关系到城市青年和农村青年的就业稳定性。二是工作状态的不稳定性。这种工作状态的不稳定性主要体现在农村青年的职业流动性过高。农村青年的职业流动性要高于城市青年，他们在职业流动上表现出了极大的不稳定性，而且越是年轻的农村青年跳槽就越频繁。据清华大学社会学与公众网联合发布的《农民工“短工化”就业趋势研究报告》显示，66% 的农民工更换过工作，25% 的人在近 7 个月内更换了工作。82% 的农村青年有过 3 份以上的工作。[①] 同时，农村青年就业的短工化现象普遍，这是造成就业稳定性差的重要根源。调查数据显示，近四分之一（24.5%）的青年农民工从事非全日制、临时性工作，其中打零工、散工的比例达到 17.7%，而城市青年中 90.3% 的人都从事比较稳定的全日制工作，只有 5.4% 的人从事临时性工作。三是工作保障的不稳定性。是否签订劳动合同是衡量就业稳定性的一项重要指标。劳动合同是在法律法规层面确保劳动者的合法权益，是保证就业稳定性的一个重要环节。但从现实情况来看，农村青年外出务工的劳动合同签订率较低，社会保险的覆盖范围也更小。有研究者基于 CGSS2015 数据的分析显示，农村青年“没有签订劳动合同”的有 146 个，占 58.6%；“签有无固定期限劳动合同”的有 20 个，占 8.0%；“签有固定期限劳动合同”的有 75 个，占 30.1%。从数据中可知，通过签订固定期限劳动合同保障就业者稳定就业的比例仅 30.1%，比例较低。另一调查数据显示的情况也大体相同，农村青年中拥有社会保障的比例仍然较低，仅为 36.2%，出现严重缺失。造成农村青年社会保障率低，既有农村青年工作流动性较大、社保无法异地转移的因素，也有农民的思维对失业、养老保险等无意识的因素。[②] 更为严重的是，农村青年在这种不稳定的就业状态下，工作越是努力，越是对前途感到迷茫。

三、就业质量的差异

就业质量是指从业人员与生产资料结合并获得报酬后收入情况的优劣程度。从就业人员个体层面来看，就业质量包括经济收入、劳动生产环境、职业发展前景和工作满意状况；从组织层面来看，就业质量还还包括用人单位、从业者家庭和社会的满意度。也有研究者认为，就业质量除了从业者的工作收入、个人发展前景、对工作的满意度之外，还包括工作压力。基于数据的可获得性，课题主要使用了工作收入、工作压力和个人发展前景等几项指标来比较城乡青年的就业质量差异。

一是工作收入情况不一样。从国家统计局公布的数据来看，2018 年我国城镇非私营单位就业人员年平均工资为 82461 元，城镇私营单位为 49575 元（详见表

---

① 丁聪. 社会转型时期农村青年的职业现状及发展方向调查研究［D］. 华中科技大学硕士学位论文，2016：20.

② 丁聪. 社会转型时期农村青年的职业现状及发展方向调查研究［D］. 华中科技大学硕士学位论文，2016：18.

4-14）。[①] 从中可见，相当一部分城市青年从事非私营单位，他们的工作收入较高。而外出务工的农村青年大多从事的是私营单位，就全国平均水平来说也远远低于非私营单位。从最近几年来看，农民工工资在逐步增长，但总体上依然低于全国平均工资水平。再从青年农民工的满意度来看，大多在有正式工作的个体中，认为"主要工作收入高"的仅为 20.6%，79.4% 的农村青年不认为自己收入高。[②] 毫无疑问，农村青年的职业待遇现状总体表现为工资收入低，其收入仍然处于社会的较低水平。

表 4-14　分行业农民工月均收入　　（单位：元）

行业名称 \ 年份	2017 年	2018 年	2019 年	2020 年	2021 年
制造业	3444	3732	3958	4096	4508
建筑业	3918	4209	4567	4699	5141
批发和零售业	3048	3263	3472	3532	3796
交通运输、仓储和邮政业	4048	4345	4667	4814	5151
住宿和餐饮业	3019	3148	3289	3358	3638
居民服务、修理和其他服务业	3022	3202	3337	3387	3710
农民平均工资	3485	3721	3962	4072	4432

二是工作压力和职业前景不一样。由于城市青年和农村青年的文化教育程度和从事的职业岗位不相同，因而也就造成了他们的工作压力和发展前景也不一样。从工作方面来看，现在越来越多的城市青年选择工作更关注自我的人生发展，其工作压力更多的是来自发展性的诉求，来自基本生存性的压力更小；而农村青年进行工作更多的是以经济诉求为主，更关注保障生计，其工作压力主要源于基本生存需要。值得指出的是，进城务工青年农民工的就业结构性矛盾很突出，技能比较单一甚至没有技能的农民工就业压力加大，存在"季节性就业""订单式就业"等不稳定现象。新生代农民工由于受城乡二元结构、产业结构的调整等客观因素，以及自身综合素质与能力等主观因素的影响，新生代农民工的压力越来越大；同时，新生代农民工不同于上一代农民工，他们有着实现自我价值和追逐融入城市的梦想，对自我

---

① 李金磊. 2018 年平均工资出炉三大行业月平均工资已超万元［EB/OL］. 中新网，2019-05-14.

② 陈斯诗. 城与乡的反差：农村青年就业的现实审视与调适［J］. 青少年研究与实践，2019（4）.

的要求更高。在这种情况下，一旦理想与现实产生极大的落差，不可避免地会引起他们强烈的心理矛盾与冲突，从而产生一系列的消极失范行为。那么，新生代农民工压力源具体又是来自哪些方面呢？调查结果显示，“工作单调重复机械化”“工作量大”“经常加班”“在这个单位个人发展的空间较小”“工作中学不到新的知识和技能”“单位不太关心我们的职业发展”“工作纪律要求太严格”等是最为主要的压力源，分别占 43.5%、42.9%、35.4%、35.4%、34.5%、31.7% 和 29.7%（详见 4–15）。另一调查也显示，农村青年认为工作的压力比较大，农村青年认为“工作有趣”的仅 35.3%，然而，64.7% 的农村青年不这样认为；而认为“经常感觉工作压力大”和“有时感觉工作压力大”的，合计超过 60%。[①] 还有的研究显示，84.7% 的新生代农民工对于目前自身从事的工作不满意或一般，他们的梦想在生活的重压下支离破碎，面对“城里打工无前途，回乡没意思”的现状，新生代农民工深陷内心冲突的尴尬中。[②] 再从职业前景方面来看，由于城市青年接受的文化教育程度高，接受的职业培训机会也多，职业岗位的发展空间也更大。在与一些城市青年的访谈中，他们都表示现在的职业发展与自身的能力高低紧密相关，自己的能力越强，职业发展前景就越好，特别是提到互联网给青年带来了创业的广阔空间和机会。相比较而言，农村青年由于接受的文化教育程度不高，职业技能培训的机会也少，其职业能力也势必会受到影响，导致职业发展的空间就会更小。调查数据显示，只有 14.7% 的农村青年认为“主要工作升职机会大”，而 85.3% 的农村青年不认为工作升职机会大。

表 4–15　新生代农民工压力源　（单位：%）

项目 \ 认同状况	很不符合	不太符合	一般	比较符合	非常符合	均值
工作量大	1.4	6.0	49.7	26.8	16.1	3.50
工作单调重复机械化	3.5	13.0	40.0	26.2	17.3	3.41
经常加班	7.7	20.8	36.2	19.7	15.7	3.15
工作中学不到新的知识和技能	6.5	21.2	37.8	23.2	11.3	3.12
单位不太关心我们的职业发展	7.4	22.0	38.9	19.4	12.3	3.07
在这个单位个人发展的空间较小	6.0	19.7	38.9	22.0	13.4	3.17
工作中经常与同事产生矛盾	26.7	35.7	25.8	8.6	3.2	2.26

① 陈斯诗 . 城与乡的反差：农村青年就业的现实审视与调适［J］. 青少年研究与实践，2019（4）.

② 甄月桥，等 . 城镇化背景下新生代农民工价值冲突分析［J］. 安徽农业科学，2011（32）.

续表

项目 \ 认同状况	很不符合	不太符合	一般	比较符合	非常符合	均值
工作中经常与领导产生矛盾	25.6	35.9	25.3	9.4	3.8	2.30
在工作时感到被孤立	19.5	37.5	29.7	9.8	3.5	2.40
工作中领导的要求经常不一致	14.0	31.4	33.0	14.4	7.3	2.70
与城市人同工不同酬	11.4	26.7	35.1	16.7	10.0	2.87
工作中奖惩不太明确	9.9	23.1	38.0	18.5	10.4	2.96
工作纪律要求太严格	7.0	18.6	44.7	20.7	9.0	3.06
单位的管理比较混乱	13.5	29.9	34.0	15.3	7.3	2.73
我太了解自己的职责范围	21.9	34.7	26.9	11.8	4.7	2.43
工作中缺少自由或自主	13.4	26.7	39.3	13.5	7.2	2.74
有时不清楚领导到底要我做什么	16.9	35.0	30.9	11.0	6.3	2.55

正是因为自身职业技能影响了职业发展，所以农村青年希望接受相关技能培训，以提高就业和致富能力。研究者针对北京的青年展开的调查显示，在问及“您在创业过程中遇到的困难主要是”时，选择“缺乏资金”的最高，占 28.9%，排在第二位和第三位的是“缺乏创业指导”和“缺乏技术支持”，分别占 17.7% 和 15.4%（详见图 4–1）。

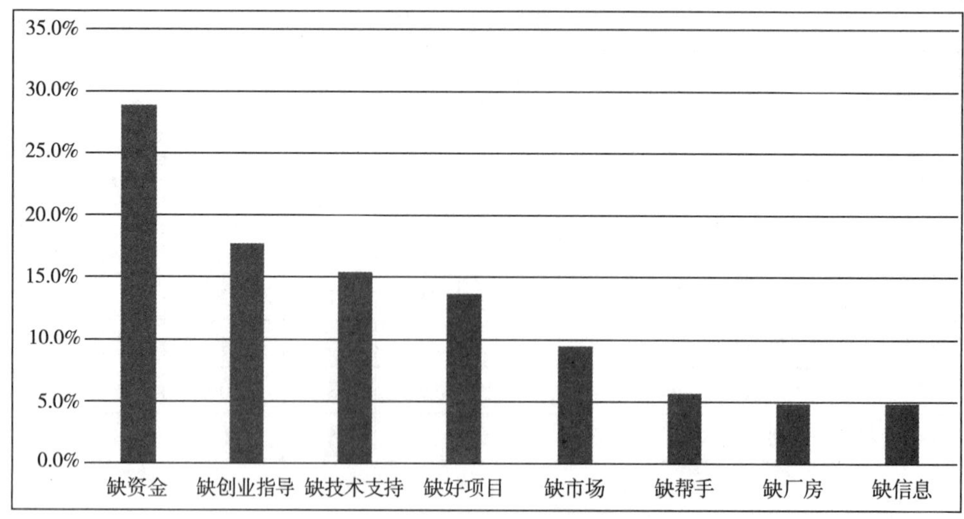

图 4–1 农村青年创业过程中遇到的困难

第四节　城乡新生代青年的社会政治态度差异

一个国家和社会能否实现稳定，在很大程度上取决于其域内的青年群体各种利益诉求的上升与政治或社会参与的制度化之间的差距。毫无疑问，我国能否将青年的各种利益诉求纳入到有序的制度化的参与之中、有效满足新生代青年的美好生活需要，将会关系我国的社会总体安全与稳定。其中，青年的社会政治态度则显得尤为重要，它是衡量社会安全稳定的重要晴雨表。在此，重点从政治信任度、社会满意度和社会认同度等方面探讨城乡新生代青年社会政治态度的差异。

一、城乡青年政治信任度的差异

对于任何一个国家和社会而言，其社会成员（包括个人和群体）的政治信任状况如何，会对社会政治稳定产生直接的影响，而青年的政治信任状况显得尤为重要。从广义上讲，政治信任包括了社会成员对制度、政府组织、政治精英等的信任，政府内部信任以及政府对公众的信任等；而狭义上的政治信任就是指公众对政府组织的信任。作为一个重要维度的政治信任，是受到了文化传统和人格特征等因素影响的内在心理感受。政治信任是社会成员的内心主观感受，它会受政治生态、舆论环境、文化程度和人格特征等现实和非现实因素的共同影响。[①] 在此，主要从机构、官员、绩效和程序等方面考察城乡新生代青年的政治信任度。

总的来看，新生代青年的政治理念和政治态度发生了很大的改变，在政治现状和政治信任上出现比较复杂的情况。首先，新生代青年的总体政治信任度比较高，但对不同层次的政治信任存在差异，城乡青年对政府机构的信任度最高（考察党政机关和政府各部门的评价），其次是绩效（考察公民对政府各重要职能或制度建设方面的满意度评价）和官员信任（官员信任主要考察公民对官员在服务人民、依法行政、贪污腐败等方面的评价），程序信任最低（考

① 陈雪莲．地方干部的政治信任与政治效能感［J］．社会科学，2013（11）．

察对制度或政策运行的评价）；同时，青年对政府机构的信任度随着政府机构层级的降低而呈现下降的趋势。其次，青年对国家的历史和前途持有较高的认同度，但对官员持有负面的态度。数据显示，有 70% 以上的“80 后”对毛泽东时代持正面评价态度，80% 以上的“80 后”对未来中国社会前途有信心。然而，大部分“80 后”对政府行政行为、党政官员的知识素质和道德素养等方面持消极的评价态度。究其原因，新生代青年对宏大政治的关注度和兴趣有所减弱，更多的是关注自身利益和个人发展状况。

从城乡比较来看，城市青年和农村青年的政治信任度存在较大的差异。有研究者根据对 2887 位青年（其中农村青年 1060 位和城市青年 1827 位）的样本调查结果显示，无论总信任度还是机构信任、绩效信任或程序信任，城市青年的政治信任度均低于农村青年，但城乡青年对官员信任几乎没有差别（平均数分别为 3.36 和 3.35），甚至城市青年对官员的信任略高于农村青年。

那么，究竟是哪些因素造成城乡青年政治信任的差异？首先，从利益诉求的角度来看，城市青年的诉求多于农村青年，期望值也大，一旦他们的利益诉求得不到满足，就容易产生政治不信任；而农村青年的利益诉求相对要少一点儿，利益诉求也容易满足一点儿。其次，从利益诉求的内容上看，城市青年的诉求除了经济诉求之外，还有不少政治诉求，因而对政治参与的期望高；而农村青年的诉求主要是经济层面，政治诉求相对较少，政治参与的积极性不高。再次，从信息渠道来看，城市青年了解政治的渠道非常众多，更了解政治热点和主题，容易影响政治信任；而农村青年相对了解政治的渠道非常少，不了解也不太关心政治相关主题。

二、城乡青年社会生活满意度的差异

社会生活满意度是个人依照自己选择标准对自己大部分时间或持续一定时期生活状况的总体性认知评价，是衡量某一社会人们生活质量的重要参数。[①] 它会受家庭经济状况、工作环境、居住环境、人际关系、社会支持、社会保障以及主观思想等因素的影响。毋庸置疑，社会生活满意度状况如何关系公众的幸福感、认同感和获得感，对社会稳定具有重要的作用。生活满意度是指对某领域生活方

① 王庆华，赵晓敏，刘骙骙，张瑜，杨忠．新型城镇化进程中新生代农民工生活满意度现况分析及对策［J］．卫生职业教育，2019（04）．

式与人际关系实质的依存感、认同感，以及对该领域主观的欲求与关心。

总体上来看，城市青年和农村青年的社会生活满意度都有所提高。首先，从青年对平等的满意度来看，城市青年和农村青年的满意度达到 50%。我们课题组的问卷调查显示，在“青年人在生活中受到了平等对待”这一问题上，选择“满意”和“非常满意”的城市青年比例为 54.2%，选择“满意”和“非常满意”的农村青年比例为 53.9%，两者的差别并不显著（详见表 4-16）。

表 4-16 城乡青年对平等的满意度状况 （N=1939）

题目	选项	平均值		城市青年		农村青年	
		频率	百分比	频率	百分比	频率	百分比
青年人在生活中受到了平等对待	非常不同意	243	12.5%	149	12.2%	94	13.0%
	不同意	577	29.8%	363	29.8%	214	29.7%
	无所谓	67	3.5%	43	3.5%	24	3.3%
	同意	813	41.9%	507	41.6%	306	42.4%
	非常同意	239	12.3%	156	12.8%	83	11.5%

其次，从经济获得感来看，城市青年和农村青年的满意度也有所提高。我们课题组的问卷调查显示，在“青年人在中国经济发展中获得了实在的利益”这一问题上，选择“满意”和“非常满意”的平均值为 68.6%（详见表 4-17）。

表 4-17 城乡青年的获得感状况 （N=1939）

题目	选项	平均值		城市青年		农村青年	
		频率	百分比	频率	百分比	频率	百分比
青年人在中国经济发展中获得了实在的利益	非常不同意	193	10.0%	131	10.8%	62	8.6%
	不同意	357	18.4%	224	18.4%	133	18.4%
	无所谓	79	4.1%	53	4.4%	26	3.6%
	同意	773	39.9%	487	40.0%	286	39.7%
	非常同意	537	27.7%	323	26.5%	214	29.7%

此外，其他学者的调查结果与我们的调查结果也基本相同。据《光明日报》报道，2019 年新增的“美好生活需要”调查结果显示，青年人在不同层面的美好生活体验和需要评价上的得分也比较高。当代中国青年整体上处于一个高获得感的状态。尤其是“90 后”和“00 后”，在获得内容、获得环境、获得途径、获

得体验以及共享性获得等不同层面的得分都高于其他年龄段。从城市青年的满意度来看，有调查显示，青年对“经济发展”的满意度最高，其次是对“文化活动”和“教育发展”的满意度，标准值分别为3.60、3.50和3.48；而“收入分配”“就业机会”和“物价水平”相对低一点儿，分别为3.01、3.11和2.51，但标准值都达到2.5以上，说明总体还是具有较高的满意度（详见表4-18）。[①] 这只是从另一个方面表明民生的改善依然是重中之重的工作。

表4-18 青年城市生活满意度基本情况

	平均值	标准差
经济发展	3.60	0.967
文化活动	3.50	1.021
教育发展	3.48	0.969
社会治安	3.40	0.980
社会保障	3.38	0.987
社会风尚	3.37	1.053
住房保障	3.17	1.074
就业机会	3.11	1.095
收入分配	3.01	1.048
物价水平	2.51	1.187

从青年农民工的满意度来看，新生代农民工生活满意度不仅物质层面需要政策保障，精神层面也需要人文关怀。[②] 新生代农民工目前生活状态满意度为67.86%，主观支持满意度为78.35%，经济收入满意度为55.58%，身体健康满意度为79.47%，心理感受满意度为58.71%，自我效能满意度为74.78%，总体属于中等偏上水平（详见4-19）。[③]

---

① 李莹．青年城市生活满意度调查分析［J］．社科纵横，2012（8）．

② 张秀华，张秀娥．新型城镇化背景下的新生代农民工返乡创业教育与培训研究［J］．农业与技术，2014（6）．

③ 唐浩，施光荣．农村留守老人的生活满意度及其影响因素分析［J］．安徽农业大学学报，2015（5）．

表 4-19　新生代农民工生活满意度状况　（单位：%）

	非常满意	一般满意	不太满意
生活状态	18.53	49.33	32.14
经济收入	8.26	47.32	44.42
职业培训	15.40	45.31	39.29
身体健康	24.11	55.36	20.54
心理感受	17.19	41.52	41.29
子女教育	16.52	45.09	38.39
社会保障	14.51	32.59	52.90
法律援助	16.96	37.05	45.98
社会福利	15.18	36.16	48.66

但同时还应看到，城市青年和农村青年的社会生活满意度情况也存在一定的差距。农村青年的满意度高于城市青年，我们课题组的问卷调查显示，在问及“青年人在中国经济发展中获得了实在的利益”时，农村青年回答“满意”和“非常满意”的分别为 39.7% 和 29.7%，共计 69.4%；而城市青年回答“满意”和“非常满意”的分别为 40.0% 和 26.5%，共计为 66.5%；可见，农村青年的比例高于城市青年，比例高出近三个百分点（详见表 4-19）。另有研究者根据中国综合社会调查（CGSS2015）的数据分析显示，青年群体在公共服务满意度具体维度上存在城乡差异（$p \leqslant 0.05$）。在公共服务满意度具体维度指标上，公共教育满意度（$p \leqslant 0.05$）、公共卫生满意度（$p \leqslant 0.001$）、基本住房保障满意度（$p \leqslant 0.001$）和基本社会服务满意度（$p \leqslant 0.001$）存在显著性差异，且都呈现出农村地区青年满意度均值高于城市地区青年满意度均值的特点（详见表 4-20）。[①] 究其原因，城市虽然拥有更为优质的公共服务资源，如教育、医疗资源等，然而由于城市的人口数量多、密度大，更容易出现“上学难”“住房难”和“看病难”等问题，这是造成城市青年对公共服务满意度低于农村青年的重要根源。

① 郭妍娜 . 青年群体公共服务满意度与主观幸福感关系研究［D］. 华中科技大学硕士论文，2018：33.

表 4-20　城乡青年的公共服务满意度差异性

	城市青年		农村青年			
	M	SD	M	SD	t	p
公共服务满意度具体维度	67.997	13.899	69.846	13.193	2.468	0.014
公共教育	71.242	16.379	73.144	15.223	2.169	0.030
公共卫生	67.494	16.417	71.249	15.042	4.285	0.000
基本住房保障	63.860	18.358	68.391	16.809	4.785	0.000
社会管理	68.011	15.818	69.327	16.186	1.506	0.136
劳动就业	65.786	16.348	66.552	16.167	0.860	0.390
社会保障	68.129	16.366	69.778	15.839	1.847	0.065
基本社会服务	67.961	17.407	71.139	16.823	3.380	0.001
公共文化与体育	69.968	15.807	69.502	16.983	0.040	0.968
城乡基础设施	69.973	15.807	69.547	16.686	0.474	0.636

三、城乡青年社会认同的差异

社会认同是一个国家和社会实现和谐稳定的重要基础，也是社会治理现代化的重要组成部分。个体的社会认同对确定群体符号边界以及社会整合的力度有着重要的影响。任何一个社会有机体的正常运转和秩序维护，既需要整体性的社会认同，也需要群体性的社会认同。这其中，青年群体的认同显得尤为重要，如若青年群体的社会认同无法形成，就容易导致价值紊乱、丧失社会责任感、产生角色认同危机，甚至造成社会的紊乱与失序。在此，着重从城乡青年对阶层认同、主流媒体认同等方面来分析。

其一，城乡青年对阶层认同的状况。阶层认同是指个人对自身在阶层结构中所处位置的感知认同，是社会态度的主要决定因素。从发达国家经验来看，一个稳定的小康社会不仅表现为社会中的大多数成员都达到了较为丰裕的生活水平，同时还表现为社会中大多数成员都具备了“中间以上”的阶层意识或认同。[①] 整体上看，无论是静态的阶层地位认同，还是动态的阶层流动认同，新生代青年均呈现明显的

① 李强．社会分层与贫富差别［M］．鹭江出版社，2000：9.

下移趋势。当前我国青年自我认同的阶层地位比较低，全部青年中自认为处于社会“中下层”和“下层”的人高达62.9%。尤其是“80”“90后”群体的阶层认同表征为向下流的心态，弱势心态蔓延。新生代青年的阶层认同下降，在一定程度上意味着他们的相对剥夺感增强，对现实社会不满，从而潜伏着社会风险的因素。

从静态的阶层地位认同来看，城乡青年都存在阶层认同较低问题。一方面，农村青年对自我阶层认同低于城市青年自我阶层认同。学者的调查显示，城市青年中自认为处于“中下层”和“下层”的比例分别为“30.4%”和“26.7%”，两者合计占57.1%；而农村青年的比例分别为“26.6%”“42%”，两者合计占68.6%，比城市青年高出11.5个百分点。[①] 另一方面，“中等收入群体”的认同较为缺乏，且农村青年的比例比城市青年更低。改革开放以来，我国中等收入群体的规模日益扩大，其中青年是中等收入群体的主力群体，但青年的阶层认同并不高。然而，数据显示，城乡青年自认为处于社会“中层”的人占28.3%；其中，城市农村青年中自认为处于“中层”的比例为24.1%，城市青年的比例为32.8%，城市青年的比例高于农村青年近9个百分点（详见表4–21）。可见，这种阶层认同不仅表现在青年的客观经济收入上，还表现在青年的主观阶层认同上。造成城乡青年上述阶层认同差异的原因，既有主观上的因素，对中等收入群体的认识欠缺，加之传统文化崇尚内敛不张扬的个性，不少农村青年即使符合中等收入群体的特征，也不会形成自我认同；还有客观上的因素，总体上看，城市青年的经济生活状况要优于农村青年，他们也必然会更加容易形成阶层认同。

表4–21　城乡青年的阶层认同比较

青年类型 阶层认同	城市青年	农村青年	全部青年
上层	0.3%	0.1%	0.2%
中上层	3.4%	1.5%	2.4%
中层	32.8%	24.1%	28.3%
中下层	30.4%	26.6%	28.4%
下层	26.7%	42.0%	34.5%
不做选择	6.5%	5.7%	6.1%

① 侯志阳，孙琼如．城乡青年阶层认同现状及影响因素分析［J］．中国青年研究，2010（3）．

从动态的阶层流动认同来看，城乡青年对社会阶层流动的认同都不高，且农村青年对社会阶层流动的认同也低于城市青年。课题组的问卷调查显示，在“与父代相比，您的社会地位提高了”这个问题上，城市青年回答“不同意”和“非常不同意”的比例分别为 41% 和 32.2%，合计 73.2%；而农村青年回答“不同意”和“非常不同意”的比例更高，分别为 38.7% 和 36.8%，合计为 75.5%，农村青年高于城市青年 2.3 个百分点（详见表 4–22）。

表 4–22　城乡青年对社会阶层流动的认同比较

题目	选项	城市青年		农村青年	
		频数	百分比	频数	百分比
与父代相比，您的社会地位提高了	不同意	499	41.0%	279	38.7%
	非常不同意	392	32.2%	265	36.8%

其次，城乡对主流媒体的认同状况。当前，随着各种新兴媒体，尤其是自媒体的出现，各种主流媒体受到了不小的影响，不少的青年不看主流报刊和电视，使得主流媒体的权威性在互联网时代出现了一定程度的削弱，也造成了城乡青年群体对主流媒体的认同不高。有研究者指出，随着互联网的发展，青年人的生活更加多元化、移动化，接收信息的途径变得更多、更复杂，青年人接触传统纸媒越来越少，主流意识形态对青年人的触达难度增加。[①] 课题组的问卷调查显示，在问及“假如社会有突发事件，您更愿意相信哪方面的信息？”城市青年选择相信“主流媒体的报道”占 67.4%，农村青年的比例则更低，为 56.6%，城市青年的比例比农村青年的高了 10.8 个百分点（详见表 4–23）。

表 4–23　城乡青年对主流媒体的认同比较　（N=1939）

项目 \ 青年类型	城市青年	农村青年
选择“相信”	821	408
合计人数	1218	721
百分比	67.4%	56.6%

① 曹竞，董时 . 主流媒体如何实现青年思想引领［J］. 新闻与写作，2019（7）.

第五章 新生代青年对社会稳定影响的理论架构

前面四章我们从理论的视角既对相关文献资料进行了综述和述评，又阐述了新生代青年的概念类型，还剖析了城市新生代青年和农村新生代青年的共同性和异质性特征。从本章开始，我们将结合调查研究、文献研究和实地研究等方式从实证的视角来进一步探讨新生代青年与社会稳定之间的关系，以期能从更全面的视角理解二者是如何相互影响的；同时，还通过比较城市新生代青年和农村新生代青年对社会稳定的不同影响，试图从中探索其内在的逻辑规律。

第一节 样本与数据整理说明

一、样本的选择

本研究在抽样上采取社会学研究方法中的非概率抽样方法。在抽样时，基于考虑东、中、西部等方位的因素，按照判断抽样的方法从全国 31 个省市自治区选取样本，除西藏自治区、台湾省、香港和澳门特别行政区之外，其他各省均有样本分布。本次样本规模为 1939 人，其中东部地区样本数为 827 人，中部地区样本数为 717 人，西部地区为 395 人；分别占到样本规模的 42.65%、36.98% 和 20.37%。同时，基于课题研究数据的可获得性和样本的代表性，样本主要分布在山东、浙江、江西、湖南、重庆、云南等省市。

二、调查方法的介绍

在资料的收集方法上本研究主要采用了社会学研究中的调查研究、文献研究和实地研究等调查方法。

（一）调查研究

调查研究主要采用问卷调查，在问卷发放方面，主要在确定的调查点进行集中发放问卷，共发放问卷 2000 份，回收问卷 1968 份，剔除无效问卷 29 份，共有有效问卷 1939 份，问卷有效回收率 97%。

被调查者的基本情况如下：一是年龄情况。被调查者中 16—21 岁的青年占 32.5%，21—27 岁的占 38.7%，27—33 岁的占 23.3%，34—40 岁的占 5.5%。二是性别情况。被调查者中男性的青年占 44.7%，女性青年为 55.3%。三是文化程度情况。被调查者中本科学历及以上的最多，占 75.6%，大专及以下的占 24.4%。四是政治面貌情况。被调查中政治面貌为中共党员的最多，占 41.5%，其次是团员，占 32.2%，然后为群众，占 26.3%。五是职业情况，被调查者中，大学生青年占 29.4%，机关事业单位人员占 25.6%，国有或集体企业职工 17.7%，私营企业职工占 16.8%，自由职业者为 10.5%。六是父母政治面貌情况。父母均为群众的比例最高，占 63.9%，父母有一人是党员的占 24.2%，父母双方都是党员的占 7.9%。七是户籍情况。被调查者中非农业户口的占 62.8%，农业户口的占 37.2%。八是经济收入状况。2000 元以下的占 46.8%，2000—5000 元的占 38%，5001 元以上的占 15.2%（详见表 5-1）。

表 5-1　问卷被调查者的基本情况　　（N=1939）

类别		百分比
年龄	16—21 岁	32.5
	21—27 岁	38.7
	27—33 岁	23.3
	34—40 岁	5.5
性别	男	44.7
	女	55.3
教育程度	初中及以下	6.3

续表

类别		百分比
	高中 / 中专	8.1
	大专 / 高职	10.0
	本科	65.2
	研究生	10.4
政治面貌	中共党员	41.5
	共青团员	32.2
	群众	26.3
	民主党派	0.0
父母亲政治面貌	父母均为中共党员	7.9
	父母均为普通群众	63.9
	父亲是党员，母亲不是	21.8
	母亲是党员，父亲不是	2.4
	父母双方或一方为民主党派	1.0
	不清楚	3.0
职业	学生	29.4
	机关事业单位人员	25.6
	国有 / 集体职工	17.7
	私企职工	16.8
	自由职业者	10.5
	待业者 / 无业者	0.0
户口	非农户口	62.8
	农业户口	37.2
收入状况	无收入	40.5
	1999 元及以下	6.3
	2000—3500 元	16.2
	3501—5000 元	21.8
	5001—10000 元	11.8
	10001 元及以上	3.4

（二）文献研究

即通过收集和分析现存的、以文字为主文献资料，来分析和研究各种社会现象、社会关系的研究方式。它包括二手分析、内容分析和现存统计资料分析三种具体的研究方法。此研究方法有助于熟悉和了解已有关于新生代青年与社会稳定方面的研究成果、研究思路与方法、背景资料和相关数据。在本书中主要采用文献研究中的二手分析方法，主要是采用 2015 年中国综合社会调查（Chinese General Social Survey，2015CGSS）的调查数据，既利用 CGSS 的问卷进行补充，又对自制问卷中的假设进行再次检验（详见第七章的论证分析）。2015CGSS 的样本范围包括全国省、自治区、直辖市等 31 个地点，共计 10968 名 18 岁以上的城乡居民。考虑到本研究的研究对象是青年，即 16—40 岁的青年人，故本研究将 2015CGSS 样本中的出生年转为年龄（具体方法是使用 2015—出生年），然后再筛选出 16—40 岁的青年人样本，共计 3253 个。同时，把样本中年龄划分为“16—21”“22—27”“28—33”和“34—40”四个维度。

（三）实地研究

主要采用实地研究中的深度访谈法。在问卷的发放和收集过程中，根据被调查者的回答，主要基于被调查者对该课题内容的熟知程度和调查的配合程度，有针对性地对 80 位青年开展了深度访谈，其中 30 人为在城市中务工的新生代农民工，围绕工作生活、文娱活动、心理状态等问题进行了访谈；同时，重点对 50 位城市青年，主要是大专和本科生，由于他们接受过高等教育，对该课题的相关内容也关注并感兴趣，因此对这部分人群进行了详实的深度访谈。

在资料的分析方法上本研究采用 SPSS19.0 进行统计分析，主要采用了单变量的描述统计分析、双变量的交叉分析、信度分析（Alpha）、效度分析（KMO）、因子分析和回归分析，在此基础上通过对相关统计检验值对相关假设进行检验。

第二节　相关变量测量指标

一、自变量

本研究主要对青年向上流动如何会影响社会稳定状况、青年日益增强的维权意识会影响社会稳定、青年婚恋观的变迁影响家庭婚姻的稳定、青年组织化程度决定青年的社会参与状况进而影响社会稳定、青年网络行为影响青年的社会动员能力五个相关假设进行检验，根据相关假设，可提炼出本研究要研究的自变量。在具体的分析中，本研究将自变量分为群体层次的自变量和个体层次的自变量。

（一）群体层次的自变量

群体层次的自变量根据相关假设，主要设置为青年向上流动、青年日益增强的维权意识、青年婚恋观、青年组织化程度、青年网络行为 5 个自变量。为了更好地测量自变量与因变量之间的关系，课题组又对每一个群体层次的自变量进行了指标分析。

具体来说对于“青年向上流动”自变量，在问卷中相应地列出了三个指标，对应的问卷题目以量表的方式呈现出来，分别是“对生活充满希望，通过努力可以实现自我的价值”“现在青年人向中上层流动的渠道较好”“与父代相比，您的社会地位提高了”，每个题目设置了“非常同意”“同意”“无所谓”“不同意”“非常不同意”五个选项，并对每个选项赋予不同的分值，分别是 5—1 分，分值越高，表示越同意。然后采用加总办法构建青年向上流动的复合型连续变量，分值越高，表示青年向上流动的机会越大，越满意现在的向上流动状况。

自变量“青年日益增强的维权意识”，在问卷中也相应地列出了三个指标，对应的问卷题目以量表的方式呈现出来，分别是“青年人应该了解主流的维权方法”“在工作生活中遇到服务不到位时，应该去投诉”“青年人在生活中受到了平等对待”，每个题目设置及分值赋予和“青年向上流动”变量一样，分值越高，表示越同意。然后采用加总办法构建青年日益增强的维权意识的复合型连续变量，分值越高，表示青年的维权意识越强。

自变量"青年婚恋观"，在问卷中相应地列出了三个指标，对应的问卷题目以量表的方式呈现出来，分别是"婚姻要有感情基础，如果两个人在一起不快乐，可以好聚好散""随着收入的增加，要注重改善家庭个人的生活水平""青年人婚后休闲娱乐的方式比较少"，每个题目设置及分值赋予和"青年向上流动"变量一样，分值越高，表示越同意。然后采用加总办法构建青年婚恋观的复合型连续变量，分值越高，表示青年的婚恋观更多样化。

自变量"青年组织化程度"，在问卷中相应地列出了三个指标，对应的问卷题目以量表的方式呈现出来，分别是"青年组织应使青年人广泛知晓""青年人的组织应由青年人直接选举组建""青年人要积极参与各种青年组织活动"，每个题目设置及分值赋予和"青年向上流动"变量一样，分值越高，表示越同意。然后采用加总办法构建青年组织化程度的复合型连续变量，分值越高，表示青年的组织化程度越高。

自变量"青年网络行为"，在问卷中相应地列出了三个指标，对应的问卷题目以量表的方式呈现出来，分别是"青年人会利用网络进行社会交往、宣传推广""在网络上遇到黄赌毒等情况时，我会举报""青年一代的网络消费水平还可以"，每个题目设置及分值赋予和"青年向上流动"变量一样，分值越高，表示越同意。然后采用加总办法构建青年网络行为的复合型连续变量，分值越高，表示青年的网络行为越积极。

（二）个体层次的变量

本研究主要设置了 9 个个体层次的自变量，分别是性别、年龄、受教育程度、政治面貌、父母亲的政治面貌、从事职业、省份、户口和收入状况。在每个变量的变量值设置方面，通过两次试调查，变量值的设置具备较好的完备性和互斥性。其中在年龄方面，由于本研究的研究对象是青年，对于青年的界定主要基于借鉴我国的统计年鉴的划分标准，将青年定位为 16—40 岁，同时为了保持与 CGSS 的年龄段社会中一致，故将变量值设定为"16—21""22—27""28—33"和"34—40"等几个年龄段。在研究中会重点分析不同年龄段的青年在社会稳定方面是否存在差异，并对可能存在的差异进行解释分析。受教育程度变量主要以学历教育为标准来进行变量值的设置，分为初中及以下、高中及中专、大专及高职、本科和研究生 5 个变量值，考虑到大专及以上的青年接受了更好的教育，对研究的课题相关内容更关注和熟悉，在样本选择和深度访谈时会对这些群体进行倾斜。政治面貌主要设置中共党员、共青团员、群众和民主党派 4 个变量值，主要分析不同政治面貌的青年群体在对社会稳定的影响方面是否存在差异。考虑到家庭中父母背景对青年的影响，在本研究中我们还对青年群体的父母的政治面貌进行了控制，其变量值设定为父母均为中共党员、父母均为普通群众、父亲是党员而母亲不是、母亲是党员而父亲不是、父母双方或一方为民主党派、不清楚六个选项。从事职业变量主要设置了学生、机关事业单位人员、国有 / 集体职工、私企职工、自由职业者、待业者 / 无业者六个选项。在具体分析时，尝试将六个变量值合并为体制内和体制外职业，并分析体制内和体制外职业的青年群体在社会稳定方面是否存在差异。青年群体的省份来源这一变量在问卷设计中以开放式的题目出现，在后期的统计分析中，我们会将全国 31 个省市按照东中西方位的标准进行归纳分析，尝试分析来自不同地区的青年群体在对社会稳定问题上是否存在差异。在户口变量上，主要采取的是二分法，即非农业户口与农业户口。分析城乡青年群体在对社会稳定的影响上是否存在差异。收入状况变量以去年一年平均每月收入为标准来设置变量值，主要设置了无收入、1999 元及以下、2000—3500 元、3501—5000 元、5001—10000 元、10001 元及以上 6 个变量值。分析不同收入的青年群体在对社会稳定问题上是否存在差异。

二、因变量

根据上述自变量的分析，本研究的因变量是社会稳定状况，在问卷中，主要设计为“社会的满意度”这一题目来反映社会稳定状况这一因变量，变量值分别为“非常同意”“同意”“无所谓”“不同意”“非常不同意”五个选项，并对每个选项赋予不同的分值，分别是 5—1 分。每一个题目的选项分值越高，就表示越同意。然后采用加总办法构建社会稳定状况的复合型连续变量，分值越高，表示社会越稳定。

第三节　新生代青年对社会稳定影响的理论模型架构

前面所述，本研究主要对青年向上流动如何会影响社会稳定状况、青年日益增强的维权意识会影响社会稳定、青年婚恋观的变迁影响家庭婚姻的稳定、青年组织化程度决定青年的社会参与状况进而影响社会稳定、青年网络行为影响青年的社会动员能力五个相关假设进行检验，已有的研究成果从理论上阐述了青年向上流动的状况、青年日益增强的维权意识、青年婚恋观、青年组织化程度以及青年网络行为对社会稳定会产生积极和消极双重影响，为了更好地说明上述五个变量对社会稳定是如何产生影响，本研究尝试从实证的角度利用已收集的数据通过建立模型来分析他们是如何影响社会稳定的。

一、青年向上流动影响社会稳定的理论模型

由前述理论分析可见，社会流动机制畅通，青年向上流动意愿就越高，群体的社会认同度就越高，也就越愿意各种制度化的社会参与，从而维持社会的良性运行和形成良好的社会秩序；社会流动机制阻塞，青年向上流动就越难，其向上流动意愿就越不足，群体的社会认同度就越低，就越可能出现各种社会越轨行为，从而影响社会的稳定。

为了检验青年向上流动状况与社会稳定是否按此理论模型图发生作用，本研究首先对青年向上流动状况进行操作化，设置了三个指标，对应了问卷中三个问题，即“对生活充满希望，通过努力可以实现自我的价值”“现在青年人向中上层流动的渠道较好”“与父代相比，您的社会地位提高了”，每个题目设置了“非常同意”“同意”“无所谓”“不同意”“非常不同意”五个选项，并对每个选项赋予不同的分值，分别是 5—1 分。分值越高，表示越同意。然后采用加总办法构建青年向上流动的复合型连续变量，分值越高，表示青年向上流动的机会越大，越满意现在的向上流动状况。

在此基础上，进一步分析哪些因素影响了青年向上流动。在问卷中，我们设计了“您觉得自己在职业发展中存在的主要问题是？”这样一个多选题来分析目前影响青年向上流动的各种可能情况。主要设计了以下九种因素：

A. 自己对工作不感兴趣

B. 自己习惯随遇而安，没有特别强烈的进步意愿

C. 对企业或所在行业前景没有明确认知

D. 个人专长与岗位不符，缺少发挥潜能的机会

E. 个人兴趣与岗位不匹配，没有规划

F. 企业没有提供足够的培训

G. 缺乏职业发展通道

H. 领导不赏识

I. 其他 ____

考虑到青年向上流动状况并不会第一时间直接影响到社会稳定，而是要经历一个连续过程，即青年向上流动状况会影响到社会认同，进而影响社会参与，最终影响社会稳定，故在分析的过程中，尝试用回归分析看青年向上流动能从多大程度上影响青年的社会认同与社会参与，最终影响社会稳定。考虑到社会认同与社会参与是一个相对较复杂的变量，为了更好地对这两个变量进行测量，在实际的分析中我们对这两个变量进行了操作化，分别用三个指标来衡量青年的社会认同和社会参与。具体来说，在社会认同方面，以量表的方式设置了三个问题，即“具有中国人的身份是值得骄傲的”“当前中国社会是安全的”“只要国家需要，青年人就会响应国家号召”，每个题目设置了“非常同意”“同意”“无所谓”“不同意”“非常不同意”五个选项，并对每个选项赋予不同的分值，分别是5—1分。分值越高，表示越同意。然后采用加总办法构建社会认同的复合型连续变量，分值越高，表示青年的社会认同度越高。而在社会参与方面，则是以单选的方式设置了三个问题，即“您愿意参加青年组织活动”“您愿意参加哪些方面的组织性活动”“您认为青年人参加社会活动的动机是”三个问题来测量青年的社会参与度。最后通过回归分析看青年向上流动状况在影响青年社会认同和社会参与后青年对社会稳定可能产生的影响。

同时，考虑到每个青年背景差异的问题，在分析青年向上流动状况影响社会稳定的同时，也从性别、年龄、受教育程度、政治面貌、父母亲的政治面貌、从事职业、省份、户口和收入状况九个方面分析不同背景的青年群体与社会稳定之间的关系。主要采用最小二乘法进行估计，通过计算出相关系数看各变量与社会稳定之间的程度关系。

二、青年维权意识影响社会稳定理论模型

由前述理论分析可见，新生代青年的维权意识越来越强，针对这种日益增强的维权意识，如若组织化程度高，就可以通过制度化的渠道达到释放青年的压力，从而有助于促进社会的稳定和谐；而如若组织化程度低，缺乏制度化的渠道就可能导致非制度化的压力释放，容易导致非理性的集权行为的出现，从而危及社会的安全。

为了检验青年日益增强的维权意识与社会稳定是否按此理论模型图发生作用，本研究首先对青年日益增强的维权意识进行操作化，设置了三个指标，对应了问卷中的三个问题，即“青年人应该了解主流的维权方法”“在工作生活中遇到服务不到位时，应该去投诉”“青年人在生活中受到了平等对待”，每个题目设置及分值赋予和“青年向上流动”变量一样，分值越高，表示越同意。然后采用加总办法构建青年日益增强的维权意识的复合型连续变量，分值越高，表示青年的维权意识越强。除了设置三个指标外，为了更全面地了解青年的维权意识，在问卷中我们还设置了两道单选题，分别是“当自身合理的利益受损时，您倾向于采用哪种方式来维护自身的权益？”和“如若得不到合理的解决，您又会采取什么方式来发泄不满？”具体题目和选项如下：

（1）当自身合理的利益受损时，您倾向于采用哪种方式来维护自身的权益？

A. 托关系找领导来处理

B. 使用法律武器来维护自身的权益

C. 直接找到当事责任人进行维权

D. 找政府部门反映问题

E. 以找新闻媒体进行报道的方式来维权

F. 以自我伤害方式引起重视，达到维权目的

（2）如若得不到合理的解决，您又会采取什么方式来发泄不满？

A. 直接报复损害自己利益的责任人

B. 去信访部门上访

C. 上街游行示威发泄不满

D. 自认倒霉，借酒浇愁

E. 其他 ______

通过对这两个变量的描述性分析来看当今青年的维权意识。

而由前述理论分析可知，新生代青年的维权意识越来越强，如若组织化程度高，就可以通过制度化的渠道达到释放青年的压力，从而有助于促进社会的稳定和谐；而如若组织化程度低，缺乏制度化的渠道就可能导致非制度化的压力释放，容易导致非理性集权行为的出现，从而危及社会的安全。因此在分析完新生代青年的维权意识后，有必要把青年的社会组织化程度纳入到分析的框架。为了更好地对"青年的社会组织化程度"变量进行测量，在实际的分析中我们对这个变量进行了操作化，在问卷中相应地列出了三个指标，对应的问卷题目以量表的方式呈现出来，分别是"青年组织应使青年人广泛知晓""青年人的组织应由青年人直接选举组建""青年人要积极参与各种青年组织活动"，每个题目设置及分值赋予和"青年向上流动"变量一样，分值越高，表示越同意。然后采用加总办法构建青年组织化程度的复合型连续变量，分值越高，表示青年的组织化程度越高。最后通过回归分析看青年日益增强的维权意识在组织化程度因素影响下对社会稳定可能产生的影响。

同时，考虑到每个青年背景差异的问题，在分析青年日益增强的维权意识影响社会稳定的同时，也从性别、年龄、受教育程度、政治面貌、父母亲的政治面貌、从事职业、省份、户口和收入状况九个方面分析不同背景的青年群体与社会稳定之间的关系。主要采用最小二乘法进行估计，通过计算出相关系数看各变量与社会稳定之间的程度关系。

三、青年婚恋观影响社会稳定理论模型

由前述理论分析可见，随着我国快速的社会转型，传统家庭结构发生了巨大的变迁，在城市中，独生子女家庭增多，加之青年个性化特征越来越明显，这直接影响了青年群体的婚恋观，形成了具有新生代青年特征的婚恋观；加之来自就业、住房等生活压力，使得单身男女青年、丁克家庭和离婚率高等现象越来越突出，传统维系家庭婚姻的纽带逐渐消解，进而影响了社会的稳定。

为了检验青年婚恋观与社会稳定是否按此理论模型图发生作用，本研究首先对"青年婚恋观"进行操作化，设置了三个指标，对应的问卷题目以量表的方式呈现出来，分别是"婚姻要有感情基础，如果两个人在一起不快乐，可以好聚好散""随着收入的增加，要注重改善家庭个人的生活水平""青年人婚后休闲娱乐

的方式比较少”，每个题目设置及分值赋予和“青年向上流动”变量一样，分值越高，表示越同意。然后采用加总办法构建青年婚恋观的复合型连续变量，分值越高，表示青年的婚恋观更多样化。除了设置三个指标外，为了更全面地了解青年的婚恋观，在问卷中我们还设置了“你理想中的家庭模式是？”这样一道单选题来了解当今新生代青年的婚恋观，主要设计了四种选项。

A. 丁克家庭（两人世界，不要小孩）

B. 核心家庭（父母、小孩）

C. 主干家庭（祖父母、父母、小孩）

D. 扩展家庭（祖父母、双方父母、小孩）

同时，考虑到每个青年背景差异的问题，在分析青年婚恋观影响社会稳定的同时，也从性别、年龄、受教育程度、政治面貌、父母亲的政治面貌、从事职业、省份、户口和收入状况九个方面分析不同背景的青年群体与社会稳定之间的关系。主要采用回归分析中的最小二乘法进行估计，通过计算出相关系数看各变量与社会稳定之间的程度关系。

四、青年组织化程度与社会稳定理论模型

由前述理论分析可见，青年组织化高低会影响青年群体的社会参与，而青年的参与越多，就越能进行自我利益的表达，从而实现自我价值，增进获得感和满足感，从而促进社会稳定。

为了检验青年组织化程度与社会稳定是否按此理论模型图发生作用，本研究首先对“青年组织化程度”进行操作化，设置了“青年组织应使青年人广泛知晓”“青年人的组织应由青年人直接选举组建”“青年人要积极参与各种青年组织活动”三个指标，此三个指标在青年维权意识影响社会稳定理论模型构建部分也有交待，在此不再重复。

考虑到青年组织化程度不一定会第一时间直接影响到社会稳定，而是要经历一个连续过程，即青年组织化会程度会影响到社会参与，最终影响社会稳定，故在分析的过程中，尝试用回归分析看青年组织化程度能从多大程度上影响青年的社会参与，最终影响社会稳定。考虑到社会参与是一个相对较复杂的变量，为了更好地对这个变量进行测量，在实际的分析中我们对这个变量进行了操作化，分别用三个指标来衡量青年的社会参与。在问卷调查中以三个单选题呈现出来，即“您愿意参加

青年组织活动”“您愿意参加哪些方面的组织性活动”“您认为青年人参加社会活动的动机是”三个问题来测量青年的社会参与度。具体题目和选项如下：

（1）您愿意参加青年组织活动？

A. 愿意

B. 不愿意

（2）您愿意参加哪些方面的组织性活动？

A. 维护权益性的活动

B. 志愿公益性的活动

C. 政治选举性的活动

D. 社区事务性的活动

E. 文体娱乐性的活动

F. 商业宣传性的活动

（3）您认为青年人参加社会活动的动机是？

A. 锻炼自己

B. 社会自我价值

C. 培养兴趣爱好

D. 结交朋友

E. 获得荣誉

F. 其他 _____

最后通过回归分析看青年组织化程度在影响青年社会参与后青年对社会稳定可能产生的影响。

同时，考虑到每个青年背景差异的问题，在分析青年组织化程度影响社会稳定的同时，也从性别、年龄、受教育程度、政治面貌、父母亲的政治面貌、从事职业、省份、户口和收入状况九个方面分析不同背景的青年群体与社会稳定之间的关系。主要采用回归分析中的最小二乘法进行估计，通过计算出相关系数看各变量与社会稳定之间的程度关系。

五、青年网络行为与社会稳定理论模型

由前述理论分析可见，青年的网络行为是青年进行社会参与的一种重要方式，如若能够有效引导青年的网络行为，则有助于青年群体的情绪释放，从而缓和人际

关系，进而促进社会稳定；而如若无法有效引导青年的网络行为，其网络行为所蕴藏的社会动员负能量一旦激发，则可能会对社会的秩序与稳定造成极大的冲击。

为了检验青年网络行为与社会稳定是否按此理论模型图发生作用，本研究首先对“青年网络行为”进行操作化，设置了三个指标，对应的问卷题目以量表的方式呈现出来，分别是“青年人会利用网络进行社会交往、宣传推广”“在网络上遇到黄赌毒等情况时，我会举报”“青年一代的网络消费水平还可以”，每个题目设置及分值赋予和“青年向上流动”变量一样，分值越高，表示越同意。然后采用加总办法构建青年网络行为的复合型连续变量，分值越高，表示青年的网络行为越积极。除了设置三个指标外，为了更全面地了解青年的网络行为，在问卷中我们还设置了“在网络上看到一些负能量的信息，您会怎么做？”这样一道单选题和“您认为学校网站（单位网站/社区网站）应该是一个什么样的场所？”这样一道多选题，具体题目和选项如下：

（1）在网络上看到一些负能量的信息，您会怎么做？（单选）

A. 不看也不会转发这些负能量的信息

B. 看完后会在论坛区发言，提出自己的看法

C. 会向相关部门进行电话或网络举报

D. 到发布负能量信息的网站进行投诉

E. 看了不把它当回事就可以

F. 其他 _____

（2）您认为学校网站（单位网站/社区网站）应该是一个什么样的场所？（多选）

A. 信息资讯

B. 生活交流

C. 建议意见

D. 热点讨论

E. 发发牢骚

F. 娱乐兴趣

H. 其他 ____

并对这两个变量进行描述性统计分析后了解新生代青年的网络行为。

考虑到青年网络行为不一定会第一时间直接影响到社会稳定，而是要经历

一个连续过程，即青年网络行为会影响到社会动员，最终影响社会稳定，故在分析的过程中，尝试用回归分析看青年网络行为能从多大程度上影响青年的社会动员，最终影响社会稳定。关于如何对社会动员这一变量进行操作化测量，在青年向上流动影响社会稳定的理论模型构建内容中已介绍，在此不再重复。

同时，考虑到每个青年背景差异的问题，在分析青年网络行为影响社会稳定的同时，也从性别、年龄、受教育程度、政治面貌、父母亲的政治面貌、从事职业、省份、户口和收入状况九个方面分析不同背景的青年群体与社会稳定之间的关系。主要采用回归分析中的最小二乘法进行估计，通过计算出相关系数看各变量与社会稳定之间的程度关系。

第四节　本章小结

本章在对本研究的研究样本、研究方法及相关变量测量指标进行详细说明的基础上，以研究假设为基础通过建立理论模型来分析青年向上流动、青年日益增强的维权意识、青年婚恋观、青年组织化程度、青年网络行为 5 个自变量对因变量社会稳定产生的影响，同时，考虑到不同青年背景差异的问题，将性别、年龄、受教育程度、政治面貌、父母亲的政治面貌、从事职业、省份、户口和收入状况九个变量采用回归分析中的最小二乘法进行估计，通过计算出相关系数看九个个体层次变量与社会稳定之间的程度关系，进而分析不同背景的青年在同一变量影响下是否存在差异问题。

第六章 城乡新生代青年对社会稳定影响的比较分析——基于问卷调查和CGSS数据的分析

当前城市新生代青年和农村新生代青年具有一定的共同特征，但异质性特征也依然存在，因而在对社会稳定的影响上也有所不同。基于这种考虑，本章结合课题组问卷调查和CGSS的数据，着重从向上社会流动状况、维权意识、婚恋观、网络行为、社会责任感等方面重点分析城乡新生代青年对社会稳定的不同影响，即差异性的一面。

第一节 城乡新生代青年向上流动影响社会稳定的比较

习近平同志指出："一个流动的中国，充满了繁荣发展的活力。"高水平的社会阶层流动是现代社会的重要特征之一，而青年的社会流动显得尤为重要，它不仅为青年凭借自身的能力改变人生命运提供了机会和平台，而且也有利于促进社会的和谐与稳定。

一、城乡青年对职业发展的归因判断比较

在此，基于课题组问卷调查的数据，重点围绕城市新生代青年和农村新生代青年向上流动对社会稳定影响的差异性进行分析。

首先，从对职业发展的归因态度来看，城乡新生代青年存在一定的差异。职业既是青年实现自我价值和增加经济收入的必然要求，也是青年提升社会地位和向上社会流动的重要途径。总体上看，城乡青年对职业发展的期待也比较高，无论是对个体的自我，还是对企业组织等，但在职业发展的具体归因上城乡新生代青年存在

一些差异。问卷调查数据显示，在“您觉得自己在职业发展中存在的主要问题是什么？”这个问题上，选择“自己对工作不感兴趣”“自己习惯随遇而安，没有特别强烈的进步意愿”“个人专长与岗位不符，缺少发挥潜能的机会”“个人兴趣与岗位不匹配，没有规划”和“对企业或所在行业前景没有明确认知”等个体层面因素选项的，农村青年比城市青年高 9.4 个百分点；而选择“企业没有提供足够的培训”“缺乏职业发展通道”和“领导不赏识”等企业层面因素选项的，城市青年比农村青年高出 9.6 个百分点（见表 6–1）。由此可以发现，农村青年将职业发展归因于个体自我因素的比例要高于城市青年；而城市青年将职业发展归因于企业组织因素的比例要高于农村青年。这种职业发展归因的背后就是涉及城市和农村青年的利益表达问题。非个体自我归因的比例越高，越会从更为宏观的社会发展来寻找原因，相应对政府和社会的要求就越多，就更容易引发各种矛盾冲突问题；相反，个体自我归因的比例越高，则对社会的发展诉求要更少，更主要是从个体自我层面寻找原因。无疑，这种归因的差异也必然会对社会稳定产生不同的影响。

表 6–1　交叉汇总表

类型 项目	户口		汇总（N=1939）
	非农（N=1218）	农业（N=721）	
A. 自己对工作不感兴趣	227（18.6）	137（19.0）	364（18.8）
B. 自己习惯随遇而安，没有特别强烈的进步意愿	405（33.3）	270（37.4）	675（34.8）
C. 对企业或所在行业前景没有明确认知	231（19.0）	192（26.6）	423（21.8）
D. 个人专长与岗位不符，缺少发挥潜能的机会	248（20.4）	147（20.4）	395（20.4）
E. 个人兴趣与岗位不匹配，没有规划	194（15.9）	95（13.2）	289（14.9）
F. 企业没有提供足够的培训	134（11.0）	62（8.6）	196（10.1）
G. 缺乏职业发展通道	263（21.6）	127（17.6）	390（20.1）
H. 领导不赏识	68（5.6）	17（2.4）	85（4.4）
I. 其他 ____	233（19.1）	112（15.5）	345（17.8）

其次，对城乡青年进行样本分拆，分别对其进行回归（见表 6–2）。此时，不需要通过中介效果的检验，因为社会向上流动判断对社会满意度的直接效果影

响是最主要的影响。总体上看，城乡青年向上流动意愿对社会稳定的影响程度存在差异，但差异并不是非常大。相比较而言，城市青年向上流动意愿对社会稳定的影响比农村青年大。其中，非农户口的回归系数为 0.359，其 R^2 为 0.148，处于可接受范围，只比农业户口的系数 0.346 和 R^2 的 0.134 略大。

从城市青年来看，这一群体对社会稳定的影响主要受两个方面的因素影响更大。一方面，主要受性别正向影响，即当城市青年为男性时，其向上流动越容易，也越容易趋向保持社会稳定。另一方面，职业会对社会满意度产生一定的影响，即职业越稳定，越容易趋向维护社会稳定。这就告诉我们青年就业的重要性，通过促进青年的就业和提供职业发展的机会，从而有助于维护社会的和谐稳定。然而，从调查的数据分析来看，城市青年的年龄、文化程度、政治面貌和收入状况并不会对社会满意度产生直接的影响，也即与社会稳定的相关性不高。

从农村青年来看，这一群体对社会稳定的影响与其文化程度呈现正向影响，即农村青年学历越高，其向上流动越容易，也越容易趋向保持社会稳定。但是性别、年龄、政治面貌和收入状况并不会对社会满意度产生直接的影响，与社会稳定的相关性不高。然而，新生代青年农民工这一特殊群体值得引起高度的重视，文化程度上他们虽然不高，而进城务工之后所接触的现代化理念和技术，对他们产生极大的心灵冲击，既渴望融入城市并成为其中一名成员，又被城市边缘化。换言之，他们既未被城市接纳，又对农村极为淡薄，很多人把他们归纳为“愤青”的一代。他们有着改变现状的强烈渴望，而在向“上”的渠道被阻塞的背景下，强烈渴望就会异化为心理失衡。①

表 6-2 交叉汇总表

因变量 / 自变量	因变量：社会满意度			
	非农户口		农业户口	
	B	标准误	B	标准误
常数	0.145	0.196	–0.054	0.239
社会向上流动能力判断	0.359**	0.027	0.346**	0.036
性别	0.11*	0.055	0.021	0.07
年龄	–0	0.041	–0.023	0.055
文化程度	–0.029	0.035	0.081*	0.035
政治面貌	–0.054	0.034	–0.069	0.044

① 赵宇燕 . 关于新生代农民工弱势地位的几点思考［J］. 农业与技术，2010（5）.

续表

自变量 \ 因变量	因变量：社会满意度			
	非农户口		农业户口	
	B	标准误	B	标准误
职业	-0.066**	0.02	-0.053	0.027
收入状况	0.015	0.024	0.041	0.028
R^2	0.148		0.134	
F	30.046**		15.759**	
D-W 值：	1.95		2.019	
* p<0.05 ** p<0.01				

二、城乡青年向上流动的变化和机会比较

在问卷调查数据的分析基础之上，结合 CGSS 数据来进一步论证城乡青年向上进行社会流动对社会稳定影响的差异性问题。

首先，从社会地位的总体判断来看，城乡青年对自身向上流动变化的总体情况是比较一致的，但也存在微小的差别。利用卡方检验（交叉分析）显示，“与三年前相比，您的社会经济地位发生了什么变化”这一项的差异关系，城乡青年对于该问题回答没有表现出来较强的显著性（P>0.05），这就意味着城乡青年在对向上流动的主观判断上是较为一致的。然而，从这一问题的具体选项来看，存在着差别，即城市青年选择“下降了”的比例高于农村青年 3.3 个百分点（详见表 6-3）。

表 6-3 交叉分析表

题目	名称	您目前的户口登记状况		总计	X^2	p
		农业户口	非农户口			
与三年前相比，您的社会经济地位发生了什么变化	上升了	153（8.42）	132（9.19）	285（8.76）	3.859	0.145
	差不多	934（51.40）	775（53.97）	1709（52.54）		
	下降了	730（40.18）	529（36.84）	1259（38.70）		
总计		1817	1436	3253		
* p<0.05 ** p<0.01						

其次，从对向上流动机会公平的判断来看，城乡青年存在着一定的差别。城乡青年人对于青年向上流动的公平性持不同意见，农村青年比城市青年更乐

观，农村青年比城市青年更赞同“认为只要足够努力，就具有向上流动和发展的机会”。根据 CGSS 数据关于青年向上流动的条件交叉分析可见（见表 6–4），城乡青年对于“您是否同意以下说法——在我们这个社会，工人和农民的后代与其他人的后代一样，有同样多的机会”的回答呈现出显著性（p<0.05），其中选择“非常同意”和“同意”的农村青年比例占 65.43%，而城市青年这一比例则为 60.1%，农村青年比城市青年高出近 5.3 个百分点。再从“您是否同意以下说法——只要孩子够努力、够聪明，都能有同样的升学机会”来看，城乡青年的回答也呈现出显著性，其中选择“非常同意”和“同意”的农村青年比例占 75.24%，而城市青年的比例为 67.76%，农村青年比城市青年高出 7.48 个百分点。

表 6–4　交叉分析表

题目	名称	您目前的户口登记状况		总计	X^2	p
		农业户口	非农户口			
您是否同意以下说法——在我们这个社会，工人和农民的后代与其他人的后代一样，有同样多的机会	无法回答	8（0.44）	6（0.42）	14（0.43）	12.691	0.026*
	非常同意	231（12.71）	148（10.31）	379（11.65）		
	同意	958（52.72）	715（49.79）	1673（51.43）		
	无所谓	127（6.99）	103（7.17）	230（7.07）		
	不同意	425（23.39）	400（27.86）	825（25.36）		
	非常不同意	68（3.74）	64（4.46）	132（4.06）		
总计		1817	1436	3253		
您是否同意以下说法——只要孩子够努力、够聪明，都能有同样的升学机会	无法回答	6（0.33）	6（0.42）	12（0.37）	23.63	0.000**
	非常同意	299（16.46）	203（14.14）	502（15.43）		
	同意	1068（58.78）	770（53.62）	1838（56.50）		
	无所谓	91（5.01）	103（7.17）	194（5.96）		

续表

题目	名称	您目前的户口登记状况		总计	X^2	p
		农业户口	非农户口			
	不同意	318（17.50）	313（21.80）	631（19.40）		
	非常不同意	35（1.93）	41（2.86）	76（2.34）		
总计		1817	1436	3253		
* p<0.05　** p<0.01						

那么，究竟是什么原因造成城市青年比农村青年社会地位自我评价更低，以及农村青年比城市青年对向上流动的认同度更高？综合来看，可能源于以下几方面因素的影响：其一，城市青年对自身的期待和要求更高，而农村青年自我期待和要求则更低一些，因而目标也相对容易达到；其二，城市青年面临竞争多导致发展性压力大，因为大量的人才集聚在城市中，因此向上流动的难度更大；而农村青年的生存性压力更大，而发展性的压力更小，这些也就造成了城乡青年在向上流动意愿和判断上的差异性。

再次，从城乡青年向上流动意愿对社会满意度的影响来看，通过回归关系分析可以发现（见表 6–5）：城市青年向上流动意愿对社会稳定的影响大于农业青年，即当城市青年认为社会能为其提供更好的发展机会时，其对社会感到更满意，对社会稳定的贡献更大。数据显示，城市“青年向上流动”对“社会满意度”的影响系数为 0.072，而农村青年的相应系数为 0.057。

具体来看，对城市青年来说，青年向上流动、最高教育程度（包括目前在读的）会对社会满意度产生显著的正向影响关系。但是性别、年龄、个人去年全年的总收入和政治面貌等变量并不会对社会满意度产生影响关系。而对农村青年来说，青年向上流动、年龄、文化教育程度（包括目前在读的）会对社会满意度产生显著的正向影响关系。可见，除了受教育程度影响之外，农村青年的社会满意度还受年龄因素的影响，即农村青年年龄越大，其对社会稳定的贡献更大。但是农村青年的性别、总收入与政治面貌等变量并不会对社会满意度产生影响关系。究其原因，农村青年的结婚年龄普遍低于城市青年，年龄的增长意味着要承担起更大的家庭责任，同时，青年个体心理日趋成熟，对个体自我和社会发展的期望更加理性，焦虑感相应地会减弱，这有助于促进社会的稳定。

表 6–5 回归结果

因变量 / 自变量	因变量：社会满意度			
	农业户口		非农户口	
	B	标准误	B	标准误
常数	−0.325*	0.147	−0.424**	0.159
青年向上流动	0.057*	0.024	0.072**	0.026
您的性别	−0.075	0.049	0.011	0.053
您的年龄	0.04*	0.02	−0.011	0.022
您目前的最高教育程度（包括目前在读的）	0.102**	0.029	0.097**	0.035
您个人去年全年的总收入	−0.014	0.018	0.027	0.018
您目前的政治面貌	0.067	0.055	0.046	0.038
R^2	0.016		0.022	
F	4.997**		5.282**	
D–W 值	1.968		1.958	

三、小结

基于问卷调查和 CGSS 数据的分析，可以得出以下几个基本结论：

第一，城乡青年向上流动意愿对社会稳定的影响差异。通过数据分析可以看出，城市青年向上流动意愿对社会稳定的影响比农村青年更大，即当城市青年认为社会能为其提供更好的发展机会时，其对社会感到更满意，对社会稳定的贡献更大。同时，在青年向上流动意愿对社会稳定影响的相关因素分析中发现，城市青年主要受性别因素的正向影响，受职业因素的负向影响；而农村青年主要受文化程度因素的正向影响。

第二，城乡青年对职业发展归因的判断存在差异。通过数据的比较分析显示，农村青年将职业发展归因于个体自我因素的比例要高于城市青年；而城市青年将职业发展归因于企业等社会性因素的比例要高于农村青年。这种归因的差异也必然会对社会稳定产生不同的影响：社会性归因的比例越高，相应对政府和社会的要求就越多，就更容易引发各种矛盾冲突问题；而个体自我归因的比例越高，则对社会稳定产生的负面影响就越小。

第三，城乡青年对社会地位的判断既有一致的一面，也存在差异的一面。调查数据显示，城乡青年对于自身向上流动的变化判断总体一致，认为过去三年内个人的社会经济地位主要是维持不变。然而，对于向上流动的机会公平问题，城乡青年持有不同的意见，农村青年比城市青年表现得更为乐观，更赞同“认为只要足够努力，就具有向上流动和发展的机会”；而城市青年则表现得更悲观，对于“现在社会的竞争环境是公平的，不平等是暂时的”的认同低于农村青年，且认为“社会地位下降了”的比例也高于农村青年。

第四，城乡青年的社会满意度及对社会稳定影响的差异。对城市青年来说，青年向上流动与受教育程度（包括目前在读的）会对社会满意度产生显著的正向影响关系。而对农村青年来说，青年向上流动与年龄、受教育程度（包括目前在读的）会对社会满意度产生显著的正向影响关系。无论是城市青年，还是农村青年，他们的教育程度与社会满意度具有正相关关系，也有助于促进社会稳定。但同时农村青年与城市青年还存在不同的特点，即农村青年的年龄与社会满意度具有正相关关系，年龄越大社会满意度越高，对社会稳定的影响也就更为积极。

第二节　城乡新生代青年维权意识对社会稳定影响的比较

一、城乡青年维权意识的差异

为了解城市青年和农村青年维权意识对社会稳定的影响差异，首要的就是对城市青年和农村青年维权意识的强弱进行比较研究。在此，主要基于问卷调查数据和 CGSS 的数据对城乡青年维权意识的描述性统计及假设推断进行分类比较。根据统计分析发现，无论是课题组问卷调查的数据，还是 CGSS 的数据，都表明城市青年和农村青年的维权意识存在一定的差异。

首先，通过对课题组问卷调查关于城乡青年维权意识的项目进行交叉分析可以发现，城市青年和农村青年在“11. 当遇到一些社会不良现象（如等公共汽车时，有人插队），您会怎么办？”问题上，呈现出显著性（$P<0.05$），即 0.01 水平显著性（$Chi=23.28$，$P=0.00<0.01$），意味着其呈现出差异性。从比例来看，选择“我会站出来对插队的人提出批评”的城市青年比例为 44.25%，高于农村青年，而农村青年的比例只有 34.67%；同时，选择“当面不会去批评，但心里暗暗骂他”和“经常有这种

现象存在，见怪不怪”的城市青年比例合计为 40.47%，而农村青年的比例更高，为 44.18%（表 6–6）。由此，从一个侧面可以看出城市青年的维权意识明显要强于农村青年的维权意识，农村青年在个人利益受到损害时则更倾向于选择忍让。

表 6–6　交叉分析结果

题目	名称	7. 您的户口状况？		总计	X^2	p
		非农户口	农业户口			
11. 当遇到一些社会不良现象（如等公共汽车时，有人插队），您会怎么办？	A. 我会站出来对插队的人提出批评	25（2.05）	15（2.08）	40（2.06）	23.277	0.000**
	B. 以其人之道还治其人之身，到他前面插队去	25（2.05）	15（2.08）	40（2.06）		
	C. 我会找相关负责的人或部门投诉	95（7.80）	90（12.48）	185（9.54）		
	D. 当面不会去批评，但心里暗暗骂他	197（16.17）	122（16.92）	319（16.45）		
	E. 经常有这种现象存在，见怪不怪	296（24.30）	198（27.46）	494（25.48）		
	F. 其他	66（5.42）	46（6.38）	112（5.78）		
总计		1218	721	1939		
* p<0.05　** p<0.01						

其次，通过对 CGSS 数据关于城乡青年维权意识的描述题进行交叉分析发现，城乡青年维权意识的差异明显。城市青年和农村青年对于“如果别人有以下行为，您的反应 / 看法——吸烟者在非吸烟者面前或附近吸”“如果别人有以下行为，您的反应 / 看法——不排队购物 / 付款 / 办事，夹塞 / 插队”共 2 项呈现出显著性（P<0.05），意味着城市青年和农村青年在上述回答中均呈现出差异性。其中，城市青年和农村青年对于“如果别人有以下行为，您的反应 / 看法——吸烟者在非吸烟者面前或附近吸”呈现出 0.01 水平显著性（Chi=38.65，P=0.00<0.01），通过百分比对比差异可知，城市青年选择“非常反感”的比例为 48.82%，明显高于农村青年的选择比例 38.64%。同时，城市青年和农村青年对于“如果别人有以下行为，您的反应 / 看法——不排队购物 / 付款 / 办事，夹塞 /

插队”呈现出 0.01 水平显著性（Chi=62.55，P=0.00<0.01），通过百分比对比差异可知，城市青年选择“非常反感”的比例为 58.57%，明显高于农村青年的选择比例 46.23%（见表 6–7）。无疑，城市青年和农村青年对这两个问题的回答，在一定程度上也反映了这两个群体维权意识强弱的差异。

表 6–7 交叉分析表

题目	名称	您目前的户口登记状况		总计	X^2	p
		农业户口	非农户口			
如果别人有以下行为，您的反应 / 看法——吸烟者在非吸烟者面前或附近吸	无法回答	7（0.39）	3（0.21）	10（0.31）	38.65	0.000**
	不反感	42（2.31）	18（1.25）	60（1.84）		
	不太反感	83（4.57）	47（3.27）	130（4.00）		
	无所谓	240（13.21）	148（10.31）	388（11.93）		
	反感	743（40.89）	519（36.14）	1262（38.79）		
	非常反感	702（38.64）	701（48.82）	1403（43.13）		
总计		1817	1436	3253		
如果别人有以下行为，您的反应 / 看法——不排队购物 / 付款 / 办事，夹塞 / 插队	无法回答	8（0.44）	1（0.07）	9（0.28）	62.547	0.000**
	不反感	10（0.55）	3（0.21）	13（0.40）		
	不太反感	28（1.54）	4（0.28）	32（0.98）		
	无所谓	102（5.61）	54（3.76）	156（4.80）		
	反感	829（45.62）	533（37.12）	1362（41.87）		
	非常反感	840（46.23）	841（58.57）	1681（51.68）		
总计		1817	1436	3253		
* p<0.05 ** p<0.01						

二、城乡青年维权意识对社会稳定的影响差异

城乡青年的维权意识与社会稳定具有相关的关系。首先，城乡青年的维权意识越强，就越会对社会满意度产生一定的影响，进而影响社会稳定。其次，城乡青年维权意识对社会稳定的影响还与青年的组织化程度有关，青年正式组织化的意愿越高，就越有助于其利益表达，从而促进社会的稳定和谐。再次，城乡青年维权方式的选择也会影响社会稳定，城乡青年倾向于通过制度化的渠道来维护权益，则有助于促进利益的表达和释放青年的压力，有助于社会的稳定；反之亦然。

其一，城市青年和农村青年维权意识的差异对社会满意度会产生不一样的影响。通常情况下，青年维权意识越强，利益诉求越是能得到满足，那么他们对社

会满意度也就越高；然而，如若具有强烈的维权意识，但未能通过有效的渠道来表达诉求并得到满足，反而会影响社会满意度。课题组的问卷调查数据显示，在问及“青年人在中国经济发展中获得了实在的利益”问题时，城市青年选择“非常不同意”和“不同意”的比例合计为29.2%，高于农村青年的27%。可见，城市青年的社会满意度不及农村青年的高。究其原因，可能与城市青年的利益期望值更高和更加多元的权益维权方式有一定的关系。

表 6-8 频数表

是否获利 \ 青年来源		城市青年		农村青年	
		频数	百分比	频数	百分比
青年人在中国经济发展中获得了实在的利益	非常不同意	131	10.8%	62	8.6%
	不同意	224	18.4%	133	18.4%
	无所谓	53	4.4%	26	3.6%
	同意	487	40.0%	286	39.7%
	很同意	323	26.5%	214	29.7%
	总计	1218	100%	721	100%

具体情况如下：一方面，通过对课题组问卷调查中关于城乡青年维权意识的项目进行样本分拆，并进行回归分析可以发现，城市青年和农村青年在“维权意识会对社会满意度的影响”方面存在差异，城市青年维权意识对社会满意度的影响比农村青年大。其中，城市青年的回归系数为0.364，其 R^2 为0.152，处于显著范围，远比农村青年的系数0.291和 R^2 0.105大（见表6-9）。具体来看，城市青年和农村青年的职业与维权意识会对社会满意度产生显著的负向影响关系，但农村青年还有不同于城市青年的特点，即农村青年的文化程度与维权意识会对社会满意度产生显著的正向影响关系。

表 6-9 回归分析结果

自变量 \ 因变量	因变量：社会满意度			
	非农户口		农业户口	
	B	标准误	B	标准误
常数	0.211	0.195	0.053	0.242
青年维权意识	0.364**	0.027	0.291**	0.035

续表

因变量 / 自变量	因变量：社会满意度			
	非农户口		农业户口	
	B	标准误	B	标准误
性别	0.095	0.055	-0.003	0.072
年龄	-0.01	0.041	-0.018	0.056
文化程度	-0.027	0.035	0.076*	0.035
政治面貌	-0.045	0.034	-0.053	0.045
职业	-0.062**	0.02	-0.055*	0.027
收入状况	-0.008	0.024	0.013	0.028
R^2	0.152		0.105	
F	31.072**		11.928**	
D-W 值：	1.942		1.970	

另一方面，基于 CGSS 的数据对城乡青年进行样本分拆，分别对其进行回归。经过分析发现，非农户口在城乡青年维权意识对社会稳定的影响方面与农村户口存在差异，且前者的影响比后者的影响大。对照结果来看，非农户口的回归系数为 0.202，其 R^2 为 0.059，处于显著范围，远比农业户口的系数 0.169 和 R^2 0.042 大。具体来看，城市青年的最高教育程度、全年的总收入会对社会满意度产生显著的正向影响关系。即受教育程度越高、收入越高，青年维权意识对社会稳定的影响越大，但性别、年龄、民族和政治面貌等变量并不会对社会满意度产生影响关系。而农村青年主要受到最高教育程度会对社会满意度产生显著的正向影响关系，但性别、年龄、民族、去年全年的总收入和政治面貌等变量并不会对社会满意度产生影响关系（详见表 6-10）。

表 6-10　回归结果

类型 / 项目	因变量：社会满意度			
	农业户口		非农户口	
	B	标准误	B	标准误
常数	-0.4*	0.175	-0.686**	0.192
青年维权意识	0.169**	0.023	0.202**	0.026
您的性别	-0.09	0.048	0.021	0.052

续表

项目＼类型	因变量：社会满意度			
	农业户口		非农户口	
	B	标准误	B	标准误
您的年龄	0.036	0.02	–0.005	0.021
您的民族	0.102	0.079	0.159	0.101
您目前的最高教育程度（包括目前在读的）	0.108**	0.029	0.101**	0.034
您个人去年全年的总收入	–0.011	0.018	0.037*	0.017
您目前的政治面貌	0.055	0.055	0.053	0.037
R2	0.042		0.059	
F	11.323（0.000**）		12.794（0.000**）	
D–W 值	1.988		1.952	
* p<0.05　** p<0.01				

其二，城市青年和农村青年的组织化意愿存在一定差异，也会对社会稳定造成不同的影响。课题组的问卷调查数据显示，在“8. 您愿意参加青年组织活动吗？”这个问题上，虽然城乡青年相当高比例上倾向于愿意，但从城乡比较的视角来看，农村青年选择“愿意”的比例为 91.96%，高于城市青年的选择比例 89.90%（详见表 6–11）。结合城乡青年维权意识来分析，城市青年的维权意识强于农村青年，而组织化意愿却低于农村青年。毫无疑问，城市青年这种维权意识如若运用不当或引导不够，则容易对社会稳定产生更大的负面影响。

表 6–11　频数表

题目	名称	您的户口状况？				总计	
		非农业户口	百分比	农业户口	百分比	农业户口	百分比
8. 您愿意参加青年组织活动吗？	愿意	1095	89.90%	663	91.96%	1758	90.67%
	不愿意	123	10.10%	58	8.04%	181	9.33%
	总计	1218		721		1939	

其三，城市青年和农村青年在维权方式选择上存在明显差异，从而也会对

社会稳定造成不同的影响。总体上看，城乡青年都希望通过主流的、制度化的方式来进行利益表达。课题组的问卷调查显示，在问及“青年人应该了解主流的维权防范”这一问题上，城市青年和农村青年回答“同意”和“非常同意”的都占88.7%%，这两个群体的态度是一致的（详见表 6-12）。

表 6-12　青年人应该了解主流的维权方法

项目＼类型	城市青年		农村青年	
	频数	百分比	频数	百分比
非常不同意	94	7.7%	52	7.2%
不同意	136	11.2%	82	11.4%
无所谓	29	2.4%	20	2.8%
同意	380	31.2%	240	33.3%
非常同意	579	47.5%	327	45.4%
总计	1218	100%	721	100%

然而，总体上的态度并不意味着城市青年和农村青年在维权方式上没有差异。事实上，在面临具体的问题时，城市青年和农村青年选择维权的方式是存在差异的。根据对课题组问卷调查中的关于城乡青年维权意识相关的项目进行交叉分析可以发现，城市青年和农村青年在“2. 当自身合理的利益受损时，您倾向于采用哪种方式来维护自身的权益？”和“3. 如若得不到合理的解决，您又会采取什么方式来发泄不满？”问题上，城市青年和农村青年之间呈现出显著性（P<0.05）（表 6-13）。具体来看：一方面，城市青年和农村青年在维权方式的选择上存在差异。在“2. 当自身合理的利益受损时，您倾向于采用哪种方式来维护自身的权益”问题上，城市青年和农村青年之间呈现出 0.01 水平显著性（Chi=22.21，P=0.00<0.01），通过百分比对比差异可知，农村青年选择“B. 使用法律武器来维护自身的权益”的比例为64.49%，明显高于城市青年的选择比例 54.43%，高出 10 个百分点；而城市青年选择“直接找到当事责任人进行维权”（22.41%）和“托关系找领导来处理（7.47%）”，高于农村青年的选择比例，农村青年这一比例分别为 16.78% 和 5.41%。另一方面，城市青年和农村青年在发泄不满情绪的方式上也存在差异。在“3. 如若得不到合理的解决，您又会采取什么方式来发泄不满？”问题上，城市青年和农村青年之间呈现出 0.05 水平显著性（Chi=12.91，P=0.01<0.05），通过百分比对比差异可知，61.17%的农村青年选择了“B. 去信访部门上访”，大于城市青年的 57.55%；城市青年选择

“其他”的比例为26.60%，高于农村青年的比例21.36%。

从中可见，城市青年和农村在维权方式上的差异比较明显。农村青年倾向于选择制度化的方式来维权，如法律、信访等，其比例高于城市青年；而城市青年选择非制度化方式的维权比例更高，如托关系、直接维权和向媒体求助等。究其原因，可能与以下几方面因素相关：首先，城市青年所拥有的资源更为丰富，因而选择维权方式也就更加多元，而农村青年所拥有的资源相对更少，因而更加依赖制度和政府；其次，城市青年的功利主义色彩浓于农村青年，善于衡量成本与收益，趋利避害特征明显；再次，可能源于城乡青年对制度和政府的信任差异，农村青年对制度和政府的认同度更高，因而更愿意寻求制度和政府的帮助来维权。

表6–13　交叉分析结果

题目	名称	您的户口状况？		总计	X^2	p
		非农户口	农业户口			
2. 当自身合理的利益受损时，您倾向于采用哪种方式来维护自身的权益？	A. 托关系找领导来处理	91（7.47）	39（5.41）	130（6.70）	22.214	0.000**
	B. 使用法律武器来维护自身的权益	663（54.43）	465（64.49）	1128（58.17）		
	C. 直接找到当事责任人进行维权	273（22.41）	121（16.78）	394（20.32）		
	D. 找政府部门反映问题	107（8.78）	60（8.32）	167（8.61）		
	E. 找新闻媒体报道方式来维权	77（6.32）	30（4.16）	107（5.52）		
	F. 以自我伤害方式引起重视，达到维权目的	7（0.57）	6（0.83）	13（0.67）		
总计		1218	721	1939		
3. 如若得不到合理的解决，您又会采取什么方式来发泄不满？	A. 直接报复损害自己利益的责任人	78（6.40）	55（7.63）	133（6.86）	12.907	0.012*
	B. 去信访部门上访	701（57.55）	441（61.17）	1142（58.90）		

续表

题目	名称	您的户口状况？		总计	X^2	p
		非农户口	农业户口			
	C. 上街游行示威发泄不满	9（0.74）	14（1.94）	23（1.19）		
	D. 自认倒霉，借酒浇愁	106（8.70）	57（7.91）	163（8.41）		
	E. 其他	324（26.60）	154（21.36）	478（24.65）		
总计		1218	721	1939		
* p<0.05　** p<0.01						

三、小结

本节基于课题组问卷调查和 CGSS 的数据，围绕城市青年和农村青年维权意识与社会稳定关联性的比较分析发现：

第一，城市青年和农村青年维权意识的强弱程度有显著不同。课题组的问卷调查和 CGSS 的数据都显示，城市青年的维权意识明显要强于农村青年，而农村青年在个人利益受到损害时则更容易选择忍让。这种差异可能与城市青年的法治意识、文化程度和生活环境等因素有关。

第二，城市青年和农村青年的组织化意愿存在一定差异。青年的维权意识对社会稳定产生何种影响，不仅仅取决于维权意识的强与弱，还受青年组织化意愿等因素的影响。如若维权意识强，组织化意愿也越强，就容易通过正式的组织化途径来实现利益表达，有助于化解各种矛盾冲突；相反，若维权意识强，而又不愿意通过正式的组织化渠道来反映利益诉求，更容易对社会稳定带来不确定性。调查结果显示，农村青年的组织化意愿高于城市青年，更希望通过组织化的方式来进行利益表达。无疑，城市青年强烈的维权意识如若缺乏正式组织化的引导，则可能容易出现非正式的集群行为，进而容易对社会稳定产生更大的负面影响。

第三，城市青年和农村青年的维权意识对社会满意度会产生不一样的影响。通常情况下，青年维权意识越强，利益诉求越是能得到满足，那么他们对社会的满意度也就越高；然而，如若具有强烈的维权意识，但未能通过有效的渠道来表达诉求并得到满足，反而会影响社会满意度。调查数据显示，城市青年的社会满意度不及农村青年的高。究其原因，可能与城市青年的利益期望值更高和更加多元的权益维权方式有一定的关系。

第四，城市青年和农村青年在维权方式选择上存在明显差异，从而也会对社会稳定造成不同的影响。调查数据显示，城市青年和农村青年在维权方式上的差异比较明显。农村青年倾向于选择制度化的方式来维权，如法律、信访等，其比例高于城市青年；而城市青年选择非制度化方式的维权比例更高，如托关系、直接维权和向媒体求助等。

第三节 城乡新生代青年婚恋观对社会稳定影响的比较

一、城乡青年婚恋观的比较

改革开放以来，伴随着城乡之间的差别逐渐缩小，我国城市新生代青年和农村新生代青年的婚恋观都发生了深刻的变迁，既出现了一些共同性的特征，也存在一些差异。在此，结合课题组的问卷调查和 CGSS 的数据展开分析。

首先，城市青年和农村青年对于婚姻感情基础的认识总体上是一致的，但又存在一定的差异。课题组的调查数据显示，在问及“婚姻要有感情基础，如果两个人在一起不快乐，可以好聚好散”问题时，城市青年和农村青年的态度总体上是一致的，选择“同意”和“非常同意”的比例都比较高，分别占 76.1% 和 74.2%（详见表 6–14）。从两者的差异来看，城市青年对这一问题的比例略高于农村青年；而农村青年的不认同比例高于城市青年。究其原因，据课题组的访谈显示，无论是城市青年，还是农村青年都赞同感情要有基础。但在“好聚好散”问题上，城市青年和农村青年出现一定的差异，绝大部分被访谈的城市青年更认同“两个人在一起不快乐，可以好聚好散”，而不少被访谈的农村青年表示除了考虑感情之外，还要考虑家庭的责任、农村的人情面子等等。

续表

表 6–14　频率表

项目	农村青年		城市青年	
	频数	百分比	频数	百分比
婚姻要有感情基础，如果两个人在一起不快乐，可以好聚好散。				
非常不同意	56	7.8%	198	11.7%
不同意	106	14.7%	256	12.3%
无所谓	10	1.4%	33	1.9%
同意	318	44.1%	868	45.2%
非常同意	231	32.0%	584	29.0%

其次，城市青年和农村青年对性行为的看法呈现出差异性。在此，主要基于CGSS 的数据展开详细的分析。从交叉分析来看，城市青年和农村青年在“您认为婚前性行为对不对、您认为同性间的性行为对不对”等两个问题的看法上呈现出显著性（$P<0.05$），意味着城市青年和农村青年对于“您认为婚前性行为对不对、您认为同性间的性行为对不对”共 2 项均呈现出差异性。然而，城市青年和农村青年在“您认为婚外性行为对不对”问题的看法上呈现出 0.01 水平显著性（$Chi=77.32$，$P=0.00<0.01$），不会表现出显著性（$P>0.05$），意味着不同户口登记状况样本对于“您认为婚外性行为对不对”表现出一致性（详见表 6–15）。

同时，从百分比来看，在“同性间性行为”问题上的差异最为明显，农村青年选择“总是不对的”比例为 58.39%，而城市青年的比例为 46.87%，农村青年高于城市青年 11.52 个百分点。同时，在“婚前性行为”问题上的差异也较为明显，农村青年选择“总是不对的”比例为 29.66%，而城市青年的比例为 20.33%，农村青年比例高出城市青年 9.33 个百分点。究其原因，可能主要受两个方面的因素影响：一方面，农村青年的婚姻观念相对趋于传统和保守，因而对“婚前性行为”和“同性间的性行为”更不认同；另一方面，城市青年更乐于接受新生事物，对性问题的理解和态度更为开放，认同度更高。而对于“婚外性行为的”看法上，城市青年和农村青年相对较小，总体上都不认同“婚外性行为”，选择“总是不对的”分别占 69.78% 和 71.66%，且农村青年的比例略高于城市青年（详见 6–15）。

表 6–15　交叉分析表

题目	名称	您目前的户口登记状况		总计	X^2	p
		农业户口	非农户口			
您认为婚前性行为对不对	无法回答	25（1.38）	13（0.91）	38（1.17）	47.294	0.000**
	总是不对的	539（29.66）	292（20.33）	831（25.55）		
	大多数情况下是不对的	375（20.64）	282（19.64）	657（20.20）		
	说不上对与不对	566（31.15）	535（37.26）	1101（33.85）		
	有时是对的	237（13.04）	237（16.50）	474（14.57）		
	完全是对的	75（4.13）	77（5.36）	152（4.67）		
总计		1817	1436	3253		
您认为婚外性行为对不对	无法回答	24（1.32）	12（0.84）	36（1.11）	6.572	0.254
	总是不对的	1302（71.66）	1002（69.78）	2304（70.83）		
	大多数情况下是不对的	309（17.01）	245（17.06）	554（17.03）		
	说不上对与不对	132（7.26）	132（9.19）	264（8.12）		
	有时是对的	41（2.26）	39（2.72）	80（2.46）		
	完全是对的	9（0.50）	6（0.42）	15（0.46）		
总计		1817	1436	3253		
您认为同性间的性行为对不对	无法回答	60（3.30）	29（2.02）	89（2.74）	77.32	0.000**
	总是不对的	1061（58.39）	673（46.87）	1734（53.30）		
	大多数情况下是不对的	232（12.77）	173（12.05）	405（12.45）		

续表

题目	名称	您目前的户口登记状况		总计	X²	p
		农业户口	非农户口			
	说不上对与不对	378（20.80）	425（29.60）	803（24.68）		
	有时是对的	71（3.91）	106（7.38）	177（5.44）		
	完全是对的	15（0.83）	30（2.09）	45（1.38）		
总计		1817	1436	3253		
* p<0.05　** p<0.01						

再次，城市青年和农村青年在婚恋家庭中男女平等问题的看法上也存在明显的差异。通过对 CGSS 数据的交叉分析可以发现：城市青年和农村青年在“您是否同意——男人以事业为重，女人以家庭为重”“您是否同意——男性能力天生比女性强”“您是否同意——干得好不如嫁得好”“您是否同意——在经济不景气时，应该先解雇女性员工”等四个问题的态度上呈现出显著性（P<0.05），这就意味着城市青年和农村青年在四个问题回答上都存在明显的差异。具体的情况如下（详见表 6–16）：

一是在男性和女性的定位看法上，城市青年和农村青年存在明显的差异。城市青年和农村青年在“您是否同意——男人以事业为重，女人以家庭为重”问题上的态度呈现出 0.01 水平显著性（Chi=79.72，P=0.00<0.01），即存在差异性。在从百分比对比差异来看，农村青年对于“男主外、女主内”的传统看法具有更强烈的赞同，与城市青年明显不同。其中，农村青年选择“比较同意”的比例为 42.65%，明显高于城市青年的选择比例 32.45%。

二是在男性和女性的能力看法上，城市青年和农村青年存在明显的差异。城市青年和农村青年在“您是否同意——男性能力天生比女性强”问题上的看法呈现出 0.01 水平的显著性（Chi=42.81，P=0.00<0.01），即具有明显差异性。再通过百分比对比差异可知，15.81% 的城市青年选择了“完全不同意”，远大于 9.96% 的农村青年选择，这在一定程度上说明城市青年比农村青年更重视男女平等的问题，而农村青年受传统“男女有别”的价值观念影响依然较大。

三是在嫁娶对象选择的看法上，城市青年和农村青年也存在较大的差异。城市青年和农村青年在“您是否同意——干得好不如嫁得好”问题上的看法呈现出 0.01 水平的显著性（Chi=44.16，P=0.00<0.01），即具有差异性。百分比对比的情况也显示，农村青年选择“比较同意”的比例为 35%，明显高于城市青年的选择比例 27.3%。

四是在男女用工的看法上，城市青年和农村青年有不同的看法。城市青年和农村青年在“您是否同意——在经济不景气时，应该先解雇女性员工”问题上的看法呈现出 0.01 水平的显著性（Chi=28.31，P=0.00<0.01），也即是说有差异性。通过百分比对比差异可知，农村青年选择“完全不同意”的比例为 28.95%，明显少于城市青年的选择比例 36.14%。

表 6–16　交叉分析表

题目	名称	您目前的户口登记状况		总计	X^2	p
		农业户口	非农户口			
您是否同意——男人以事业为重，女人以家庭为重	完全不同意	131（7.21）	175（12.19）	306（9.41）	79.719	0.000**
	比较不同意	516（28.40）	489（34.05）	1005（30.89）		
	无所谓同意不同意	169（9.30）	193（13.44）	362（11.13）		
	比较同意	775（42.65）	466（32.45）	1241（38.15）		
	完全同意	226（12.44）	113（7.87）	339（10.42）		
总计		1817	1436	3253		
您是否同意——男性能力天生比女性强	完全不同意	155（8.53）	184（12.81）	339（10.42）	44.159	0.000**
	比较不同意	551（30.32）	486（33.84）	1037（31.88）		
	无所谓同意不同意	323（17.78）	294（20.47）	617（18.97）		
	比较同意	636（35.00）	392（27.30）	1028（31.60）		
	完全同意	152（8.37）	80（5.57）	232（7.13）		

续表

题目	名称	您目前的户口登记状况		总计	X^2	p
		农业户口	非农户口			
总计		1817	1436	3253		
您是否同意——干得好不如嫁得好	完全不同意	155（8.53）	184（12.81）	339（10.42）	44.159	0.000**
	比较不同意	551（30.32）	486（33.84）	1037（31.88）		
	无所谓同意不同意	323（17.78）	294（20.47）	617（18.97）		
	比较同意	636（35.00）	392（27.30）	1028（31.60）		
	完全同意	152（8.37）	80（5.57）	232（7.13）		
总计		1817	1436	3253		
您是否同意——在经济不景气时，应该先解雇女性员工	完全不同意	526（28.95）	519（36.14）	1045（32.12）	28.307	0.000**
	比较不同意	848（46.67）	649（45.19）	1497（46.02）		
	无所谓同意不同意	272（14.97）	157（10.93）	429（13.19）		
	比较同意	153（8.42）	92（6.41）	245（7.53）		
	完全同意	18（0.99）	19（1.32）	37（1.14）		
总计		1817	1436	3253		
* p<0.05　** p<0.01						

二、城乡青年婚恋观对社会稳定影响的差异

城市青年和农村青年婚恋观表现出来的差异，也必然会对社会稳定产生不同的影响。一方面，城市青年和农村青年婚恋观的差异会影响到现实中的家庭结构，使得单身男女青年、丁克家庭和离婚率高等现象越来越突出，传统维系家庭婚姻的纽带逐渐消解，影响家庭的和谐稳定；另一方面，城市青年和农村青年婚恋观的差异，加之来

自就业、住房等方面生活压力，也会造成不同的社会满意度，从而影响社会稳定。

其一，城市青年和农村青年婚恋观的差异会对家庭结构造成不同的影响。通过对课题组问卷调查中关于城乡青年婚恋现状的描述题进行交叉分析，可以发现：城市青年和农村青年在“您目前的婚姻状况”问题上呈现出显著性（P<0.05），意味着城市青年和农村青年婚恋观与家庭结构均呈现出差异性（详见表 6–17）。

具体来看，城市青年和农村青年在“您目前的婚姻状况”的回答上呈现出 0.01 水平的显著性（Chi=58.13，P=0.00<0.01），即存在差异性。再通过百分比对比差异可见，城市青年选择“未婚”的比例为 37.40%，明显高于农村青年的选择比例 25.59%。农村青年选择“婚有配偶”的比例为 70.39%，明显高于城市青年的选择比例 58.70%。由此可见，城市青年比农村青年的结婚年龄更晚，对结婚的需求也没有农村青年强烈。造成这种差别的原因在一定程度上与农村青年受传统的婚恋家庭观影响有关，如“传宗接代”“不孝有三、无后为大”等观念；相比较而言，城市青年几乎很少受这方面思想观念的影响。

表 6–17　交叉分析表

题目	名称	您目前的户口登记状况		总计	X^2	p
		农业户口	非农户口			
您目前的婚姻状况	未婚	465（25.59）	537（37.40）	1002（30.80）	58.131	0.000**
	同居	22（1.21）	19（1.32）	41（1.26）		
	初婚有配偶	1279（70.39）	843（58.70）	2122（65.23）		
	再婚有配偶	17（0.94）	6（0.42）	23（0.71）		
	分居未离婚	3（0.17）	3（0.21）	6（0.18）		
	离婚	28（1.54）	22（1.53）	50（1.54）		
	丧偶	3（0.17）	6（0.42）	9（0.28）		
总计		1817	1436	3253		
* p<0.05　** p<0.01						

同时，通过对课题组问卷调查数据的交叉分析来看，城市青年和农村青年在“您理想中的家庭模式”问题的看法上也可以发现城乡青年婚恋观的不同可能对家庭结构带来的影响。数据显示，城市青年比农村青年选择“丁克家庭”的比例更高一些，分别为 9.85% 和 8.18%，同时，城市青年选择“主干家庭”的比例也高于农村青年，分别为 19.05% 和 17.48%；然而，农村青年选择“核心家庭”的比例高于城市青年，分别为 65.05 和 63.05%。这既反映了城市青年的婚恋观更加开放包容，也折射出城市生活压力比农村更大的实际，还反映了在城乡二元结构的变化中城市青年和农村青年对家庭模式期望的新变化（详见表 6–18）。

表 6–18　交叉分析结果

题目	名称	您的户口状况		总计
		城市青年	农村青年	
13. 你理想中的家庭模式是?	丁克家庭（两人世界，不要小孩）	120（9.85）	59（8.18）	179（9.23）
	核心家庭（父母、小孩）	768（63.05）	469（65.05）	1237（63.80）
	主干家庭（祖父母、父母、小孩）	232（19.05）	126（17.48）	358（18.46）
	扩展家庭（祖父母、双方父母、小孩）	98（8.05）	67（9.29）	165（8.51）
总计		1218	721	1939

其二，城市青年和农村青年婚恋观的差异会对社会满意度造成不同的影响。通过对课题组问卷调查的样本分拆，分别对其进行回归分析，可以发现：城市青年与农村青年在“青年婚恋观对社会满意度的影响”方面存在差异且差异较大，城市青年对应的回归系数为 0.344，其 R^2 为 0.137，处于显著范围，高于农村青年 0.319 的回归系数和 0.123 的 R^2。其中，在农村青年这一项中，文化程度会对社会满意度产生显著的正向影响关系，职业会对社会满意度产生显著的负向影响关系，但是性别、年龄、政治面貌和收入状况并不会对社会满意度产生影响关系。而在城市青年这一项中，职业会对社会满意度产生显著的负向影响关系，但是性别、年龄、文化程度、政治面貌和收入状况并不会对社会满意度产生影响关系（详见表 6–19）。

表 6-19 回归结果

自变量 \ 因变量	因变量：社会满意度			
	非农户口		农业户口	
	B	标准误	B	标准误
常数	0.322	0.197	–0.013	0.24
青年婚恋观	0.344**	0.027	0.319**	0.035
性别	0.073	0.056	–0.009	0.071
年龄	–0.032	0.041	–0.028	0.055
文化程度	–0.043	0.035	0.083*	0.035
政治面貌	–0.031	0.034	–0.051	0.044
职业	–0.073**	0.02	–0.033	0.027
收入状况	0.004	0.024	0.017	0.028
R^2	0.137		0.123	
F	27.422**		14.345**	
D-W 值	1.92		1.995	
* p<0.05 ** p<0.01				

三、小结

改革开放以来，伴随着城乡之间的差别逐渐缩小，我国城市新生代青年和农村新生代青年的婚恋观都发生了深刻的变化，既出现了一些共同性的特征，也存在一些差异。本节基于课题组问卷调查和 CGSS 的数据分析，可以得出以下几个基本结论：

第一，城市青年和农村青年的婚恋观念存在明显的差异。首先，城市青年和农村青年在性行为的态度上存在较大的差异，无论是对“同性间性行为”，还是对“婚前性行为”，农村青年的不赞成比例都要高于城市青年。造成这种差异的原因，既有农村青年受传统的婚恋观影响较大的因素，也有城市青年思想观念更加开放和包容的因素。其次，城市青年和农村青年在婚恋家庭中男女平等问题的态度上也存在明显的差异。具体来看，城市青年和农村青年在“您是否同意——男人以事业为重，女人以家庭为重”“您是否同意——男性能力天生比女性强”“您是否同意——干得好不如嫁得好”“您是否同意——在经济不景气时，应该先解雇女性员工”等四个问题的态度上呈现出显著的差异性。这四个问题在一定程度上反映了城市青年和农村青年对“男女平等观念”的看法。调查结果显示，农村青年更认同这些观念，而城市青年的认同则更低。

第二，城乡青年婚恋观的差异会对社会稳定造成不同的影响。一方面，城市青年和农村青年婚恋观的差异会对家庭结构造成不同的影响，使得单身男女青年、丁克家庭和离婚率高等现象越来越突出，传统维系家庭婚姻的纽带逐渐消解，影响家庭的和谐稳定。另一方面，城市青年和农村青年婚恋观的差异会对社会满意度造成不同的影响。城市青年和农村青年婚恋观的差异，加上来自就业、住房等生活压力，也会造成不同的社会满意度，从而影响社会稳定。

第四节 社会责任感和网络行为对社会稳定影响的比较

一、城乡青年社会责任感对社会稳定的影响

无论在任何一个国家和社会里，承担一定的社会责任是每一位社会成员的基本职责之所在。社会责任不但是维护社会秩序正常运转的重要保障，也是促进社会发展的重要推动力量。习近平总书记在纪念五四运动 100 周年大会的讲话中指出:“时代呼唤担当，民族振兴是青年的责任。”[①] 对于任何一个国家和社会而言，社会稳定不仅需要扩大中等收入者群体，而且更需要培育一个心态稳定、对个人生活具有较高满意度、对社会具有责任感的中间阶层。其中，青年人群的社会责任感显得尤为关键，社会责任感的高低会对社会的秩序与稳定产生重要的影响。

诸多研究表明，我国新生代青年的社会责任感在增强，具体表现为社会责任认知水平提高、社会责任认同增强和社会责任行动增多。以青年大学生为例，调查显示，2014 年到 2018 年我国青年大学生社会责任感得分连续在 80 分以上，表现出较好的稳定性。2018 年被调查的三万多名青年大学生社会责任感平均得

① 习近平. 在纪念五四运动 100 周年大会上的讲话 [EB/OL]. 新华网，2019-04-30.

分为 80.76 分，处于较高水平。无疑，这从一个侧面反映了当前我国青年群体的社会责任感总体状况。但同时，也必须看到，城市青年和农村青年的社会责任感还存在一定的差异性。在此，主要结合 CGSS 中关于“老人养老责任由谁负责”这一问题来剖析城市青年和农村青年之间的差异。

首先，从交叉分析结果来看，城市青年和农村青年的样本对于“您认为有子女的老人的养老主要应该由谁负责”呈现出 0.01 水平的显著性（Chi=119.45，P=0.00<0.01），即呈现出显著性（P<0.05），意味着城市青年和农村青年对该问题的回答呈现出差异性。换言之，在老人养老责任负责问题上，城市青年和农村青年的观点存在明显的不同。

其次，通过百分比对比差异可知，在“您认为有子女的老人的养老主要应该由谁负责”问题上，农村青年选择“主要由子女负责”的比例为 64.50%，而城市青年的比例只有 46.24%，农村青年比城市青年高出近 18 个百分点。然而，选择“主要由政府负责”“主要由老人自己负责”和“政府 / 子女 / 老人责任均摊”三者的比例，城市青年的比例合计为 53.35%（分别为 6.82%、3.08% 和 43.45%），农村青年的比例合计为 34.78%（分别为 3.08%、1.65% 和 30.05%），城市青年比例高于农村青年近 20 个百分点（详见表 6–20）。

毫无疑问，造成城市青年和农村青年对养老责任承担问题上观点差异的原因是多种多样的，但有三个方面的因素尤为值得指出：一是城市青年和农村青年的价值观的差异。大多数城市青年生活在核心家庭中，家庭成员都以他为中心，因而也日趋形成了以自我为中心的价值理念，而对家庭成员的责任反而弱化了；而不少农村青年生活在扩展型家庭中，家庭成员多，需要相互之间的责任承担和协作分工，因而从小培养起来的责任意识要更强。二是社会责任认知水平的因素。相比较而言，城市青年文化教育程度更高，更了解各种信息和社会发展的趋向，也更认同国家或社会的善治不只是公民个体的责任，更是社会的责任，因而对政府的责任期待更高；而农村青年文化教育程度不高，观念趋于传统，信息也较为滞后，因而把责任更多的归于个体层面。三是城市老人养老的成本高，而农村老人养老的成本相对要低，因而城市更希望政府层面承担更多的责任。

表 6-20　交叉分析表

题目	名称	您目前的户口登记状况		总计	X^2	p
		农业户口	非农户口			
您认为有子女的老人的养老主要应该由谁负责	无法回答	13（0.72）	6（0.42）	19（0.58）	总计	0.000**
	主要由政府负责	56（3.08）	98（6.82）	154（4.73）		
	主要由子女负责	1172（64.50）	664（46.24）	1836（56.44）		
	主要由老人自己负责	30（1.65）	44（3.06）	74（2.27）		
	政府 / 子女 / 老人责任均摊	546（30.05）	624（43.45）	1170（35.97）		
总计		1817	1436	3253		
* p<0.05　** p<0.01						

二、城乡青年社会责任感对社会稳定影响的差异

社会责任具有重要的社会功能，如导向、约束、凝聚和激励等多种功能[①]，它对社会稳定具有重要的影响。而青年群体的社会责任感如何就显得更为重要。通常情况下，青年的社会责任感越强，就越有助于社会共识的形成，也就越有助于促进社会的安全稳定，反之亦然。在此，基于课题组问卷调查和 CGSS 的数据来分析城乡青年社会责任感对社会稳定影响的差异。

首先，城乡青年社会责任感的差异，也必然导致他们在思维导向上的差异，如上所述的（详见表 6-20），对待老人养老责任分担问题的态度差异。从中可见，城市青年的家庭责任感要弱于农村青年的家庭责任感。相比较而言，农村青年更认同子女在老人养老中的社会责任，更强调子女对老人的赡养。这也是造成农村老年人自己和家庭子女不愿意去养老机构养老的重要原因所在。在对不少农村青年进行的访谈中，他们都不太认同将自己的父母送去养老机构养老，感觉那样是不孝顺。而城市青年的家庭责任感则更弱，认为老人养老主要靠政府和社

① 陈娟．新时代青年社会责任培养研究［J］．思想教育研究，2020（3）．

会，家庭子女的能力有限，他们更认同老人（包括自己老的时候）应该去养老机构。也正是城乡青年这种不同的家庭责任感，使得老人养老问题成为现如今突出的影响社会稳定的因素，而这一问题如若得不到妥善的解决会留下安全隐患。

其次，城乡青年社会责任感的差异也会造成社会满意度的差异，从而对社会稳定带来一定的影响。一方面，课题组的调查显示，在问及“青年人在中国经济发展中获得了实在的利益”问题时，城乡青年回答“同意”和“非常同意”的比例都超过60%，然而，农村青年的满意度则高于城市青年的满意度，前者的比例为69.35%，后者的比例为66.5%（详见表6–21）。课题组成员在与城市青年和农村青年的座谈中，也明显感受到城市青年的利益诉求更多、更高，从而对社会不满和抱怨的情绪也更多，而农村青年的利益诉求相对更少、更低，比较容易知足一些。

表6–21　频率表

题目	选项	城市青年		农村青年	
		频数	百分比	频数	百分比
16. 青年人在中国经济发展中获得了实在的利益	非常不同意	131	10.76%	62	8.60%
	不同意	224	18.39%	133	18.45%
	无所谓	53	4.35%	26	3.61%
	同意	487	39.98%	286	39.67%
	非常同意	323	26.52%	214	29.68%

另一方面，通过对CGSS调查中的城乡青年进行样本分拆，回归分析发现城乡青年社会责任感对社会稳定的影响存在差异。数据显示（详见表6–22），城市青年与农村青年在“青年社会责任感对社会稳定的影响”上存在差异。农村青年的社会责任感的回归系数值为0.113，P值为0.000，小于0.01，意味着社会责任感会对社会满意度产生显著的正向影响关系。城市青年的社会责任感的回归系数值为0.141，P值为0.000，小于0.01，意味着社会责任感会对社会满意度产生显著的正向影响关系。两者的回归系数相近，城市青年的回归系数更大一些。具体来看，农村青年的社会责任感、最高教育程度（包括目前在读的）会对社会满意度产生显著的正向影响关系。但是性别、年龄、民族、全年的总收入、政治面貌等变量并不会对社会满意度产生影响关系。城市青年的社会责任感、最高教育程度（包括目前在读的）和去年全年的总收入会对社会满意度产生显著的正向影响关系。

但是性别、年龄、民族和政治面貌等变量并不会对社会满意度产生影响关系。

表 6-22　回归结果

自变量＼因变量	因变量：社会满意度			
	农业		非农	
	B	标准误	B	标准误
常数	–0.536	0.177**	–0.601**	0.195
社会责任感	0.113	0.025**	0.141**	0.029
您的性别	–0.047	0.049	0.026	0.053
你的年龄	0.031	0.02	–0.03	0.022
您的民族	0.062	0.08	0.125	0.103
您目前的最高教育程度（包括目前在读的）	0.126	0.029**	0.119**	0.035
您个人去年全年的总收入	0.004	0.018	0.047**	0.018
您目前的政治面貌	0.072	0.055	0.048	0.038
R^2	0.025		0.034	
F	6.668（0.000**）		7.111（0.000**）	
D–W 值	1.971		1.958	
* p<0.05　** p<0.01				

三、城乡青年网络价值观和网络行为的差异

在互联网时代，城市青年和农村青年都善于运用网络来获取信息、学习工作、社会交往和利益表达等。但由于城市青年和农村青年的成长环境、文化教育、家庭情况等的不同，也使得他们的网络价值观和网络行为出现一定的差异。

第一，城市青年和农村青年的网络价值观存在一定的差异。在此，主要是通过对课题组问卷调查的数据进行分析。首先，城市青年和农村青年对网站功能定位的看法存在差异性。在问及“您认为学校网站（单位网站 / 社区网站）应该是一个什么样的场所？”问题上，城市青年把它看作“信息资讯”“建议意见”和“热点讨论”的比例分别为 84.89%、31.53% 和 21.76%，比例高于农村青年，农村青年的选择比例分别为 80.86%、23.58% 和 13.45%（详见表 6–23）。造成这种

差异的原因，既有文化教育方面的因素，也有工作学习方面的因素。总体上看，城市青年的网络运用更加熟练，对网络的功能更加了解。

表 6–23 频数表

项目		城市青年		农村青年	
		频数	百分比	频数	百分比
您认为学校网站（单位网站 / 社区网站）应该是一个什么样的场所?	A. 信息资讯	1034	84.89%	583	80.86%
	B. 生活交流	729	59.85%	445	61.72%
	C. 建议意见	384	31.53%	170	23.58%
	D. 热点讨论	265	21.76%	97	13.45%
	E. 发发牢骚	31	2.55%	21	2.91%
	F. 娱乐兴趣	62	5.09%	27	3.74%
	H. 其他	2	0.16%	1	0.14%
	总计	1218	100%	721	100%

其次，城市青年和农村青年对互联网内容的可信度存在差异性。有研究者的调查数据显示，城市青年和农村青年在“您觉得网络信息可靠吗”问题上的态度明显不一样。其中，城市青年选择“完全可靠”和“多数可靠”的比例合计为 36.4%，而农村青年的比例仅为 4.5%；农村青年选择“多数不可靠”和“完全不可靠”的比例合计为 46.1%，而城市青年的比例仅为 10%（详见表 6–24）。① 从中可见，城市青年对网络信息的认识更加理性、成熟和客观，而农村青年显得更不成熟和不客观。究其原因，有如下几方面因素：一是城市青年接触网络时间更多，也更熟悉网络的使用，他们当中不少就是典型的“数字青年”，而农村青年接触网络更少，不少青年不熟悉网络的使用；二是城市青年的学习、工作和生活都离不开网络，因而对互联网更为依赖，而农村青年使用网络主要是娱乐放松居多，与学习、工作和生活的联系相对较少；三是城市青年的网络鉴别能力高于农村青年，而农村青年上当受骗的比例更高，因而也容易造成农村青年对网络信息可信度产生怀疑。

① 李丹．河南城乡青年之间的“数字鸿沟”现状、原因与对策［D］. 郑州大学，2016：32.

表 6-24　网络信息可信度比较

项目		城市青年	农村青年
您觉得网络信息可信吗？	完全可靠	4%	0
	多数可靠	32.4%	4.5%
	一半可靠	53.6%	50.4%
	多数不可靠	6.3%	35.6%
	完全不可靠	3.7%	10.5%

再次，城市青年和农村青年在对待网络负面信息问题上的态度既有相同的一面，又存在一定的差异。在问及“在网络上看到一些负能量的信息，您会怎么做？”问题时，城市青年和农村青年都显示出明显的冷漠态度，选择“不看也不会转发这些负能量的信息”和“看了不把它当回事就可以”的比例都较高，分别合计为 71.68% 和 68.51%，然而城市青年的比例明显高于农村青年。同时，农村青年选择“看完后会在论坛区发言，提出自己的看法”和“会向相关部门进行电话或网络举报”等积极态度的比例要高于城市青年，分别为 24.28%，而城市青年为 21.76%（详见表 6-25）。这种差异与城市青年和农村青年的家庭环境和成长环境有关，城市青年更加倾向自我的本位主义，对自我之外的事物关注更少。

表 6-25　相关系数

题目	名称	您的户口状况？		总计
		城市青年	农村青年	
在网络上看到一些负能量的信息，您会怎么做？	不看也不会转发这些负能量的信息	518（42.53）	302（41.89）	820（42.29）
	看完后会在论坛区发言，提出自己的看法	143（11.74）	87（12.07）	230（11.86）
	会向相关部门进行电话或网络举报	122（10.02）	88（12.21）	210（10.83）
	到发布负能量信息的网站进行投诉	49（4.02）	29（4.02）	78（4.02）
	看了不把它当回事就可以	355（29.15）	192（26.63）	547（28.21）
	其他	31（2.55）	23（3.19）	54（2.78）
总计		1218	721	1939

第二，城市青年和农村青年的网络行为存在明显的差异。网络价值观是主观方面的判断，而网络行为则是客观的状态，它作为社会参与的一种重要方式，会受到城乡青年网络价值观的影响，因而城市青年和农村青年的网络行为也表现出一定的差异，与其网络价值观念较为一致。

在此，主要利用其他学者的相关调查数据来补充论证。有研究基于对广州市城乡青年的网络行为调查发现，城市青年上网进行“获取信息”的比例高于农村青年，而农村青年上网进行“交友交流”和“娱乐放松”的比例高于城市青年（详见表 6–26）。另一数据也显示如此，农村青年上网的目的主要集中在玩游戏（32%）、看视频（11%）与看小说（12%），这三者占总体的五成以上，这与城市青年形成了较大的反差。城市青年样本中，占比前三的为社交（23%）、获取新闻与信息（20%）和工作与学习（13%）。[①]

表 6–26　频数表

类型 / 上网内容	城市青年		农村青年	
	频数	百分比	频数	百分比
交友交流：社交网站、QQ、微信、微博	955	62.5%	757	67.6%
娱乐放松：听音乐、看电视、看小说	896	58.6%	684	61.1%
获取信息：看新闻、收发邮件	759	49.7%	505	45.1%

四、城乡青年网络价值观和网络行为对社会稳定影响的差异

网络社会是现实空间的映射，是自然空间的扩展、延伸或浓缩，且打破了人类生存的地域界限、压缩了时空。碎片化、虚拟性的生活方式，引发了一系列社会规范与秩序问题，对城乡新生代青年认同感会构成极大的挑战。一方面，不同类型的青年由于网络价值观的不同，其网络行为也必然表现出不一样的特征。另一方面，网络参与程度与青年的社会态度存在显著的负相关关系。据调查，“经常上网”群体中有 73% 的受访者认为社会道德价值观模糊，“有时上网”的群体中 62.1% 的受访者认为社会道德价值观模糊，“从不上网”的群体中 57% 的受访者认为社会道德价值观模糊。[②]

① 李丹 . 河南城乡青年之间的“数字鸿沟”现状、原因与对策［D］. 郑州大学，2016：26.

② 中国城市居民生活质量研究报告［EB/OL］. 中国社会发展研究网，2013–03–05.

同样，城市青年和农村青年在网络价值观与网络行为方面表现出来的差异也会对社会稳定产生不同的影响。从对课题组问卷调查的样本进行分拆，分别对其进行回归分析可以发现：城市青年与农村青年在“青年网络价值观对社会稳定的影响”方面存在差异，城市青年网络价值观对社会稳定的影响比农村青年大。城市青年的影响系数为 0.344，回归 R^2 为 0.137，而农村青年的影响系数为 0.319 ，其 R^2 为 0.105。此外，在农村青年这一项中，文化程度会对社会满意度产生显著的正向影响关系，职业会对社会满意度产生显著的负向影响关系；而在城市青年这一项中，职业会对社会满意度产生显著的负向影响关系（见表 6–27）。

综合来看，城市青年的网络价值观更加成熟，他们表现出来的网络行为也更加理性和客观，有助于促进城市青年的网络运用和认同，并通过网络渠道来实现利益的表达和情绪的宣泄，进而促进社会的稳定。而农村青年的网络价值观相对更加不成熟，对网络信息可靠性的认同更低，因而不敢也不愿意通过网络化的渠道来进行利益表达和情绪宣泄，甚至出现各种非理性的网络行为，从而对社会稳定造成负面的影响。

表 6–27　回归结果

项目	因变量：社会满意度			
	非农户口		农业户口	
	B	标准误	B	标准误
常数	0.322	0.197	–0.013	0.24
青年网络价值观	0.344**	0.027	0.319**	0.035
性别	0.073	0.056	–0.009	0.071
年龄	–0.032	0.041	–0.028	0.055
文化程度	–0.043	0.035	0.083*	0.035
政治面貌	–0.031	0.034	–0.051	0.044
职业	–0.073**	0.02	–0.033	0.027
收入状况	0.004	0.024	0.017	0.028
R^2	0.137		0.123	
F	27.422**		14.345**	
D–W 值	1.92		1.995	

五、小结

从上述的实证分析中可以得出以下几个主要结论：

第一，城市青年和农村青年对于养老的社会责任认识有明显差异。农村青年更多认同主要由子女负责，但城市青年更多认同“政府 / 子女 / 老人责任均摊”。从社会责任感与社会稳定的关系角度来看，城市青年的收入与社会责任感具有正向关系，其收入越高，社会责任感越强，其对社会稳定的贡献越大，而农村青年的收入与社会责任感没有明显相关性。

第二，城市青年和农村青年的网络价值观与网络行为存在一定的差异。一方面，城市青年和农村青年在对待网络负面信息问题上的态度既有相同的一面，又存在差异，农村青年的责任感更强。另一方面，城市青年和农村青年的网络行为存在明显的差异，主要表现为在网络用途上，城市青年主要在社交、获取新闻与信息和工作与学习等方面，具有更为积极的影响；而农村青年主要用途在玩儿游戏、看小说等娱乐消遣方面，具有更为消极的影响。

第三，城市青年和农村青年在网络价值观与网络行为方面表现出来的差异也会对社会稳定产生不同的影响。城市青年的网络价值观更加成熟，他们表现出来的网络行为也更加理性和客观，有助于促进城市青年的网络运用和认同，并通过网络渠道来实现利益的表达和情绪的宣泄，这会对社会稳定产生正向的影响，其网络价值观越成熟，越有利于社会稳定的实现。而农村青年的网络价值观相对更加不成熟，对网络信息可靠性的认同更低，因而不敢也不愿意通过网络化的渠道来进行利益表达和情绪宣泄，甚至出现各种非理性的网络行为，从而对社会稳定造成负面的影响。

第五节 本章小结

本章综合运用课题组的问卷调查数据、CGSS 数据，以及其他相关的研究数据来展开比较分析，并着重从向上社会流动、权利意识、婚恋观、社会责任感、网络价值观和网络行为等方面来深入探讨城市青年和农村青年对社会稳定影响的差异。

其一，城乡青年向上流动对社会稳定影响的差异。一方面，从职业归因来看，城市青年对职业发展的社会性归因高于农村青年，对政府和社会的期待更高，社会满意度就会受到削弱，从而容易引发社会矛盾问题；而农村青年对职业发展的个体性归因高于城市青年，社会满意度相对更高，有助于促进社会的稳定与和谐。另一方面，从向上流动机会公平的态度来看，城市青年和农村青年对于青年向上流动的公平性持不同的看法和意见，农村青年比城市青年更乐观，农村青年比城市青年更赞同“只要足够努力，就具有向上流动和发展的机会”。

其二，城市青年的青年维权意识和社会组织意愿对国家认同的影响水平更高，即越是具有维权意识和参与社会组织意愿的城市青年越认同国家。农村青年和城市青年相比较而言，农村青年比城市青年更容易得到满足，当农村青年认为社会向上流动机会更多时，他们比城市青年感到更满意，也更容易在网络上表现出积极的一面。其中，就农村青年与城市青年的比较而言，农村青年对社会组织更为敏感，组织起来后更有利于构筑社会责任感。其中，农村青年的婚恋观受社会风气影响较小，农村青年可能受到外出打工等种种因素影响，其婚恋的各种制约因素较城市青年更少。另外，城市青年的维权意识更为强烈，其受社会风气的影响更小。

其三，城乡青年的婚恋观成熟与否对社会稳定造成的是正向影响，核心家庭和传统家庭的婚恋观越为人们所接受，其越有利于社会稳定的实现。城市青年婚恋观对社会稳定的影响比农村青年大。在青年婚恋观对社会稳定的影响分析中，城市青年主要受职业负向影响，农村青年主要受文化正向影响。

其四，城市青年和农村青年在网络价值观与网络行为方面表现出来的差异也会对社会稳定产生不同的影响。城市青年的网络价值观更加成熟，他们表现出来的网络行为也更加理性和客观，有助于促进城市青年的网络运用和认同，并通过网络渠道来实现利益的表达和情绪的宣泄，这会对社会稳定产生正向的影响，其网络价值观越成熟，越有利于社会稳定的实现。而农村青年的网络价值观相对更加不成熟，对网络信息可靠性的认同更低，因而不敢也不愿意通过网络化的渠道来进行利益表达和情绪宣泄，甚至出现各种非理性的网络行为，从而对社会稳定造成负面的影响。

第七章 城乡新生代青年影响社会稳定的生成机制

城乡新生代青年对社会稳定具有非常重要的意义，青年的稳定是社会稳定的基石。城乡新生代青年既对社会稳定具有重要促进的一面，也对社会稳定具有消极负面的一面。从产生的原因来看，造成这种消极负面影响的因素是多方面的，既有结构性因素，也有制度性因素，还有技术性因素。本章从这三个方面深入剖析了新生代青年影响社会稳定的内在生成机理。从结构性根源来看，主要涉及青年人口结构、向上社会流动、青年组织化和价值观等因素；从制度性根源来看，主要涉及利益表达机制、社会能量转换机制和价值引导机制等，这些机制健全与否是关系有效化解各种青年群体矛盾和冲突的关键；从技术性因素来看，互联网是城乡新生代青年影响社会稳定的重要助推因素。就三者关系而言，结构性因素是根本，制度性因素是关键，技术性因素则是助推条件，且这三者之间会相互影响、相互作用，甚至相互加重。

第一节 城乡新生代青年的民生问题较凸显

合理的人口结构比例是一个国家发展与稳定的重要前提。这种合理的人口结构不仅包括性别、年龄、收入、文化程度等总人口方面的比例协调，还更突出地表现在青年人口的结构比例合理，具体包括各年龄段的青年数量和规模。但从调查的实际情况来看，当前，我国青年，尤其是新生代青年的人口结构存在一定的失衡，具体表现在青年人口比重较大、青年的就业和婚恋等问题，这些问题如果处理不当，则会对一个国家的社会稳定造成冲击。即是说，这种青年人口结构的问题可能会演化为整体性社会结构安全的问题，甚至造成大的社会动荡。

一、城乡新生代青年的人口规模较大

受 20 世纪 80 年代计生政策的影响，四十多年来我国人口的出生率呈现逐步下降的趋势，然而由于我国人口的基数大，使得青年的人口比重依然较大。根据 2020 年全国第七次人口普查数据显示，15—39 岁的城乡新生代青年规模为 4.63 亿人左右，占总人口的 32.8%。规模庞大的青年人群意味着充足的劳动力和消费需求，对经济社会发展具有重要的推动作用；然而，它也会衍生出大量的社会问题，如婚恋、就业、住房、子女教育等，而若政府提供的各种公共服务和产品又无法有效满足青年人群的需求，就容易演化成各种风险因素，从而留下安全隐患。

二、城乡新生代青年的就业难问题

就业是民生之本。就业是青年最普遍、最迫切的需求之一。就业问题事关青年的基本生存和人生发展。青年就业问题解决得如何，不仅事关青年的切身利益和生存发展，而且事关社会和谐稳定。从微观的个体层面来看，通过就业有助于促进青年自身能力的提高。如若青年难以就业和实现自我价值时，易产生焦虑、失衡、对抗、抱怨等情绪，一旦这种情绪失控就可能会出现危害他人生命、公众利益和社会秩序的行为。[①] 从宏观社会稳定的视角来看，青年面临的巨大的就业压力是影响我国社会稳定的潜在因素，如果不能有效缓解青年大学生的就业压力会严重影响到我国社会的和谐与稳定。[②]

一是青年就业压力大。青年的就业问题日益凸显，如若解决不好容易留下重大的安全隐患。从国际上来看，国际劳工组织发布的《2020 年全球青年就业趋势：技术与未来工作》报告指出，目前全球青年失业率约为 13.6%。由此可见，我国的青年失业率处于全球平均水平。报告同时指出，15—24 岁青年人的失业

---

① 张婷婷 . 青年就业：中国就业面临的新难点［J］. 河北青年管理干部学院学报，2008（2）.

② 张剑 . 从社会稳定的视角解读青年大学生的就业压力［J］. 中国青年研究，2014（10）.

可能性是 25 岁以上成年人的 3 倍。由于青年就业具有明显的不稳定性和过渡性，所以青年失业率较高是劳动力市场的普遍现象。近年来，我国青年失业率略有上升的原因主要包括以下三个方面：一是我国青年劳动力的供给规模仍然较大，就业压力持续存在。二是受疫情影响，部分中小微企业生产经营尚未完全恢复，就业吸纳能力有待提升，导致青年劳动力总体就业规模还低于疫情前的水平。三是劳动力技能供给与岗位需求之间存在结构性矛盾。我国就业难与招工难并存的现象，充分反映了技能供需的结构性矛盾。[①] 从这些数据中可见，青年的就业形势不容乐观。

二是青年就业结构性矛盾比较突出。当前，我国青年就业困难主要是结构性矛盾比较突出，即青年人才供给与劳动力市场对青年人才的需求存在结构性矛盾，主要是供给和匹配的结构性矛盾问题。[②] “有人无岗”和“有岗无人”两种现象同时并存。究其原因，既有现行高校毕业生就业制度、户籍制度、干部人事制度与市场就业机制还不完全适应的问题，又有青年所学的专业知识与市场需求不匹配的问题。比如，我国在产业结构升级过程中，需要大量具有实际操作技能的人才，但实际上我国培养的高技能青年人才严重不足。据《2018 年中国人才发展报告》的数据显示：我国技能劳动者总量超 1.65 亿，占 21.3%，高技能人才占比不足 6%，日本为 40%，德国为 50%，高级技工缺口高达上千万。[③] 当前我国存在的结构性失业和技术工人严重不足的现状，在很大程度上是和青年所参加的技能培训不足有关。国家统计局对 9 万多家规模以上工业企业的调查结果显示，约 44% 的企业反映招工难是目前面临的最大问题，很多企业反映普工、技术工人、高技能人才短缺。实际上，青年劳动力的技能水平普遍较高，但技能供需匹配度较低，增加了该群体失业的可能性。[④]

三是职业满意度不高。职业满意度是劳动者对其所从事职业的一种总体评价和心理感受状态。它是影响青年群体职业稳定性的一个重要因素。有观点认为，

① 苏丽锋 . 为青年就业助力 给未来筑梦［J］. 中国劳动保障报，2021–05–12.

② 屈小博 . 客观分析青年就业困难［J］. 中国青年报，2014–01–20.

③ 叶昊鸣，齐中熙 . 我国技能劳动者超 1.65 亿人 高技能人才占就业人员仅 6%［N］. 新华视点，2018–01–25.

④ 苏丽锋 . 为青年就业助力 给未来筑梦［J］. 中国劳动保障报，2021–05–12.

职业满意度是与职业稳定性呈负相关关系，满意度越高，职业稳定性就越高。从表 7—1 中可以发现，所有相关因素中，不满意的感受都远远超出满意的比例。其中，最不满意的是职业权利，选择“很不满意”和“不太满意”的比例高达 74.5%；其次是工作环境和住房条件，“很不满意”和“不太满意”的比例分别为 66.8% 和 63%。[①] 同时，青年对就业质量的要求也在提高，包括追求更稳定的就业岗位、更合理的工资水平、更完整的社会保险等，这些都会转化为劳动成本的上升，加大了用人单位的压力，成为影响就业的因素。

表 7-1　青年群体对工作的满意程度　（%）

类别	很不满意	不太满意	一般	比较满意	很满意
经济收入	31.6	22.8	17.5	14.6	13.5
工作环境	35.4	31.4	27.1	18.3	7.1
住房条件	28.2	34.8	25.6	8.2	6.2
生活条件	30.4	13.3	29.6	24.1	2.6
精神条件	35.1	25.7	22.5	10.9	4.8
社会地位	27.6	22.4	21.5	15.8	4.7
职业权利	54.7	19.8	10.4	6.2	8.9
发展机会	20.4	23.5	27.8	20.9	6.4

四是青年同质化创业问题突出。《中国青年创业现状报告》指出，从事个体经营和创办有限责任公司是青年创业的主要形式，从创业项目的注册类型来看，注册个体工商户的最多（43.8%），其次是有限责任公司（29.8%）。青年创业者的创业项目遍布了所有行业，其中最多的是批发零售业（34.5%），其次为信息传输、计算机服务和软件业（13.7%），居民服务和其他服务业（9.5%）以及住宿餐饮业（8.6%）的比重也较大。[②] 同行竞争过度的问题是造成青年创业压力增大的一个重要因素。当前，青年创业的领域比较集中，如青年学生群体倾向于电商、计算机技术支持等方面，而青年农民更愿意从事自己较为熟悉的种养殖业，同质化的创业可以形成一定的规模效应，同时也难免会带来过度竞争。[③]

① 陈海平 . 当前青年就业群体的职业稳定性问题研究［J］. 中国劳动，2014（6）.

② 人力资源和社会保障部劳动科学研究所课题组 . 中国青年创业现状报告［J］. 中国劳动，2016（9）.

③ 桂杰 . 四成青年创业项目盈利［N］. 中国青年报，2016-04-13.

三、城乡新生代青年的婚恋问题突出

改革开放以来，尤其是20世纪80年代以来，出生人口性别比越来越大，这种出生人口性别比失衡的影响逐渐在新生代青年身上得到反映。从2010年开始性别比逐渐下降，但比例依然存在失衡问题，比例在105左右。这种性别比失衡会对社会稳定造成三个方面的影响：一是单身问题。青年性别比失衡最直接的后果就是造成大量的单身人群。数据显示，目前中国有超过5800万人在过着“一个人的生活”，其中独居青年（20—39岁）达到2000万。[①]而有的研究估算这一群体的规模则更大，认为我国20—35岁青年人的总人口数约3.2亿人，其中单身的就达1.37亿，也就是说我国20—35岁青年人中，有超过四成以上是单身。[②]二是婚姻挤压问题。男女青年性别比失衡的另一个重要后果就是造成婚姻挤压问题。特别是贫困地区的男性会遭受“经济贫困”与“婚姻贫困”的双重打击；“错位婚姻”如“隔代婚姻”“姐弟婚姻”等有可能大量涌现；作为“性别弱势”的女性其生存发展将更加边缘化，未来的社会阶层结构、消费结构、组织结构等都将更为男性主导，两性间不和谐问题会凸显出来。[③]三是容易造成妇女贩卖、强奸、猥亵等违法犯罪行为。数据显示，2021年全国法院依法一审审结猥亵儿童、拐卖及收买被拐卖的妇女儿童、拐骗儿童、虐待被监护人、组织未成年人进行违反治安管理活动罪等案件8765件，惩处罪犯9315人。[④]2021年，全国检察机关对侵害未成年人犯罪提起公诉60553人，同比上升5.69%，其中对性侵犯罪提起公诉27851人。[⑤]

稳定的婚姻家庭是确保青年人群稳定的重要基石。目前，青年的婚恋问题已成为一种既定的“社会事实”，同时它对社会和谐稳定的影响也已经是一个不容忽视的“社会问题”。在现实生活中，青年的婚恋可能会从两个方面对社会稳定造成影响。一方面，大量的青年人口意味着旺盛的婚恋需求，渴望一个美满的家

---

① 陶舜．空巢青年是一种新的风尚和潮流［N］．中国青年报，2017-06-07.

② 贵州政协委员提案关注青年婚恋公共服务，给单身青年当红娘［N］．贵州都市报，2018-01-26.

③ 陆学艺．当代中国社会结构［M］．社会科学文献出版社，2018：73.

④ 多部门协同发力，加大司法保护力度 护航未成年人健康成长［N］．人民日报，2022-06-01.

⑤ 最高检：2021年超6万人侵害未成年人被公诉，性侵犯罪达27851人［EB/OL］．界面新闻，2022-05-25.

庭也就成为青年人群的共同性需求。据共青团贵州省委针对贵阳市大专以上学历单身青年的调查显示，64.55% 的被调查对象期待美好的婚姻家庭，33.42% 的被调查对象对于目前单身状态感到焦急。[①] 还有研究者针对北京青年的一项调查显示，62.71% 的北京未婚单身青年正承受着结婚带来的压力，其中表示“中等压力”和“高压力”的占 51.98%（如表 7-1 所示）。[②] 无论是婚姻期待还是婚姻压力，都影响着青年对社会的认同，若解决不好，容易加剧青年的浮躁和焦虑。

另一方面，由于受西方价值观念的影响，青年人群的婚恋观也发生了很大的变迁。例如，在对待结婚和离婚问题上，“80 后”“90 后”与“60 后”“70 后”的看法明显存在很大的差异，这也就能够解释近些年来我国为何出现未婚人数增多和离婚人数增多的现象。毋庸置疑，青年的婚恋问题如若得不到妥善的处理和应对，它将会引发大量的社会矛盾问题，这不仅关系着青年群体的稳定，也关系着整个社会的和谐稳定。

第二节 城乡新生代青年向上流动的难度增大

社会流动是指在一定的社会分层体系中人们社会位置的变动，即从一种社会地位或社会阶级向另一种社会地位或社会阶级的变化。[③] 社会流动的意义就在于，既能增加社会成员改变自身社会地位的机会，从而促进社会的公平正义，又能拓宽社会各个阶层之间的互动接触，从而增进相互之间的了解，加强社会的整合和缓解矛盾冲突。毫无疑问，畅通的社会流动是实现社会稳定的前提和条件。但从调查的实际情况来看，当前青年在实现社会流动的过程中，诸多因素影响了青年的社会流动，主要表现在家庭先赋性因素、教育等自致性因素、社会流动减缓因素和青年群体被边缘化等因素。

---

① 贵州政协委员提案关注青年婚恋公共服务，给单身青年当红娘［N］. 贵州都市报，2018-01-26.

② 廉思 . 中国青年发展报告：阶层分化中的联姻［M］. 社会科学文献出版社，2017：153.

③〔美〕戴维·波普诺 . 社会学［M］. 中国人民大学出版，1999：252.

一、家庭先赋性因素的影响日趋增强

改革开放以来，影响我国社会流动的最主要因素有三个方面：一是产业结构调整。随着产业结构的升级和工业化水平的提高，第二和第三产业的快速发展催生了大量管理性和技术性岗位，劳动者的收入也得到了大幅度的提高。二是教育事业发展。义务教育的全面普及和高等教育入学率不断提高，劳动者的素质和技能大幅提高，更容易向上流动。三是市场机制逐步健全。社会主义市场经济体制不断完善，人们在经济活动中面对平等的规则、机会，可以通过辛勤劳动获得相应回报。[①] 值得肯定的是，改革开放四十年来，整个社会的流动相对比较流畅，进入到社会中上层的人群绝大部分是靠自己后天的努力来实现命运改变的，家庭等先赋性因素的影响比较小。

然而，随着经济的快速发展，发展不平衡问题也日趋凸显，区域之间、城乡之间和居民个体之间的贫富差距有所拉大，尤为值得指出的是，“利益固化”[②] 问题要引起高度重视，不过，利益固化并不意味着就是阶层固化。习近平同志指出：“我们要坚持改革开放正确方向，敢于啃硬骨头，敢于涉险滩，既勇于冲破思想观念的障碍，又勇于突破利益固化的藩篱。”党的十八届三中全会通过的《中共中央关于全面深化改革若干重大问题的决定》指出：“必须以强烈的历史使命感，最大限度集中全党全社会智慧，最大限度调动一切积极因素，敢于啃硬骨头，敢于涉险滩，以更大决心冲破思想观念的束缚，突破利益固化的藩篱，推动中国特色社会主义制度自我完善和发展。”综合来看，利益固化具有三个鲜明的特点：一是来源于公共权力运用的不正当性或某些行业领域机构的垄断性；二是既得利益相关者通过反对、阻碍、拖延改革等方式来维护既得利益，并确保这种利益的持续性获得；三是作为体制机制的负责人往往正是既得利益者，是实际意义上的改革体制机制的“铜墙铁壁”。换而言之，改革体制机制，就是改革既得利益者自身，从利益者身上割舍利益来与别人共享，难度可想而知。随着利益越来越固化，家庭等因素发挥作用的影响越来越大，从而使代际继承性也越来越

① 殷鹏 . 全面深化改革　不断畅通社会流动通道［N］. 人民日报，2017-06-13.

② 利益固化是指既得利益集团、阶层或群体通过阻碍改革、僵化体制等途径，维持自身对既得利益的持续占有，导致利益在团体内固定下来的现状或趋势。参见：和军，李绍东 . 垄断利益固化机制与突破路径［J］. 理论导刊，2013（2）.

强。[①]2015年《中国经济时报》的调查："利益固化"以71%的选择率排在诸多挑战的第一位。有学者认为，改革已进入到全面触及利益格局、利益关系调整的新时期，部门利益、行业利益、地方利益等相互博弈，打破各种既得利益群体结成的利益固化藩篱是改革成功的关键。[②]

在任何一个国家和地区中，处于优势地位的社会群体掌握着更多的政治资源、经济资源，也影响着青年一代的成长。在"二代"们的社会流动中，先赋性因素呈现加强态势，家庭背景成为决定个人发展的最重要资源。也即是说，在这种代际流动上的继承性增强，使得个人社会地位越来越受家庭因素的影响。相比较而言，来自党员干部或专业技术家庭背景的新生代青年，由于拥有更为丰富的社会资源以及自身较高的综合素质，也更容易进入到公务员和事业单位，向社会中上层流动更为容易；而来自文化层次较低、职业技能较低和社会地位较低的普通家庭青年，由于缺乏足够的社会资源和自身素质不高等因素的影响，他们向社会中上层流动的机会要更难。据一项调查结果显示，西部某省会公务员队伍中，父母是公务员的比例高达三分之一，而父母是普通职工的比例仅占四分之一，其中父母是进城务工人员的占比最低，不到3%。[③]家庭地位造成的"官二代""富二代"使身份、职位、家世等先赋性社会资本越来越影响代际流动，从而造成代际继承性越来越明显，代内流动日益减少，呈现多进少出的趋势。反观"民二代""农二代""贫二代"，进入上流阶层的门槛越来越高，代际流动阻力越来越大。[④]个人通过自身努力改变社会地位的可能性降低，整个社会的活力必然会受到很大的影响，甚至危及社会安全稳定。正如美国学者科恩所指出的："底层青年面临的问题是无法获得体面的社会工作，时常体会'地位挫败'以及由此导致的紧张、沮丧、不满、内疚、辛酸、焦虑或绝望，他们解决这类问题的方法就是拒绝、反抗，乃至越轨和犯罪。"[⑤]正是基于这些考虑，习近

---

① 勇于突破利益固化的藩篱［N］. 学习时报，2018-05-30.

② 中国经济时报课题组 . 2015年：改革是最大动力 利益固化是最大挑战［N］. 中国经济时报，2015-3-12 .

③ 蔡志强 . 中国社会阶层固化趋势加速，纵向流动通道渐狭窄［N］. 学习时报，2011-06-27.

④ 邓志强 . 青年的阶层固化："二代"们的社会流动［J］. 中国青年研究，2013（6）.

⑤〔美〕艾伯特 · K. 科恩 . 越轨与控制［M］. 张文宏，李文等译 . 云南人民出版社，1988：86-89.

平总书记指出："中国改革已经进入攻坚期和深水区，我们将以壮士断腕的勇气、凤凰涅槃的决心，敢于向积存多年的顽瘴痼疾开刀，敢于触及深层次利益关系和矛盾，把改革进行到底。"①

二、教育等自致性因素的影响受阻

"自致性"是与"先赋性"相对应的一个概念，是指个体以自我努力的方式来改变或提高自我的社会地位。自致性因素作为现代社会的特征，重点强调教育水平、文化素养、技术能力和工作业绩等自身可掌控或改变的因素之于其社会地位的重要性，重视个人能力是个人掌控或改变的因素决定其社会地位及对社会地位进行评价的参考。其中，教育是影响社会成员流动的一个关键因素，是青年改变自身命运的重要途径之一，它就属于自致性因素。

从共享社会发展成果的角度来看，政府在教育公共资源的分配上，应该要更多关照"体制外"的青年，更加注重教育资源的均衡发展。但实际情况并非如此，随着利益固化的出现和社会流动的减缓，城乡之间、地区之间及校际之间提供的教育资源差异很大，从而导致城市青年和农村青年、"体制内"青年和"体制外"青年所能够享有的教育资源是完全不一样的，其教育效果的差异非常显著，前者所享有的是更多更优的教育资源，而后者明显要劣于前者。近年来，虽然教育方面的资金投入越来越多，但在区域、城乡方面依然出现不公正、不平衡现象。一方面，教育投入越来越多，但却是往繁华大城市、精英名校倾斜，优秀资源和巨额资金都集中到少数精英学校。另一方面，偏远落后的乡村学校中的孩子缺少优质的人力、物力、财力支持，受教育程度及入学率、升学率均低于城市，贫穷和知识的匮乏代际传递，底层向上流动的渠道受阻，中间阶层就难以壮大发展，势必会影响到社会的和谐稳定。

通常情况下，随着受教育年限的提高，青年的社会流动机会在提高，即教育具有促进个体垂直向上流动的功能。②然而，必须看到的是，教育作为促进社会流动和改变社会地位的本初作用在逐渐弱化。相反，在一定程度上，教育因素

---

① 新华网，2016-09-03. 习近平在二十国集团工商峰会开幕式上的讲话 [EB/OL].

② 吴炜 . 青年群体的社会流动预期研究 [J]. 南通大学学报（社会科学版），2016（2）.

与青年群体的来源地、出生地、家庭等先赋性因素紧密相关，已经失去了后致性的意义。[①] 自致性因素作用的减弱，就会使得越来越多的人不愿意再投入更多的精力来培养自己的孩子，这个问题在农村地区表现尤为突出。中国社科院的调查发现，越贫穷越认同“读书无用”：村庄贫困阶层认同度最高，为 62.32%，其次为农村中产阶层（37.24%），再次为村庄富豪阶层（22.22%），最低的是村庄富裕阶层（17.95%）。如果以收入来划分，家庭年收入处于 5—10 万元之间的村庄富裕阶层对读书的有用性抱有最大的认同，而家庭年收入处于 1 万元以下的村庄贫困阶层认为读书无用的比例最高。少地贫弱阶层农户家庭对读书无用的认同度最高（68.89%），而完全脱离土地的农民阶层反而对读书无用的认同度最低（4.79%）。[②] 另一数据显示，2007 年至 2016 年全国共有约 837 名高考状元，其中全国出状元最多的前十名城市中，乌鲁木齐位列第一，紧随其后的是昆明、银川、西安、海口、长沙、成都、贵阳、衡水、长春。各省市文理科排名前十的“高考学霸”均来自省会城市，也多来自“高知”家庭。[③]

三、向上流动难度增大易加剧青年焦虑

新生代青年作为当前社会中最充满活力的群体，他们对生活充满了期待，对美好的社会充满了向往，是社会发展的最重要推动力量。毫无疑问，当青年群体向社会中上层社会的流动渠道越多，他们改变命运的机会就越多，对社会就越认同，就会充满希望和活力，相应的社会不公平感、相对剥夺感就会减弱。而如若社会流动渠道不通畅甚至堵塞，那么青年就会产生不满。一旦当青年丧失了社会流动信心，对未来迷茫和彷徨，产生悲观情绪，就容易将他们对社会的理想目标作为他们的行动纲领，掀起社会运动。[④] 尤其是，当青年认为他们自身的社会地位出现下降的趋势，势必就会出现对现有的社会制度不满，就可能会给社会稳定

① 邓志强 . 青年的阶层固化：“二代”们的社会流动［J］. 中国青年研究，2013（6）.

② 李涛，邬志辉 . 偏远农村实地调查：四成农户家庭认为读书无用［N］. 中国青年报，2015-08-03.

③ 李应全 . 连总理都在关注：寒门子弟如何通过教育改变命运［EB/OL］. 浙江在线，2017-07-22.

④ 廉思 . 世界范围内青年运动新趋势研究［J］. 中国青年研究，2013（12）.

带来不利。

从社会流动的对象来看，由于社会流动所涉及的对象主要是青年群体，阶层固化实质上就是指青年的阶层固化。[①]改革开放初期，社会流动性比较高，青年参与经济社会发展的积极性空前高涨，相当一部分青年通过努力进入到社会的中间阶层。有学者的研究显示，1980 年以后出生的人数占到新社会阶层总人数的 70% 左右，全国范围内大约有 5000 万“新生代”的新社会阶层。[②]然而，进入新世纪以来，中国社会的流动性比改革开放初期有所下降，流动速度有所减缓。据调查显示，92.8% 的受访者认为底层公众有扩大趋势，33.53% 的受访者认为底层公众向上流动“有机会，但是不多”。[③]本研究组的调查显示，在问及“现在青年人向中上层流动的渠道有限”这个问题上，回答“非常同意”的和“同意”的分别占 48.9% 和 22.9%，两者合计达 71.8%。可见，新生代青年向社会中上层的流动受到了一定的影响。

当前，我国城乡青年群体不但面临着非常严峻的就业形势、职业竞争压力，还要面对住房、户籍、家庭出身带来的社会不平等，这极有可能使青年人丧失社会流动的信心，造成严重的社会后果。青年向上流通渠道变慢变窄，其焦虑感越来越强。一旦青年无法实现畅通的社会流动，他们就会产生相对剥夺感，相对剥夺感越大，发生各种抗争的可能性就越大，破坏性也越大。有研究显示，党员干部的子女在干部职位获取方面占更多的优势，其中父亲是处级及以上级别的青年子女获取科级干部的机会是普通家庭青年子女的 1.55 倍，而父亲是科级以下职位的青年子女获取副科级及以下职位的机会是普通家庭青年子女的 1.98 倍。[④]在不少的场合下，农民工子女、低收入家庭子女由于缺乏足够的社会资源，再加上一些制度性的门槛设置，他们很难有机会进入社会中上层的社会关系网络。

如若任由这样发展下去，这种社会阶层的隔阂“围墙”会在新生代青年之间越来越高，并将会在生活方式、行为特征、价值取向方面逐渐形成各自的特征和

---

① 熊志强．当前青年阶层固化现象及其原因探讨［J］．中国青年研究，2013（6）．

② 张恽，刘宏森．青年研究：新视野、新问题和新方法（2016–2020）［C］．上海交通大学出版社，2017：33．

③ 杜凤娇．超过九成受访者认为底层公众有扩大趋势［J］．人民论坛，2010（21）．

④ 唐昊．“阶层固化”的逻辑与出路［J］．南风窗，2012（17）．

封闭的圈子，相互之间的边界与鸿沟不断拉大，进而也越来越容易造成冲突的出现。现实社会中发生的一些“仇富”“仇官”泄愤事件就是这种冲突的具体表现。如在网络上，一出现“车撞人”“打人”等事件，网络就会习惯性贴上标签，认为肯定是“官二代”“富二代”等的所作所为，进而怂恿或煽动一些激进的行为。就机会而言，“草根二代”向社会中上层流动的机会是存在的，但最为关键的就是究竟有多少比例的青年最后成功了，实际上一些现实层面的因素阻碍了他们向上流动。面对这种不成功的流动和挫败，他们表现出对社会的不满，进而转战到网络虚拟社会中，通过发微博、论坛发帖、评论等方式进行“吐槽”和发泄不满。然而，网络具有很强的放大效应，往往现实生活中“茶杯里的风暴”经过网络发酵就会演变成“龙卷风”，进而强化这些青年的挫败感，演变成“愤怒的青年”，容易酿成群体性事件。正是基于此，意大利社会学家莫斯卡提出，精英群体要从底层吸收精英才能保持活力。① 前些日子，网络上有两篇文章引起了青年的广泛关注，也引起了巨大的争议。一篇是《我用了 18 年，才可以和你一起喝咖啡》，描述社会地位不高的青年通过自我多年努力才达到社会中上层群体一样的生活水平。不久后，网络上又出现了另一篇名为《我用了 18 年，还是不能和你一起喝咖啡》的网络文章，这个作者讲述了自己大学及毕业后的生活窘境，认为家庭等先赋因素对一个人的人生具有决定性作用，如果家庭出身不好，任凭怎样努力都难以改变自己的现状。② 从社会期望角度看，农村青年要比非农户口青年社会流动期望更高,尽管部分出身农村的优秀青年依然有一些向上流动渠道。③ 但城乡之间的结构性不平等阻碍了农村青年的向上社会流动。

当然，也有些研究者夸大了社会流动所带来的阶层分化问题，甚至认为出现了阶层固化现象。总体而言，中国的社会流动性还是很强的，并未出现阶层固化现象。对此，我们不能简单地将个人职业向上发展难度增大归结为社会阶层固化。从社会发展的角度来看，社会流动有一个普遍性的规律，即越往上层流动难度就越大。尤其是当经济增长由粗放型向质量效益型转变时，社会上层工作岗位对人的专业技能、受教育程度、综合素质等会提出更高的要求，从而使向上流动

① 李强 . 社会分层十讲［M］. 社会科学文献出版社，2008：303

② 邓志强 . 青年的阶层固化：“二代们”的社会流动［J］. 中国青年研究，2013（6）.

③ 吴晓刚 . 中国的户籍制度与代际职业流动［J］. 社会学研究，2007（6）.

的难度不断增加。[①]实际上，青年向中上层流动的机会依然存在，只是与十年前或二十年前相比而言，难度要更大，但绝非没有机会。同时，党的十八大以来，随着我国新发展理念的提出和贯彻落实，在促进区域、城乡协调发展和共享发展成果等方面采取了各种有效措施，非常注重对贫富差距问题的解决，相应地，贫困代际转移的现象出现不断减少。

四、城乡新生代青年地位弱化显现

与横向的其他群体相比较，新生代青年群体出现了被边缘化的趋势，由此造成了青年对社会的不满和抱怨，也引发了不少的矛盾冲突。

1. 经济地位的边缘化给新生代青年造成了巨大的生活压力

改革开放以来，伴随经济的快速发展，我国城市化进程也不断加快，据《2021 年国民经济和社会发展统计公报》的数据显示，2021 年底，我国城镇人口占总人口比重（城镇化率）为 64.72%，比 2020 年末提高了 0.83 个百分点。

然而，随之而来的是城市的商品房价格越来越高，超出了大多数新生代青年的承受能力。这种高房价在给经济基础薄弱的城市青年带来沉重的经济压力的同时，也形成了很大的心理压力。来自住房的焦虑、抑郁，在一定程度上影响了城市青年的主观幸福感，甚至引发反社会情绪。[②]在这种压力之下，青年人就显得浮躁焦虑，对生活缺乏安全感，甚至落入“下流社会”[③]，并不仅仅是因为他们比上一代人的收入低，更在于他们的沟通能力、生活能力、工作意愿、学习意愿、消费意愿等的全面下降。

大量的研究表明，越来越多的新生代青年面临着各种生活和心理压力。据一项调查显示，在问及“您感觉心理压力大不大”的问题上，选择“非常大”和“比较大”的分别占 20.0% 和 44.4%，两者合计达 64.4%；而选择“不太大”

① 马峰 . 正确看待社会流动问题［N］. 人民日报，2017-07-20.

② 陈潭，贺雯 . 高房价压力下的城市青年心理焦虑及其调适［J］. 中国青年研究，2008（4）.

③ “下流社会”是相对于“上流社会”的一个特定概念，来源于 2005 年日本学者三浦展著的《下流社会》，主要是指大量年轻人在空前严酷的竞争压力下，逃避做事业和家庭顶梁柱的责任，在工作、婚恋、学习中自我放弃，最终导致从社会中间层向下滑落。

和“无”的只有1.3%。[①] 有研究基于广州青年的调查显示，感觉压力“非常大”和“比较大”的分别占12.8%和41.6%，两者合计占54.4%[②]。其他的调查也显示：近六成青年在日常生活中存在较大压力感[③]；“感觉压力很大”和“压力比较大”的青年占56.6%。[④] 由此可见，当前新生代青年的心理压力比较大。而青年的压力主要来自婚恋、就业、住房、抚养小孩和赡养老人等方面，同时，不同类型的青年压力源有所差别。据中国青少年研究中心的调查显示，青年压力的主要来源是经济压力、职业迷茫、学业压力。其中，中学生主要压力来源是学业压力、人际关系、知识危机；高等学校在读青年的主要压力源是学业压力、经济压力、职业迷茫；在职青年的主要压力来源是经济压力、职业迷茫、住房问题。有数据显示，经济压力（72.1%）、职业迷茫（40.6%）、住房压力（34.1%）排在前三位。[⑤] 其他调查数据显示，44.7%的人选择“经济因素”，39.9%的人选择“工作因素”，选择“人际交往”和“情感”的分别只占7.7%和3.7%。其中男性青年的主要压力源于“经济因素（49%）”和“工作因素（36.3%）”；而女性主要压力源于“工作因素（49.1%）”和“经济因素（33.4%）”。[⑥]

特别需要值得指出的是，在一定条件下，这种压力可能会转化为街头运动，为社会发展带来较大的负面作用。经济学者黄敬宝研究认为，普通民众，尤其是年轻一代，在过去30年来生活水平提高甚少。由于贫富差距拉大，广大青年被边缘化了，他们面临巨大的生存压力，并产生强烈的不平等和不公平感，这成为青年街头运动的重要原因。[⑦] 以2011年英国伦敦骚乱为例，卡梅伦就任英国首相后，为应对金融危机，迅速出台了大幅削减公共开支的紧急预算案。其中，社会福利支出每年削减110亿英镑。实行紧缩政策后，学校、青年活动中心等诸多项目都被削减或取消。骚乱爆发地——哈灵盖区在有关青年、教育方面的开支一下

① 吴庆，等. 中国共青团发展报告（2015）[C]. 中国青年出版社，2016：37.

② 徐柳，张强. 广州青年发展报告（2017）[C]. 社科文献出版社，2017：117.

③ 黄玉杰，吴金全，谢素军. 近六成广州青年生活压力较大 企图自杀比例上升[N]. 羊城晚报，2013-10-24.

④ 唐星. 过半广州青年想生二胎，即使他们“压力山大”[N]. 新快报，2013-10-23.

⑤ 章正. 经济压力，是在职青年面临的最大“敌人”[J]. 就业与保障，2019（9）.

⑥ 吴庆，等. 中国共青团发展报告（2015）[C]. 中国青年出版社，2016：37.

⑦ 黄敬宝. 青年被边缘化趋势加剧冲突[J]. 人民论坛，2012（1）.

子削减了75%。另据官方数据显示，在伦敦33个行政区中，该区贫困程度排名第4，在全英排名第13，55%的当地居民在全英属于最贫困的人群。[①]13家青年活动中心中的8家由于削减支出已经被迫关闭，青年的成长与社会融合等都成了问题。[②]

2. 社会地位的边缘化会削弱青年的社会认同感

如果青年仅仅是经济上的被边缘化，政府可以通过采取住房保障、促进就业等政策来不断改善。然而，如果是社会地位上的边缘化，就显得非常棘手，也并非通过政府就能改变的，而是需要全社会的力量来一起推进。以青年农民工为例，一方面，青年农民工被农村边缘化。青年农民工在进城务工前，接受的是传统的农村习俗和教育。然而，进入城市后，生活场所和时空的转换对青年农民工产生了非常大的影响，他们逐渐疏远原有的生活方式和传统习俗，试图通过自身的努力在陌生的城市寻找归属感，与农村的联系纽带也越来越少。因此，传统的农村生活已经失去了它原有的吸引力，对于青年农民工来说农村已经成了回不去的故乡。另一方面，青年农民工又被城市边缘化。[③]青年农民工渴望城市的生活和公共服务，然而，除了高房价这一堵"有形之墙"外，还有一堵"无形之墙"横亘在他们面前。青年农民工在城市中所从事的工作大多是较为低端、脏乱差的行业，而这些又是城市青年人都不屑做的工作。相比之下，城里人就显得优越感更强，也对农民工具有一定的偏见和歧视，而社会群体间的隔阂也就由此产生，并时不时会发生矛盾和冲突。对此，虽然也有各种政策来应对，却是一个非常艰难的过程。正如有的研究者指出，"如果一个国家的人民缺乏一种赋予这些制度以真实生命力的广泛的现代心理基础，如果执行和运用着这些现代制度的人，自身还没有从心理、思想、态度和行为方式上都经历一个向现代化的转变，失败和畸形发展的悲剧是不可避免的。再完美的现代制度和管理方式、再先进的技术工艺，也会在一群传统人的手中变成废纸一堆。"[④]

---

① 张德勇．社会财富向少数人集中［J］．理论参考，2011（12）．

② 黄敬宝．青年被边缘化趋势加剧冲突［J］．人民论坛，2012（1）．

③ 钱其凯．双重边缘化：青年农民工身份认同问题研究［J］．理论广角，2014（5）．

④〔美〕阿历克斯·英格尔斯．人的现代化［M］．殷陆君译，四川人民出版社，1985：4.

第三节　青年的利益表达机制不健全

马克思、恩格斯认为："人们所争取的一切，都同他们的利益有关。"①对于任何一个国家和社会来说，需要构建畅通的利益表达机制，以确保每个社会成员能够依法合规地表达他们的利益诉求，从而促进社会的良性运行与协调发展。即使是社会成员的利益受损或与其他社会群体的利益发生冲突时，应该找到一种合法的制度化手段表达其利益诉求，社会应该具有一种调整的功能。②通过制度化的方式，使得利益的各方能够充分表达各自的利益诉求，如以听证、表意、监督、举报等方式在涉及公众利益的问题上，向公众提供表达的渠道和机会。③可是，有些人却将公众的利益表达与社会稳定对立起来，甚至将正当的利益表达当作不稳定的因素来对待。不少的研究表明，一些矛盾过激事件与利益表达机制的缺失有关。因此，只有社会公平正义和利益平衡问题得到解决，通过合理合法的方式表达自身利益，才能化解矛盾和消除冲突，以维护社会稳定，而不是相反。

改革开放四十多年来，我国公众的权利意识日渐增强，其中青年的权利意识更加强烈。与不同代际的青年相比，无论是城市新生代青年，还是农村新生代青年，除了对物质和文化的需求更高，也更加注重利益诉求的表达和自身合法权益的保护。需要指出的是，在社会急剧转型的过程中，利益多元化是社会进步的体现。然而问题在于，在利益平衡机制还很不健全和完善的条件下，利益表达渠道被社会某些强势群体所垄断，其他群体的利益表达渠道就不畅通。这种情况一旦左右现实发展方向，就会加剧社会利益关系的失衡，导致社会矛盾激化。④进入新时代，我们党和政府越来越重视国家治理体系的现代化，而利益表达机制就属于其中一个重要组成部分，通过一系列制度性的安排来建立公众利益诉求的表达平台，从而更好地维护公众的权益。正如习近平总书记强调："单纯维稳不解决利益问题，那是本末倒置，

① 马克思恩格斯选集（第1卷）[M]. 人民出版社，1972：82.

② 〔美〕乔纳森. H. 特纳 . 社会学理论的结构 [M]. 邱泽奇，等译，华夏出版社，2006：124.

③ 清华大学课题组 . 以利益表达制度化实现长治久安 [J]. 学习月刊，2010（9）.

④ 高尚全 . 改革：推动社会主义和谐社会建设的根本动力 [J]. 理论参考，2007（1）.

最后也难以稳定下来。”[①] 当前，利益表达机制较单一、组织化渠道不畅、网络引导不够、处理反馈不及时是新生代青年进行利益表达面临的主要问题。

一、青年利益诉求表达的渠道较有限

总体上看，青年群体的利益表达机制较为单一，难以有效表达其旺盛的需求。新时代青年的美好生活需要越来越丰富和多元，这就迫切需要政府提供多元的利益需求表达机制，让青年群体能够以理性、合法的形式表达自己的利益诉求，通过畅通的利益诉求渠道，既能达到维护他们自身的合法权益，又能使其不满情绪得到有效的宣泄，从而促进社会的稳定。正所谓“民意如水，宜疏不宜堵”。就具体的利益表达渠道而言，从司法、信访、人大政协、共青团组织、群众自治组织到大众传媒，青年人可以利用的方式其实倒不少，但发挥利益表达的效果并不明显，少数的、个别的案例成功并不能吸引青年人群来进行有效的利益表达行为。更为严重的是，这种低效的或者无效的表达效果将严重挫伤青年人的正常渠道利益表达的积极性。就以司法渠道为例，新生代青年的意愿是更倾向于运用法律来维护自身的权益，然而由于受青年自身的法律素养不高、法律诉讼时间长、维权成本高等因素的影响，真正运用法律途径来进行维权的青年还并不是很多。此外，还有一小部分青年在权益受到侵犯时，并不知道通过什么合法方式来进行利益表达和维护。而倘若青年的利益诉求长期得不到满足，他们的不满情绪就会日益积蓄，容易造成青年利益诉求表达的非理性化，一旦遇到突发事件在外力的催化下，很容易导致矛盾冲突甚至群体性事件的发生。

二、青年利益诉求的组织化渠道不畅通

利益表达的组织化渠道不畅通，容易造成青年利益诉求表达的分散化和碎片化。一个社会要有效地预防和化解各种利益矛盾冲突，就必须将分散的、碎片化的利益要求进行整合与提炼，以达到影响政府决策的效果。实践也表明，经过凝聚的利益诉求更容易通过协商沟通的方式获得解决。然而，这种利益要求的整合与提炼又必须以一定的组织形式为载体来进行。就实际情况来看，一方面，现有的一些代表青年利益的组织还无法充分表达青年群体日益复杂细化的利益诉求。

① 让老百姓过上好日子——关于改善民生和创新社会治理［J］. 人民日报，2016-05-06.

我国各级共青团组织是青年的专属利益表达途径，共青团组织的具体职能中就包含了“代表和维护青少年权益”这项工作，但由于团组织的资源匮乏与覆盖局限，大大限制了这项功能的发挥。[①]另一方面，由于不同的社会群体所掌握的资源和表达的能力都存在很大差异，组织起来的集体表达、沟通与协商对于利益需求旺盛、维权意识强烈的青年群体来说，就显得尤为迫切和重要。此外，青年群体可以利用的其他组织化渠道就更加匮乏，如其他社会团体、行业协会和社会中介组织等。这些都不利于青年群体进行制度化的利益表达。从一些调查来看，有不少青年对现有的各种利益表达渠道存在“不利用”“表达无门”或“表达无用”的现象。

三、青年利益诉求的网络化渠道引导不够

当前，互联网的出现为利益表达开辟了广阔的新空间，为青年利益表达进行了赋能，同时，网络利益表达的舆论冲突也对现实社会产生了巨大影响。[②]然而，如若利益诉求表达的网络引导不够，就会导致网络利益表达的无序化。当青年群体没有充分、便捷或者有效的渠道“去表达观点见解和利益诉求时，那他们就很有可能将之诉诸网络，这也是互联网几乎成了当今青年大学生政治参与最主要的载体和平台的原因”[③]。为此，要加强对网络化利益表达的引导，从而发挥其积极的正功能。从引导的角度来看，当前我国青年网络化的利益表达渠道主要存在三个方面问题：

一是合法的网络利益表达渠道宣传力度不够。不少青年对这些正式的网络化利益表达渠道缺乏足够了解，导致他们不知道该如何去进行利益表达和权益维护。究其原因，除了青年自身不主动关注甚至漠视社会公共事务，导致对正规的合法渠道缺乏了解的因素，最为关键的还与政府的宣传因素有关，有些宣传趋于形式主义，并未达到应有的宣传效果，导致青年不了解相关的信息。据一项针对青年网民的调查显示，将近 84% 的青年表示网络社会中也应该拥有相

---

① 陈校，张寒 . 解析青年人群体性事件中的极端行为［J］. 中国青年研究，2014（1）.

② 高鹏程，张恩 . 网民公民化与共意提取：网络利益表达理性秩序的构建［J］. 新视野，2019（3）.

③ 李伟 . 当前青年政治参与的几个隐忧［J］. 人民论坛，2013（9）.

应的权利，也有近 86% 的被调查青年表示“应该维护自身的权利”；同时，网络相关权利有过受侵害的比例也比较高，约为 57%；然而，对于如何维护自身的权利问题，大多数被调查青年却表示很茫然，选择“不知道”和“说不清”的比例高达 73%。[①]

二是自媒体等网络渠道的自我约束和监管不到位。随着自媒体等非主流网络表达渠道影响力的不断增强，越来越多的青年倾向于运用自媒体等方式来进行利益表达。然而，在这个过程中，如果青年缺乏强烈的社会责任感而自我约束不够，同时加之监管不到位，就容易导致网络信息的夸大，甚至是虚假信息的传播，并以此来谋求个人利益的最大化。当前，青年思想观念日趋复杂多元，有一些青年因现实生活中有些不如意的情况，就由此对社会产生一些不满情绪，甚至出现思想偏激，网络上一旦有风吹草动，他们肆意谩骂，夸大负面的影响。也有的青年网络行为具有很强的功利性，会借助自媒体的广泛影响来寻得机会一夜成名。这些青年，将群体性事件作为自己变成网络红人的大好机会，抓住群体性事件的机会，大放厥词，另类表演。[②] 以 2020 年 1 月武汉发生新型冠状病毒肺炎疫情为例，网络上通过自媒体散布大量关于新型冠状病毒肺炎的信息和谣言目不暇接，使得公众由初期的“信息饥渴”引发的焦虑转向了“信息轰炸”引发的过度恐慌。对此，我们应该充分认识青年群体在公共安全事件中的多元个性需求，正确把握其背后的利益动因，积极引导其网络利益表达行为。

三是打击非法的网络化利益表达渠道力度不够。一些非法网站甚至有境外的网络媒体误导青年，这些网站利用社会关注度高的事件来引起青年的关注，青年群体的诉求和愿望很容易被人利用。同时，一些境外势力还会使用物质利益来诱惑青年，鼓动其网络的行为。在这种经济利益的驱使下，有些青年就会迷失方向，夸大一些社会热点问题或散布一些谣言，从而引起民众对政府的不满情绪，以达到扰乱我国社会正常秩序的目的。

---

① 陈联俊，李萍．网络社会青年公民意识状况的实证调查分析［J］．中国青年研究，2013（3）．

② 陈校，张寒．解析青年人群体性事件中的极端行为［J］．中国青年研究，2014（1）．

四、青年利益诉求的回应反馈不及时

当青年利益表达之后，他们就非常关注这种利益表达的信息反馈。一些地方发生的民众非制度化利益表达方式与地方政府部门缺乏有效及时的反馈回应紧密相关。在面对青年群体的利益表达问题上，不少地方和政府部门缺乏健全有效的利益表达回应反馈机制，普遍存在回应不强和较低的问题。究其原因，主要有三个方面：

一是回应意识的缺乏。随着我国国家治理体系和治理能力现代化的推进，各级政府部门的回应意识在不断增强。但同时也要看到，思想观念的变化并非一朝一夕之事，需要一个循序渐进的过程。因而，具体到各级政府部门的工作人员身上时，就出现参差不齐现象，有的工作人员跟不上现代治理的新要求，缺乏回应意识，无法及时反馈青年群体的利益诉求，导致一些社会冲突的出现。

二是表达的分散化。当前，青年群体的利益诉求日益多元化，但未能实现有效整合，从而通过制度化和组织化的渠道来进行利益表达，而是呈现出分散的、碎片的特点，这种分散的利益要求意味着更高的利益综合成本和回应成本。这也是造成回应不及时的一个重要因素。

三是政府部门的不重视。一方面，政府部门不重视利益诉求搜集机制的构建，以至于对青年的利益诉求视而不见；另一方面，一些政府部门认为利益表达会影响社会的稳定秩序，从而采取压制的方式来对待青年的利益表达机制。

总之，利益需要表达的时候，往往会意味着矛盾和冲突。如若缺乏有效的多元的制度化利益表达渠道，矛盾非但得不到化解，矛盾的累积还会产生严重的危机。也即是说，利益表达机制的缺失或不健全容易导致利益诉求强烈、价值追求多元的青年群体转而投向非正常利益表达，群体性事件就其实质而言就是非正常的利益表达方式。① 因此，要加快建立健全多元化的利益表达机制，把青年的利益诉求表达纳入制度化的轨道，从而积极引导利益群体理性合法地表达利益和维护权益。

---

① 陈校，张寒 . 解析青年人群体性事件中的极端行为［J］. 中国青年研究，2014（1）.

第四节 城乡新生代青年的能量转换不到位

根据能量社会学原理，处于社会子系统中的成员具有一定的行为值。[①]这种行为值就是社会能量，它可以通过社会组织、社会工作、社会活动的投入而实现。社会能量是一种积极效果与消极后果的双重结合体，它可能是一种创造力，也可能会演变成为一种破坏力，这就要取决于原有社会运行系统对新生社会能量的吸纳程度。在任何一个社会系统中，要有效地维持系统的平衡，就会存在一个社会能量的输入、转换和输出的循环过程，在这个过程中，只有当输入输出达到均衡时，或是说输入、输出等各个系统应该维持相应的均衡，系统才能稳定，否则系统就会瓦解。在一个能够正常运行的社会系统中，社会能量总是在上限和下限之间波动的，而社会能量超过上限或达不到下限，都会影响社会的良性运行和协调发展。就上限方面而言，如若社会环境发生新的变化，社会成员的行为值不断提高，而原有的运行机制却又无法吸纳这种新生的社会能量，即新生的社会能量超出了原有系统的社会能量阈值，就会造成社会系统输入、转换和输出的社会能量之间的失衡，进而可能导致社会能量的爆发，从而出现社会危机。就下限方面而言，如果大部分社会成员的行为值处于低水平，推动社会运行和发展的能量就会匮乏，导致社会运行停滞。例如中国封建王朝的后期总是出现长期僵化，最后崩溃的结局。[②]

一、青年群体负面情绪需重视

从群体的角度看，青年群体所蕴藏的社会能量要比其他社会群体大得多，对社会具有积极的推动作用，但其中消极的方面也要引起高度重视。

1. 外部社会压力产生的社会负面情绪

现代社会既给新生代青年提供了广阔的发展空间和机遇，也给他们带来了巨

① 中国社科院社会学研究所 . 中国社会学年鉴［Z］. 中国大百科全书出版社，1996（38）.

② 蒋影明 . 从社会运行到历史转折——社会能量分析之一［J］. 学海，1997（4）.

大的生存与发展压力。与其他群体相比较，青年群体所承受的压力越来越大，这种压力的背后是各种社会能量的积累。当前，新生代青年面临的压力涉及婚恋、经济压力、工作压力、生活环境、子女教育、赡养老人等各个方面。据一项调查显示，在青年经常遭遇的压力事件中，平均值在 3 分以内的 9 个子项属于“刚性制约因素”，平均值在 2.5 分以内的 4 个子项，则表明了最主要的压力来源（如表 7–2 所示）。[①] 这些压力如若得不到较好的社会疏导和社会支持，就容易导致新生代青年的社会不满与怨愤，这种负能量积聚到一定程度时，一旦遇到突发事件和外力的干预，就会导致社会危机的爆发。

表 7–2　职场青年的压力源与强度　（N=1208）

选项	完全符合	完全不符合	均值	标准差
家庭收入低，日常生活有困难	1	5	2.62	1.291
物价房价高，影响生活改善	1	5	1.66	0.916
人情支出大，负担重	1	5	2.27	1.123
孩子教育费用高，超过承受能力	1	5	2.76	1.451
赡养老人负担重	1	5	2.89	1.447
自己和家庭成员缺少社会保障	1	5	2.80	1.363
人际关系不好，心理压力大	1	5	3.77	1.216
工作压力大	1	5	2.27	1.185
担心个人前途	1	5	2.28	1.187
家庭管理不和谐，心情不舒畅	1	5	4.13	1.173
爱情不顺利	1	5	4.01	1.248
缺少朋友，经常感到孤独	1	5	4.03	1.151
担心不良风气影响孩子	1	5	2.82	1.499

2. 青年的不满足和过剩的精力易产生消极因素

通常情况下，青年不太安于现状，对现实的不满足往往是青年实现人生发展目标的重要动力源泉，也有助于促进经济社会的发展。然而，如若青年通过各种努力无法改变自己的命运，就容易产生社会挫折感。同时，青年充沛的精力

① 张华 . 青年压力来源与社会支持系统优化策略［J］. 当代青年研究，2012（3）.

需要进行释放，天然对各种“能量运动”的渴求，既表现在一般性的“忙个不停”“拼命追赶某些东西”或是“到处乱跑”上，也表现在精力充沛地工作、全神贯注地运动、疯狂地跳舞、到处漫游和参与各种社会活动等方面。因此，任何一个国家和社会都要高度重视青年的不满足和旺盛的精力问题，要满足青年的这种“运动”需要，不要过分限制，否则就会畸形发展，他们旺盛的精力就可能会演化为社会消极因素，成为破坏性的社会力量，正所谓“宜导不宜堵”。近些年来许多国家发生的社会骚乱、街头政治、游行示威、群体事件等，不少的青年被煽动参与到了这些事件中，足以说明这一问题的重要性。

3. 青年个体情绪引发的社会负面情绪

从社会情绪来看，根据它对社会发展的影响力而言，具有正面性和负面性、消解性和促进性。好的积极的社会情绪是社会所看重的，因为这对社会整体和社会的构成细胞——个体的人健康发展有利。[①] 反之，不良的社会情绪对社会安全稳定所带来的负面影响是不言而喻的。青年期是人生最富变化、最不稳定的阶段，从生理、心理以及社会适应方面正在由不成熟走向成熟。从个体角度来看，有一些青年还处于心理不成熟的时期，难免产生一些负面的社会情绪。青年的负面情绪与承载的压力是密不可分的。研究显示，青年的社会压力越大，其负面情绪越严重。而青年所面临的社会压力会受到职业状况、住房情况、社会支持和心理承受力等因素影响。[②] 这些社会情绪的存在也就意味着一定社会负能量的存在，这种负能量得不到正常的释放，就会对社会的秩序与稳定产生不良影响。

二、社会对青年的多样性容纳不够

任何一个社会都是充满多样性的社会，这也是人类社会的基本特征。多样性代表着社会活力的状况，对于每一个社会的发展进步而言，都需要社会多样性的存在和社会活力的激发。但不可避免的是，社会的多样性之间在交融激发社会活力的同时，也会出现多样性的摩擦与碰撞并由此产生各种社会矛盾。换言之，社会矛盾也就意味着社会多样性之间出现了摩擦与碰撞，从更现实的层面来看，就

---

① 李端生 . 社会情绪概论［J］. 社会科学论坛，2008（4）.

② 魏万青 . 住房需求、社会支持与个体压力对青年精神健康的影响研究［J］. 兰州学刊，2015（1）.

是青年群体之间、以及与其他群体之间的不同需求也会导致摩擦与碰撞。同时，当前我国城乡新生代青年的独特个性越加明显，既体现了社会的多样性，又对社会的容纳性提出了更高的要求。课题组的调查数据显示，54.7% 的被调查者选择了“个性与自我”（详见表 7–3）。这种个性化的特征既意味着多样性的需求，也意味着多元化的价值观。因此，构建青年社会能量吸纳机制的一个最基本的要求就是在体制内不排斥青年群体的个性化特征，允许社会各种青年群体不同声音的存在，允许每个青年表达其自身的利益需求，以维持社会的“和而不同”和激发社会的活力。[①] 需要指出的是，对于任何一个社会系统来说，它都无法做到保证允许所有对抗的要求进行自由的表达，但对冲突的容忍程度会有不同程度的设置。[②] 为此，我们应该理性对待一些低度的、不危及社会稳定的青年非常规的利益表达和维权方式，不要轻易地将这些青年推向社会的对立面，这有助于容纳社会的多样性，进而增强社会的适应性。然而，有些治理者的理念跟不上时代的潮流，习惯于管理性的思维，把新生代青年一些不符合传统常规的个性化、非理性化的行为视为离经叛道的异己事物，采取排斥甚至打压的方式。这无形之中不但使得青年的利益缺乏畅通的渠道，而且也使得青年群体和其他群体之间形成了一道难以逾越的沟壑，甚至容易造成各种矛盾冲突。

表 7–3 新生代青年的个性标签 （N=1939）

题目	选项	频率	百分比
您认为 80、90 及以后的新生代青年人的个性标签是?	个性与自我	1060	54.7%
	勇于探索	419	21.6%
	热心社会活动	160	8.3%
	娱乐精神	147	7.6%
	无所谓未来	68	3.5%
	垮掉的青年们	43	2.2%
	其他	42	2.2%

① 姚亮．重视构建中国现阶段的社会矛盾吸纳机制［J］．教学与研究，2011（10）．

② 〔美〕L．科塞．社会冲突的功能［M］．华夏出版社，1989：138．

三、青年社会能量的释放转换不到位

当青年的社会正负能量得不到有效转换，那意味着这些社会能量在积聚之后就需要一个释放的过程。如果无法及时进行释放，则可能会带来极大的破坏性。因此，如何引导这些社会负能量进行有序地释放就显得尤为关键。社会安全阀理论的提出者科塞认为："由于允许社会不同的诉求和声音表达出来，这种社会系统就可以消除社会不满情绪和达成一定的社会共识，并实现社会结构的优化与重构。正是通过对不同声音的容纳和冲突的宽容，为它找到了一个重要的平衡点，形成了一种稳定机制。"[①]

如若应对得当，青年的社会负能量可以在体制框架内得以释放，从而转化为一种社会的创造力。如自我调整、心理疏导、信访、游行示威等，都是释放社会负能量的一些具体方式，可以有效或尽量避免负能量所带来的破坏力，以推动社会的进步。然而，如若原有的社会运行机制不断衰落、腐败，甚至严重滞后或老化，使得新生的社会能量无法进入原有的系统，却又无法将各种社会负能量排除在系统之外，久而久之，系统内的社会正负能量就会出现失衡，可能导致社会破坏力的产生。据一项对两千名 35 岁以下青年的问卷调查显示，有 94.7% 的被调查者存在"压力自我复制"的现象。那么，究竟是什么原因导致这种"压力自我复制"现象产生的，甚至出现各种压力叠加现象？排在第一位因素的是"强行压制焦虑因素"，有 52.3% 的被调查者选择这一项，这种压制既有内部自我的因素，也有外部的因素；排在第二位和第三位的因素分别是"缺少沟通和排解"和"对问题不敏感导致的意识麻痹"，分别占 51.7% 和 44.8%；[②] 此外，还有其他因素，如不愿让家人担心，工作、生活和作息不规律，以及性格不成熟等因素。这一调查结果在一定程度上反映了青年的社会能量释放机制不够健全，容易留下安全隐患。

一是青年自我解压不强。从个体层面来看，青年进行自我解压是释放社会负能量的一种有效途径。这些自我解压方式包括发泄（如哭喊、申诉、暴饮暴食、记日记、发朋友圈等）、转移（运动、上网、看书、看电影、听音乐、游戏等）、压抑（一个人独处闷着、假装高兴、抽烟酗酒等）等。与上几代青年相比，受家

---

① 〔美〕L. 科塞 . 社会冲突的功能［M］. 华夏出版社，1989：137.

② 94.7% 受访青年有过"压力自我复制"情况［N］. 中国青年报，2017-09-04.

庭和社会环境等因素的影响，新生代青年的自我解压能力要弱一些，更需要社会支持。

二是社会支持力度不足。社会支持可以减缓青年的社会压力，有助于消减青年的社会负能量。青年在困难时所能获得的物质、精神帮助越多，其精神状况越好，所释放的社会正能量就越多，而负能量就越少。然而，不同学历背景的人面对压力时的感受、承受压力的能力大小、压力的来源和面对的困难、希望得到的帮助，以及排解压力的方式等方面均有所不同。[①] 高收入、高学历的青年倾向于用健身、沟通交流的方式来减压，而低收入、低学历的青年更倾向于户外运动、上网或治疗等方式来减压。因此，针对不同类型的青年采取的社会支持方式要有所区分，对前者更多的是进行压力疏导和心理调适等精神层面的支持，对于后者要更多采取物质层面的帮助和支持。目前的现实情况是，家庭式的社会支持不够，随着家庭结构的变迁，青年在家庭层面的压力释放越来越少，反而是出现家庭问题社会化的现象。此外，“安全阀”机制的缺失。当社会负能量不可避免时，社会提供了一种引导不满和敌意的机制。这种制度提供转移敌对感情的替代物，同样也是发泄侵略性倾向的替代物。[②] 例如，青年农民工在城市中几乎没有什么话语权，也享受不到城市青年的公共服务，也缺乏相关的利益表达渠道，属于“失语”与“沉默”的群体。如若缺乏安全阀机制，他们的压力一旦迸发，就会产生恶劣的社会后果。

第五节　城乡新生代青年价值观引导不到位

恩格斯曾经指出，“随着每一次社会制度的巨大历史变革，人们的观点和观念也会发生变革”[③]。改革开放以来，伴随我国利益格局的不断调整，社会阶层和群体日益分化、多元化，人们思想的独立性、多变性、差异性明显增强，同时，各种良莠不齐的社会思潮蜂拥而入和各种思想文化相互激荡，造成了主流价值观、非

---

① 李涛，李春玲．直面压力：不同学历者的需求与选择［N］. 光明日报，2017-08-01.

② 〔美〕L. 科塞．社会冲突的功能［M］. 华夏出版社，1989：138.

③ 马克思恩格斯全集（第 7 卷）［M］. 人民出版社，1965：240.

主流价值观和扭曲的价值观在社会中同时并存的局面。受这种大环境的影响，新生代青年的价值观发生了深刻的变化，日趋多元和复杂，崇尚个性、自由、平等；同时，还出现了青年亚文化，其中佛系文化是当下青年亚文化的一种“时尚”表达。佛系现象的出现，反映了近年来青年人在剧烈变动、快速发展并逐渐分化的社会中，面对自身定位、幸福感受和价值取向的情绪变动。[①] 尤为值得指出的是，深受市场经济的影响和西方价值观的腐蚀，许多新生代青年出现了思想混乱，否认社会主流价值观。各种非主流价值思想观念在青年群体中肆意泛滥，如普世价值、历史虚无主义、拜金主义等，对青年的价值观产生了不可忽视的负面影响。

毫无疑问，新生代青年拥有积极向上的价值观必然有助于推经济社会发展，并提供强有力的精神支持和源源不断的动力；反之，若是树立的是消极负面的价值观则会使青年被主流社会拒绝甚至遗弃，从而引发一系列社会问题，进而造成社会思想观念的分歧与混乱，留下重大社会风险隐患。马克思曾经这样说过：“如果从观念上来考察，那么一定意识形式的解体，足以使整个时代覆灭。”[②] 面对新生代青年在价值观上遇到的一些问题，迫切需要在青年社会化的过程中加强价值观的引导。从社会化的内容来看，人的社会化过程中主要涉及学习生活技能、道德规范和角色扮演等方面，其中价值规范的学习是社会化的最为重要内容之一。在任何一个国家，实施社会化的主体主要包括家庭、学校、同龄群体、工作单位和大众传播媒介等社会化机构，但从目前我国的实际情况来看，各社会化主体在对新生代青年价值观的社会化问题上均存在一定程度上的缺位。

一、家庭在价值观引导中的作用弱化

家庭是个体人出生后接受社会化的第一个社会环境，也是青少年进行社会化的最重要机构之一。青少年在家庭日常生活中通过模仿父辈的言行，可以自然而然地习得、实践并传递文化价值观念和行为习惯。也即是说，家庭对青年的价值观念、心理和行为习惯的形成会发生潜移默化的深刻影响。改革开放以来，伴随着生育率的降低、人口结构的变化，我国家庭结构发生了深刻的变迁：独生子女家庭增多，家庭平均人口逐渐下降；家庭结构呈现出核心化、小型化趋势，传

① 陈赛金，陈超俊．当代青年“佛系”现场的成因与对策［J］．思想理论教育，2018（7）．

② 马克思恩格斯文集（第 8 卷）［M］．人民出版社，2009：170．

统的大家庭逐渐被核心家庭取代；一些新型的家庭结构开始快速增长，如丁克家庭、空巢家庭等。这种家庭结构的快速变迁也引起了家庭功能的变化与失调。受独生子女政策的影响和物质条件的改善，相当一部分新生代青年从小在家里被娇生惯养、宽容溺爱，使得这些青年缺乏积极向上的精神，只关心物质利益的满足，吃苦意识不强、独立自主能力弱、团队意识缺乏等。还有一些青年的父母因文化程度、工作时间等原因，对其子女采取放任型教育，只重视学习、工作成绩，对其思想教育、心理健康教育放任不管，交流非常有限，导致家庭关系冷漠、疏远，使其变得冷酷、放荡、思想偏激、性格扭曲，个别的承受能力和抗挫折能力非常差，思想行为极端。还有的家长本身就秉持错误理念来教育孩子，使得青少年从小就被灌输功利主义的价值取向。此外，家庭的文化传承功能也在削弱，过去我们有很多的优秀传统文化和价值观念，如尊老爱幼、诚信待人、律人先律己等，在社会转型的过程中没有得以很好的继承和发展，对个体的约束力正逐步削弱，在不少的地方出现青年拒绝赡养老人、拒绝还钱的老赖等现象。

二、学校对青年价值观引导的失位

对于任何一个国家和社会而言，它都有其自身的一整套主流价值观的宣传教育机制，以维护社会的良性运行与协调发展，其中学校是最重要的机构。随着年龄的增长，学校超过家庭的作用，成为青少年社会化的最重要社会环境因素，进行价值观教育则是学校的最重要内容之一。当前青年出现的浮躁焦虑、功利主义、个人主义、拜金主义等现象，对各种价值观缺乏正确的判断，很重要的一个原因就是学校价值观教育的弱化，失去了本应有的地位和作用。多年以来，我们的学校对学生更多的是关注他们知识的学习和智力的提高，而忽视学生在价值信仰方面的滋养与塑造。具体而言，存在以下几个方面的问题：

首先，“重灌输”而“轻交流”。当前我国宣传教育主要是采取自上而下的灌输式的方式来展开的，而对于其他一些平等对话、互动交流式的方法途径运用很少。简单地说，主要就是通过媒体宣传和各种培训、讲座等渠道来开展宣传教育。但实际上，这种“灌输式”的宣传教育往往很难内化为受教育者的思想观念、道德标准和价值取向。社会互动论告诉我们，人们的道德规范和价值取向是在各种社会互动交流的实践中得以形成的。

其次，宣传教育形式化较严重。学校中的一些价值观教育出现走过场、作秀，与现实生活相脱节、远离青年的生活。中国社科院的一组调查数据显示，在回答“您认为马克思主义被弱化的原因是什么”时，在实际回收的1748份问卷中，有1029人选择“宣传教育形式化”，高达调研对象总人数的58.87%，位列其他四个候选项之前。[①]青年大学生的价值观教育也出现同样的现象，一些教育者仅仅将红色文化宣传教育当作一种外在的任务来加以完成，缺少真正感情的投入，使得红色文化的精神价值大打折扣。如高校红色教育中抽象理论化的内容居多，对社会问题给予解答的少，理论与实际相脱节，使得学生感到书本知识的空泛和不真实，难以产生认同感。据一项调查显示，认为高校的思政教育存在“内容单调枯燥缺乏创新”的占63%，“理论空洞抽象，没有或很少与实践相结合”的占62%，“教育过程形式主义”的占56%，“与学生思想需求实际联系不够紧密”的占53%。[②]

再次，价值观引导的针对性不强。从理论上来讲，教师应该担负起教育者的角色，引导青年学生在成长的过程中形成正确的人生观和价值观，对遇到的问题和疑惑进行及时开导和教育。然而，在学校中，不少的教师对青年学生的价值观引导做的非常不够。更甚的是，当青年大学生进入社会后，发现现实很残酷，有些青年大学生不堪就业后面临的各种压力，甚至有些待遇不如一些青年农民工的待遇，导致“读书无用论”的盛行。目前，青年受到社会上一些流言“重点大学毕业还不如开挖掘机工资高”的迷惑，让处在校园里的学生容易产生消极泄气、自我否定的态度，感叹现实与理想的差距过大，从而错误地引导青年未来的个人发展。再以青年婚恋观为例，据一项研究显示，受教育程度的提升与单身率之间存在正相关关系。不管是第六次全国人口普查，还是第七次全国人口普查，其中显现的一个共同趋势是：伴随学历水平的提升，单身率也趋于上升。需要着重指出的是，2020年第七次全国人口普查数据发现，在各个不同的学历水平上，其单身率都有了长足的拉升。[③]这在一定程度上，说明了教育对青年价值观的引导作用在削弱。

---

① 程恩富，郑一明，等. 关于社会主义核心价值体系研究和践行情况的调查报告［J］. 民主与科学，2010（2）.

② 邓宝瑚. 新媒体背景下大学生思想政治教育方式调查与研究［J］. 广西教育，2017（7）.

③ 张翼. 中国青年人口的新特征——基于“第七次全国人口普查数据”的分析［J］. 青年探索，2022（5）.

表 7-4　分年龄段受教育程度人口的单身率　　（%）

年龄段（岁）	2010 年第六次全国人口普查			2020 年全国第七次人口普查			
	大专	本科	研究生	大专	本科	硕士研究生	博士研究生
15—19	99.85	99.96	98.42	99.84	99.96	99.66	100
20—24	92.47	97.45	98.67	92.57	97.74	99.27	98.53
25—29	42.50	49.27	67.67	49.82	58.18	76.82	82.28
30	18.19	19.67	29.15	25.21	28.10	37.51	52.33
31	13.57	14.57	21.66	20.37	22.04	28.37	41.77
32	11.63	11.91	18.40	17.41	18.07	22.31	33.91
33	9.78	10.03	14.63	14.87	14.85	17.49	25.40
34	8.24	8.18	12.46	13.46	13.07	14.43	20.21
35	7.76	7.25	10.97	12.54	11.92	13.03	18.21

三、工作单位对青年价值观引导的缺位

青年在结束学习生涯之后，就要步入社会，进入工作单位开始自己的职业生涯。社会化也并未结束，而是在工作单位这个新的环境中继续进行。毫无疑问，工作单位对青年价值观的引导也发挥着重要的作用。在单位制社会解体之后，越来越多的单位人成为社会人，工作单位更多的开始演变成为一级生产性的组织，原有单位承担的政治性和社会性功能逐渐弱化甚至缺失，不重视或忽视了对青年职工的价值观引导。

其一，认识不到位。随着工作单位的社会性功能逐渐剥离，这使得一些单位愈发重视经济效益而轻视社会效益，不重视了解青年职工的思想状况。尤其是民营企业不愿意抓思想价值观建设，它们认为青年职工的思想政治工作是一项系统而又复杂的工作，需要花费大量的人力、时间和成本进行定期跟踪各种青年的思想动态，而且短期内也难以看到成效。因而，导致在平时的工作中缺乏对青年价值观的培育。

其二，专业人才匮乏。思想政治工作需要有专门的人员来做，然而在一些工作单位中，基本上缺乏专门的人才队伍来做思想政治工作，因而不了解价值观变化和发展的规律，于是就造成了工作单位无法及时了解青年职工的思想动态，也缺乏专业人士对他们思想方面出现的各种困惑和疑问进行及时引导，进而导致对主流价值认同的削弱。

其三，价值观引导方式陈旧。现如今的青年接受信息的渠道越来越多元，而传统的报纸报刊、电台和电视等对青年的影响越来越小，越来越多的人通过网站、微信、微博、微视、抖音等各种互联网方式来了解社会信息，其价值观必然受此的影响更大。这就迫切需要每个工作单位要与时俱进，创新价值观引导的方式，贴近青年职工的生活，从而才能有效地引导青年的思想价值观。但实际上，一些工作单位还囿于传统的报刊、宣传栏和会议等方式，对价值观的引导停留在比较陈旧的方式上，其实际的效果如何就可想而知了。

第六节　互联网的助推因素

互联网是一把双刃剑，具有积极建构和消极解构的双重影响。它既可以促进社会矛盾的缓解和社会稳定的维护；也会成为孕育和激化社会矛盾与冲突的温床，特别是在信息传播、汇集民众、社会负面情绪酝酿等方面扮演着重要角色，容易加剧社会舆论的极化。对于城乡新生代青年而言，互联网对其就业、社会交往和利益诉求表达具有重要的积极促进作用，但同时也会带来一系列负面影响，容易留下安全隐患。

一、网络充斥虚假信息易扭曲价值观

当前，由于技术的原因，网络信息的审核与过滤依然困难重重，这使得有用与无用的、正确与错误的、先进与落后的网络信息并存，思潮“鱼龙混杂”。同时，移动社交媒体上的不少“信息来自的朋友，许多青年懒得思考，也没有时间思考，就轻易相信这些信息来源的真实性、科学性和可靠性，并对此深信不疑”[①]。这不但改变着“新生代青年”生活和思维模式，也对他们的政治态度、道德风尚和价值取向产生了不小的影响。在这个过程中，各种敌对势力利用各种社

① 葛志亮．微信与青年思想意识：影响及应对［J］．中国青年研究，2019（1）．

交媒体对我国青年一代进行意识形态领域的渗透和推销普世价值，它对地球各地的年轻人尤其是中国青年一代都在进行反复的“洗脑”，从价值观层面使其腐化、堕落，这非常不利于国家和民族认同感的形成。另一方面，青年作为使用网络最频繁的群体，一直通过各种网络社交工具而联接在一起，他们可能在不知不觉中就受到了这些价值观念的影响，甚至被价值观西化了。而且，处于叛逆期的青年以多元社会为大背景，更容易接受反传统的事物，特别是承受压力后，更容易出现思想上的“反抗”。

二、青年网络依赖导致各种网络病症

一方面，网络的依赖性与日俱增。不少青年表示，“没有网络的一天，还真是不太习惯”；没网络啥都干不了。甚至相当一部分青年认为“报纸电视可以不看，每天不能不上网”，如今被称作第四媒体的互联网已经成功超越电视、报纸、广播，成为青年关注程度和运用频率最高的传媒体系。据中央综治委预防青少年犯罪小组和中国青少年研究中心联合对 2.4 万名 25 岁以下网民的调查显示：青少年每天平均上网时长为 5.3 小时，为全国平均水平的 2.3 倍。另一方面，这种基于互联网形成所谓的“室中屋”，进入各自的虚拟世界，非常不利于有效的交际和沟通，还会导致很多的生理和心理疾病。正所谓“过犹不及”，因为对网络的过度依赖所导致的“网络上瘾症”“网络孤独症”“网络模仿症”等各种网络病症层出不穷，直接影响到了社会的稳定与和谐。

三、网络放大效应易造成网络暴力

互联网在中国已经成为民众的一个社会压力的重要释放点。在一定条件下，互联网对于社会矛盾具有明显的积极缓解效应，扮演着“缓冲器”的角色。[①] 据调查显示，社交媒体和强刺激游戏成为青年的主要解压途径，在问及“您使用何种社交媒体或游戏来进行自我解压”，其中排在前三位的分别为“抖音”“绝地求生”“西瓜视频”，分别占 52.5、45.4% 和 35.5%（详见表 7–5）。[②] 由此可见，网络已经是新生代青年进行释放社会压力、负面情绪和社会负能量

---

① 吴忠民 . 不应忽视互联网对社会矛盾的积极缓解效应［N］. 光明日报，2015–08–19.

② “2018”北京青年压力数据报告［EB/OL］. 中国网，2018–12–13.

的重要方式。然而，这种网络化释放机制存在自身的缺点和不足，一些网络新媒体、门户网站为追求点击量，对各种网络信息未进行甄别区分就发布，遑论对网民进行有效的价值引导。此外，像微博、微信、抖音等自媒体所传播的信息很难被有效监管和实行必要的价值引导，这些信息常常出现一些选择性的夸大和隐瞒，并辅之以情绪化的言辞来感染和影响他人，从而进一步造成信息的失真而不断被放大影响，从而达到某种不可告人的目的。这就使得大量夸大的、负面的信息充斥在网络各个角落中，这种无序的释放会带来一系列负面的社会影响。

表 7-5　青年群体用来解压的软件使用情况　（N=4116）

类型	频数	百分比
抖音	2317	52.5%
绝地求生	2004	45.4%
西瓜视频	1568	35.5%
王者荣耀	1334	30.2%
快手	1062	24.0%
斗鱼	926	21.0%
今日头条	811	18.4%
全民 K 歌	770	17.4%
陌陌	638	14.4%
探探	428	9.7%
开心消消乐	420	9.5%
喜马拉雅	243	5.5%

数据来源："2018" 北京青年压力数据报告［EB/OL］. 中国网，2018-12-13.

网络的传播可以授予个人无限过滤的能力，而也正是这种无限的过滤能力会导致极度的分裂。网络之所以能够制造群体极化的大危机，只因它能让志同道合的人更容易相互沟通——最后走向极端甚至暴力一途。和青年兴趣点相同的信息会被强化，让他们认为世界就是如此的；和他们兴趣点不同的信息会被弱化，并最终消失掉。这种群体的出现，带来的另一个结果则是"极化现象"。思想的极化，是社交网络的鲜明特点。尤其当相同的人汇聚，有相同的观点形成，无论年青人还是成年人，线上还是线下，人们都更加容易选择“站队”。近年来，网络群体的极化风险不断增大，使得网络暴力现象时有发生。当中间派感到无力之时，社会便难取得共识，难以达到有利各方的妥协行动，唯有继续斗争，不断撕裂。2013 年 12 月一名高中女生投河自尽的消息引发热议，18 岁少女在一次购物中被指偷窃服装，店主将监控录像发到微博要求人肉搜索，网友疯狂转发后，女孩的姓名、所在学校、家庭住址和个人照片均遭到曝光，因不堪重负她选择了自杀。互联网的助推，客观上容易导致“80 后”人群对社会安全产生某些不利的行为。为此，要高度关注新闻媒体与互联网在青年骚乱中的作用。

第八章 城乡新生代青年影响社会稳定的应对策略

城乡新生代青年是影响社会稳定的主要力量，既能对社会稳定产生积极的影响，也存在消极的影响。当产生积极影响时，需要利用各种主动的建构措施，推动青年发挥积极作用。当产生消极影响时，则需要针对具体破坏性的机理采取针对性的治理策略。正是因为城乡新生代青年对社会稳定存在着正反双面的影响，符合社会控制理论当中的基本机理，使得运用社会控制理论来探讨新生代青年影响社会稳定的治理对策成为可能。一般而言，社会控制的方法可以分为正式控制和非正式控制、内控制和外控制、刚性约束和柔性引导等各种方式。本章分别从刚性约束和柔性引导两个角度来展开分析。从刚性约束而言，主要从法律政策、民生政策等各种社会规范切入；就柔性引导而言，主要从畅通参与渠道、心理疏导等方式进行展开。

第一节 制定和完善涉及青年的法律政策

青年强则国家强。放眼古今中外，青年都是经济和社会发展的主力军，尤其在维持社会稳定方面更是关键力量。我们必须充分认识到，在现代社会加速转型的过程中，新生代青年对社会提出了更多的诉求，其在婚恋、就业、住房、教育、心理、社会参与等方面有着诸多的诉求。同时，伴随着互联网和大数据等数字信息时代的发展，新生代青年更加倾向于利用网络自媒体来发声进行利益表达，对国家的治理带来了不小的挑战。如果不能妥善处理好，无疑会对社会稳定产生极大的影响。因此，要使得这些问题得到有效解决，就必须在党和国家制定的各项法律和政策中体现出对青年诉求的回应，而如若解决不当则容易留下经济社会安全的隐患。随着国家对青年的重视不断加强，特别是出台了《中长期青年发展规划（2016—2025年）》后，标志着从国家层面和社会层面已经着手为青年发展和青年利益表达提供了制度和法规作为强有力的保障。[①] 具体来看，制定和完善涉及青年的法律政策的工作主要体现为以下几个方面：

一、完善社会组织方面的法律法规

社会组织的有效生成与有效运行是国家治理的重要体现，社会组织也是公众参与公共事务的重要平台，已经在绝大多数国家的社会发展中成为政府、市场和社会之间的调节器。在中国式现代化不断发展的过程中，全过程人民民主的意识和实践不断增加，使得公众极大地增强了参与公共事务的热情。因此，针对社会组织的有效生成与有效运行就成为推进中国国家治理体系和治理能力现代化的有效路径。其中，关系到社会组织基本性质和基本运行路径的总体制度是指向社会组织的法律，只有通过精准推进社会组织法律治理，才能有效促进青年社会组织的健康发展，进而有助于解决青年在青年社会组织中的问题，实现服务青年、引领青年和发展青年，最终推动青年参与社会治理，解决社会治理的问题。[②] 当前，在青年社会组织蓬勃发展的时刻，相对应的青年社会组织法治工作进展却相对缓慢。特别是1998年制定的《社会团体登记管理条例》已经无法适应新时代以来的社会建设和发展状况，《民办非企业单位登记管理暂行条例》和《基金会管理条例》也存在着明显的不完善之处，这就成为制约青年社会组织有效发挥作用的瓶颈，需要尽快通过相关法律来精准推进社会组织法律治理，最终解决相关问题。

1. 加强青年社会组织的登记

中国的青年社会组织已经在经济社会的快速发展背景下取得了长足的发展。从已有的数量规模来看，其增长速度相对较快。据民政部公布的相关数据显示，

---

① 朱梦琪. 创新社会参与机制《规划》为国家发展注入“青年力量”[EB/OL]. 中国青年网，2017-05-08.

② 康晓强. 青年社会组织管理应力避四大误区[N]. 学习时报，2017-04-24.

截至2021年底，全国共有社会组织90.2万个，比上年增长0.9%，总量的增速明显下降；吸纳社会各类人员就业1100万人，比上年增长3.6%。其中，青年社会组织约占40%左右。但是，由于现行法律法规侧重于解决青年社会组织如何登记的程序和规范问题，对于批准登记的标准问题并没有完全得以解决。[①]根据学者的统计测算，全国范围青年社会组织早已超过100万个，只是绝大多数青年社会组织未能经过民政部注册登记。[②]从青年社会组织的登记现状来看，确实反映了社会组织方面立法的不足，其必然会导致一些优秀的青年社会组织难以得到社会认可，从而无法有效地发挥积极作用。

由前述情况来看，青年社会组织的发展必然要求国家主动积极推进社会组织登记注册方面的立法工作，以便加强隐性的青年社会组织或青年自组织的精准登记和管理。首先，要精准界定和明确登记管理部门。当前，在青年社会组织的登记和监管上机构设置尚不清晰，总体上，青年社会组织虽归口民政部门管理，但在实际登记过程中，青年社会组织又面临双重甚至多头的管理体制，多个部门都会相继介入，容易导致面对责任时，各个部门都出现相互推诿的情况。同时，由于缺乏相应的法律依据，负责登记环节的民政部门并不能对青年社会组织的相关活动进行全过程的有效监管。其次，要对青年社会组织进行精准分类管理。对于那些符合现代社会发展需要的青年社会组织，即便它们在一定程度上受制于注册资金、场所、挂靠单位、会员数量等条件，也要创造条件降低登记注册门槛，以使其快速实现合法化，将其纳入法治化的管理轨道，便于更好地引导和发展；当然，对于那些既不符合中国特色社会主义事业发展需要，且不符合登记注册条件的青年社会组织，应当依法取缔以防止其隐性发展和违规行为。

2. 准确界定青年社会组织的权责

当前，中国尚未设立社会组织法，只有《社会团体登记管理条例》《民办非企业单位登记管理暂行条例》《基金会管理条例》等法规，而且这些法规重在规范登记程序，其对于青年社会组织的权利和义务等规定的界定并不清晰。一方

① 全国人大代表王明雯建议：加快《社会组织法》立法进程［EB/OL］. 澎湃新闻网，2016-03-08.

② 马慧娟 . 中国青年社会组织发展报告出炉 身份是个问题［N］. 中国青年报，2014-07-13.

面，缺乏对社会组织权益保障的法律规范，另一方面，缺乏对社会组织与其他组织及个人之间的权利义务关系的法律规范。[①]

首先，应该明确青年社会组织的权利。从现实情况来看，由于缺乏相对完整的法律规范，青年社会组织的合法权利有时会被侵犯，比如青年社会组织的财产存在强行征用、税率不清的情况。为此，要针对不同类型的青年社会组织进行明确的赋权。无论是从资金的获取和使用、税收优惠、服务开展，还是公共事务的参与和监督，都应该有明确的规定，比如具体享有的权利、实现权利的方式等。

其次，要明确青年社会组织的责任。马克思曾说过："没有无义务的权利，也没有无权利的义务。"[②]青年社会组织的合法权利虽然要得到保护，但其也必须要承担相应的责任。一定要明确其责任的边界，确保青年社会组织要在规定的边界当中从事相应的活动，明确"哪些事情能做，哪些事情不能做"，不得越界从事法律权限范围之外的活动。除了要在登记注册环节加强监管，还要在资金募集、资金使用、组织架构、人员构成、财务监督、活动开展等方面有明确的法律规定，确保信息的及时公开、强化决策公开和运作透明，从而提高青年社会组织自身的责任感。

3. 清楚界定青年社会组织失范行为的法律责任

由于相对应的法律不健全，使得青年社会组织受到监管时可能存在一定的违法空间，这就使得一些青年社会组织，利用法律和法规的漏洞，进行非法行为以及谋取不合法的利益。从实际情况看，应该要利用现行的法规，明确细化青年社会组织应当承担的法律责任，特别是要明确青年社会组织在登记活动变更以及终止的过程当中应有的法律责任。同时，还要明确监管机构和工作人员的法律责任，也要与等级评估、信用评价、购买服务、税收优惠等事项挂钩，明确其行政处罚责任。例如，有的青年社会组织利用"一带一路"建设、"军民融合"、"扶贫救助"、"乡村振兴"等国家战略名义骗钱敛财，也有的社会组织假借慈善之名非法接受社会上的捐赠，还有的从事传销、非法集资等活动。这不仅侵害了人民群众的合法权益，也极大地损害了社会组织的公信力，进而影响了社会的安全与稳定。数据显示，2021 年我国共查处社会组织违法违规案件 8594 起，行政处罚 8024 起。[③]这些被媒体披露的社会

---

① 郑功成 . 制定社会组织法刻不容缓［J］. 中国党政干部论坛，2018（5）.

② 马克思恩格斯选集（第 1 卷）［M］. 人民出版社，1972：18.

③ 2021 年民政事业发展统计公报［EB/OL］. 中华人民共和国民政部网站，2019-08-15.

组织失范行为，由于缺乏相应的法律依据而无法得到有效的监管和惩罚，从而导致对社会组织的信任度不高，影响青年参与社会组织的积极性。

二、加强对网络自媒体的监管

网络自媒体是个人在互联网上传播信息的新型数字媒体[①]，主要是公众个体借助博客、论坛、社区、微博、微信、抖音等网络平台来进行文字、图片和视频的发布与收集。网络自媒体的出现，特别是以青年人成立的自媒体为标志，对互联网的信息传播造成了新的影响。进入新世纪以来，网络自媒体的强大生命力对传统媒体形成了巨大的冲击与挑战。

与传统媒体相比较而言，网络自媒体具有一些新的特点。从使用主体角度看，网络自媒体的使用主体是青年人群，“数字青年”的提法就是对此现象的体现。当今互联网上，新生代青年对网络自媒体越加青睐，网络自媒体日渐成为新生代青年不断展示自我个性、获取信息和自我价值实现的重要平台。据微博官方数据显示，截至 2021 年四季度末，微博月活跃用户达到 5.73 亿，同比增长 10%，日活跃用户达到 2.49 亿，同比增长 11%。微博平台中“90 后”用户和“00 后”用户占比已接近 80%。[②]此外，据《2022 抖音年轻人观察报告》的用户数据显示，截至 2021 年，抖音上用户的年龄在 18 岁到 23 岁之间的用户超过十分之一，44.3% 的年轻人通过抖音学习新知，有 50.6% 的年轻人在网上直播过。[③]再从使用载体上看，自媒体主要以即时通信软件为平台来实现其传播的功能，而且青年人群也最擅长使用这些即时通信软件。具体来说，即时通信软件主要包括文字图片和音频视频两种类型，如微信、QQ、微博、抖音、微视、百度 HI、Skype、MSN 等。据第 50 次《中国互联网络发展状况统计报告》[④]的数据显示，截至 2022 年 6 月，全国网民规模达到 10.51 亿人，较 2021 年 12 月新增网民 1919 万，截至 2022 年 6 月，20—29 岁、30—39 岁、40—49 岁网民占比分别为 17.2%、20.3% 和 19.1%，高于其他年龄段群体。

---

① 彭小毛 . 自媒体时代及其舆情应对［J］. 中国广播电视学刊，2013（8）.

② 2021 年微博用户发展报告［EB/OL］. 新浪微博，2022-03-03.

③ 2022 抖音年轻人观察报告［EB/OL］. 知乎，2022-11-03

④ 第 50 次中国互联网络发展状况统计报告［EB/OL］. 中国互联网络信息中心，2019-08-31.

截至2022年6月，我国即时通信用户规模达10.27亿，较2021年12月增长2042万，占网民整体的97.7%。网络新闻用户规模达7.88亿，较2021年12月增长1698万，占网民整体的75.0%。网络直播用户规模达7.16亿，较2021年12月增长1290万，占网民整体的68.1%。短视频用户规模为9.62亿，较2021年12月增长2805万，占网民整体的91.5%。（详见表8–1）。毫无疑问，日趋盛行的网络自媒体对社会的正常运行与秩序带来了一定的影响，这在2020年1月武汉暴发的新冠肺炎疫情事件中表现得尤为突出：不少网民通过网络自媒体拥有了一定的话语权，曝光了疫情防控中存在的问题，并实现了一定程度的利益诉求表达；但同时，网络自媒体也充斥了大量的虚假信息，夸大了负面影响，造成了公众的恐慌。

表8–1　2021年12月至2022年6月各类互联网应用用户规模和网民使用率

年份 应用	2021.12		2022.6		增长率
	用户规模（万）	网民使用率	用户规模（万）	网民使用率	
即时通信	100666	97.5%	102708	97.7%	2.0%
网络视频（含短视频）	97471	94.5%	99488	94.6%	2.1%
短视频	93415	90.5%	96220	91.5%	3.0%
网络支付	90363	87.6%	90444	86.0%	0.1%
网络购物	84210	81.6%	84057	80.0%	−0.2%
搜索引擎	82884	80.3%	82147	78.2%	−0.9%
网络新闻	77109	74.7%	78807	75.0%	2.2%
网络音乐	72946	70.7%	72789	69.2%	−0.2%
网络直播	70337	68.2%	71627	68.1%	1.8%
网络游戏	55354	53.6%	55239	52.6%	−0.2%
网络文学	50159	48.6%	49322	46.9%	−1.7%
在线办公	46884	45.4%	46066	43.8%	−1.7%
网约车	45261	43.9%	40507	38.5%	−10.5%
在线旅行预订	39710	38.5%	33250	31.6%	−16.3%
在线医疗	29788	28.9%	29984	28.5%	0.7%

数据来源：第50次中国互联网络发展状况统计报告。

客观辩证地看，新生代青年在网络自媒体上可以有效表达利益诉求，这是青年思想和行为多元和复杂化的表现，但这种行为也导致了整体的互联网舆论生态发生重大变化，为舆论风暴和危机的发生创造了新的空间。近年来，随着《中华人民共和国网络安全法》（2017 年 6 月 1 日起施行）和《互联网用户公众账号信息服务管理规定》（2017 年 10 月 8 日起施行）等法规性文件的制定和出台，从而为网络自媒体的监管提供了一定的法律依据，促进了网络自媒体的健康有序发展。然而，还应该注意到的是，不少的法律政策重点针对网站的管理，相对互联网现有的自媒体发展还未做出系统和全面的规范。

目前，由于专门关于网络自媒体的专项法律仍然处于缺失状态，因此来自网络自媒体的舆情传播难以得到有效控制，其根本原因就在于网络自媒体的自我约束性不强，导致了网络自媒体领域存在不少舆论乱象甚至违法行为。归纳而言，网络自媒体的舆情传播会在以下几个方面影响到社会的安全稳定：有的自媒体蹭社会热点，并利用奇谈怪论或怪异行为来博取眼球以达到吸人气和提流量的目的；有的自媒体逾越法律红线，传播有害的网络信息，甚至煽风点火并浑水摸鱼，无限放大负面影响，进而危害国家的安全稳定；有的自媒体触碰道德底线，散布虚假恶俗信息，有意无意地成为网络谣言的制造者或恶意炒作的帮凶，导致网络谣言泛滥，混淆视听；有的自媒体肆意抄袭侵权，出现言论和行为失范从而侵犯他人合法权益，如人肉搜索、网络谩骂、网络暴力等，给当事人和相关人造成巨大的心理压力；有的自媒体为金钱所迷失，在网上搜索“自媒体”，相关词条多是“自媒体怎么赚钱”“怎么吸粉”“怎么写出爆款文章”，甚至有少数坐拥众多粉丝的自媒体，利用互联网带来的话语权干起敲诈勒索的勾当。[①] 网络自媒体发生的此类现象，在一定程度上对网络舆论生态是重大的破坏，同时也会导致现实社会受到网络舆论的传导，衍生大量的社会问题，对正常的社会秩序带来很大的挑战，留下很大的安全隐患。毫无疑问，针对当前网络自媒体的发展态势，以及由此带来的网络空间意识形态工作和舆论工作的复杂局面，这对国家治理提出了更高的要求，迫切需要从法律制度层面来考量系统性的治理。

其一，完善网络自媒体的相关法律体系。总体上看，我国有关规范自媒体发展的相关法律、法规、政策相对滞后，舆情处理陷入“封”“堵”“删”和“滞”

① 苗希侯 . 自媒体该拿稳麦克风 守住法律的底线［N］. 人民日报，2018-11-08.

的困境，缺少先发优势。[①] 网络自媒体具有一定的独特性，不能完全按照过去传统的监管思维，而是要从法律建设、政府监管、社会监督等方面共同推进，并紧密结合自媒体的传播和演化规律来构建起以立法、执法和监督为重要抓手的治理体系，形成对自媒体的管理“天网”，从而实现在法治化框架内消除自媒体的种种“杂音”“噪声”和“谣言”，更好地传播社会的正能量。

其二，不断加强网络自媒体的相关立法。立法是法治之基础，而网络自媒体领域却又是一个新兴的领域。加快网络自媒体领域的立法工作已成为社会的共识。只有通过制定和完善网络自媒体方面的法律法规，填补法律管理上的漏洞，明确网络自媒体的法律边界，才能为青年的各种网络行动和政府监管提供坚实的法律依据，做到有法可循和有法可依。一方面，控制网络自媒体的准入门槛。当前网络自媒体的门槛较低，几乎没有什么准入条件，只需要进行实名认证即可。这迫切需要针对不同的用户进行分类管理，也赋予不同的权限。另一方面，重点加强网络信息保护。对受保护的个人信息范围、自媒体直播平台等利用信息的权限等进行明确的规定。当前各大新闻网站、公众号的法律边界越来越清晰，违法侵权现象得到有效遏制。然而，网络自媒体造成我国个人信息泄露的情况却越来越多，令人堪忧，在公民自身疏忽和公共管理部门不善管理中悄然显露，被用于非法途径。[②] 为此，要以高层级法律形式确定法律规制的效力和权威，并出台相应具体专门的网络言论自由规制法律，逐步形成基本法律为主，行政法规、部门规章和地方规定为辅助的专业立法体系。[③]

其三，加大对网络自媒体违法行为的执法力度。当前，虽然已有的法律规范，对网络自媒体存在着一定的法律规范真空，但现有的法律当中，对涉及网络自媒体的执法也存在着责任过轻，惩罚力度过小，以及对于各类涉嫌不实、虚假、诽谤的行为处理相对滞后等问题，这些执法层面的漏洞为网络自媒体的违法行为提供了可乘之机，使得法律规范的强制性和威慑性达不到预期效果。

---

① 王俊．代表建议：加强自媒体传播立法，确定网络言论自由的法律边界［EB/OL］．澎湃新闻，2019-03-12.

② 韩德强．网络空间法律规制［M］．人民法院出版社，2015：103.

③ 王俊．代表建议：加强自媒体传播立法，确定网络言论自由的法律边界［EB/OL］．澎湃新闻，2019-03-12.

近年来频频出现自媒体发表不实、虚假、涉嫌诽谤类的文章、图片和视频，这些凸显了在惩处网络自媒体违法违规行为方面的问题。为此，就网络信用角度而言，要建立网络自媒体失信体系。要根据网络自媒体的实际运行状况，针对性地建立一套信用体系，其中对于网络自媒体上有信用的主体给予更大的网络权利；而对于以往信用长期不好的网络自媒体，必须及时纳入黑名单，并根据相应的准则，明确采用相应的惩罚措施；对于危害较小、次数较少的自媒体进行提醒警告；对于造成一定危害、次数较为频繁的可以进行禁言、封号等；对于危害大、次数尤为频繁的自媒体除了禁言封号之外，还要所有平台联动，彻底将其驱离自媒体体系；对于严重危害其他人合法权益和社会公共利益的，要依法追究其相关法律责任。

三、完善涉及青年的权益保障法律法规

新生代青年逐渐重视其权益，这是新生代青年权利意识觉醒的一个结果。特别是在就业、财产、教育、婚姻等诸多方面，新生代青年提出了较多的现实利益诉求。如果这些利益诉求得到有效解决，就会使得新生代青年对社会稳定产生积极影响，而一旦这些利益诉求无法得到有效解决甚至其诉求渠道不能畅通，都会导致青年情绪的存在，并且趋向于发泄其不满情绪，最终引发社会不稳定。对此，应当考虑不断地完善涉及青年权益的保障法律法规，从硬性的制度角度出发，切实地维护好新生代青年的合理合法权益，使其增强对社会的认同感，从而促进社会的稳定。

从现有的法律规范来看，目前我国尚未出台专项的青年权益保障专项法律，缺少像《老年人权益保障法》类型的法律。青年权益的保障主要散见于相关法律，如《婚姻法》《劳动法》《就业促进法》《妇女权益保障法》《网络信息内容生态治理规定》等。此外，我国颁布实施的《中华人民共和国未成年人保护法》《中华人民共和国预防未成年人犯罪法》等法律法规也涉及了16—18岁未成年青年，他们的权益保护被纳入这一范围，然而并未覆盖其他青年人群。与其他人群相比较，青年群体面临社会领域当中的教育、婚恋、就业、住房等各种压力，因而需要制定保护这一群体权益的专门性法律法规。尤其是18—22岁之间的青年人群比较特殊，有些尚未达到法定结婚年龄，且有一大部分还未完成大学学业，尚未完全进入社会，他们虽然已经具备了一定的自我权益保护能力，但还不足以

有效保护自身的合法权益，这些正逐步进入社会体系的青年群体需要特别的权益保护。当前，应该着重考虑从法律角度出发规范保护青年权益，保障在现有的法律体系当中，有效增加相应的法律法规。

其一，对青年就业方面的法律法规进行完善。就业不但是经济的“晴雨表”，更是维持社会稳定的“定海神针”。青年的就业对于社会稳定具有极为重要的影响，解决的好会对社会的稳定有序运行产生积极影响，解决不好则会直接导致社会稳定问题。目前，我国新生代青年面临的就业形势非常严峻，其中青年大学生、女性青年和青年农民工的就业问题要引起高度重视。对此，需要制定和完善相关法律政策来促进新生代青年的就业。以“就业歧视”为例，我国“全面二孩”政策实施以来，女性青年的就业受到了不小的影响。这就需要中国针对性地完善青年就业方面的法律和法规，从而有效消除对女性青年在职场上的歧视，确保女性青年获得公平的就业权利。为此，一方面，要从法律层面明确界定就业歧视的内涵、类型，尤其要加大对隐性就业歧视的识别和惩罚力度；另一方面，要加大就业歧视的监督力度，建立健全就业歧视举报制度，依法保护和奖励举报就业歧视的育龄青年女性。①

其二，针对青年教育方面的法律法规进行补充。对任何一个社会而言，青年受到良好的学习和教育是确保社会稳定有序运行的重要条件，因此确保青年学习和受教育的权利得到充分保护是实现青年权益保障的重要内容。一方面，要重点突出补充青年受教育的法律。通过相关法律政策的补充，可以在法律宣传中加强对青年的法治教育，培养他们的法治思维和提高运用法治方式来解决问题的能力，从而可以有效防止青年越轨行为的出现。已有研究发现，青年的许多越轨行为与其受教育的程度直接相关。有的青年因义务教育阶段就辍学外出务工，受教育程度低，因而也不知道如何通过法律途径来维护自身权益；也有的青年不重视对法律的学习，导致对法律的无知，意识不到自身的越轨行为。针对不少青年法治方面的“无知性”特点，需要通过学校、法律机构、工作单位、社区组织、青年社会组织和大众传媒等各种社会化的教育方式来加强青年的法治教育，也即青年的继续社会化。特别是要保障城镇务工青年、城乡困难青年、重疾重症青年等难以得到基本教育保障的适龄青年接受义务教育和法治教育的权益，使其知道如

---

① 常进锋．重视保护育龄青年女性的就业权益［N］．社会科学报，2018-11-01.

何通过法律途径来维护自身的权益。另一方面，要继续加强青年职业培训教育的法规建设。随着我国经济体制的转轨和产业结构的调整，青年面临的结构性失业风险越来越大，出现技能性人才的短缺问题。为此，要通过法律政策的调整来加大职业教育的力度，除了要重视职业院校的培训之外，也要明确规定企业在员工职业培训上的义务和责任。此外，还要在法律法规中明确规定如何解决青年遇到的不当处分、人身伤害、校园欺诈、拖欠薪金等权益侵害问题。

其三，对青年心理健康方面予以法律保障。没有良好的身体和心理健康，就无法确保青年成才，今天的社会生活当中日益激烈的竞争使得新生代青年面临空前压力，进而引发了一系列青年的心理问题。据《中国国民心理健康发展报告（2019—2020）》的数据显示，中国城镇居民心理健康状况不容乐观，对不同年龄段之间的心理健康指标进行统计检验发现，随着年龄增大，以中国心理健康量表衡量的心理健康指数呈现逐年升高的趋势。25—34岁组与35—44岁组之间差异不显著，而18—25岁组的心理健康指数低于其他各年龄段，45岁及以上组高于其他各年龄段。相应地，抑郁和焦虑水平则呈现随年龄增大而降低的趋势。这一结果提示，青年期的心理健康问题较为多发，需要重视青年心理健康问题的预防与干预。[①] 其中青年的心理问题更为突出。据世界卫生组织的数据显示，全球20—39岁人群精神疾病负担最重，我国精神疾病负担重的年龄组分别是20—24岁（21.76%）、25—29（21.57%）、30—34（20.86%）、15—19（19.97%）、35—39（18.70%）。[②] 毫无疑问，有必要针对性地制定相关的规范，特别是要明确制定青年身心健康的具体标准，建立相应的生理健康和心理健康评估指标体系，规范学校、家庭、社区在维护青年身心健康方面的义务，并建立相关保障机制，确保诸项义务的落实。必须加快建立健全相关法律法规，明确青年身体健康和心理健康的相关标准，建立起一整套完善的评估体系，并对家庭、社区、学校和工作单位等在维护青年方面的具体要求加以明确，从而确保这些具体的要求落实到位。

其四，加强青年社会保障的法律供给。青年就业当中涉及社会保障的问题经常表现为：用工制度不规范，劳动合同签订率不高，社会保障不足，各种保险缴纳率较低等问题。由于青年农民工社会权益存在制度保障等诸多问题，致使青年

---

① 中国国民心理健康发展报告（2019—2020）[EB/OL]. 知乎，2021-03-05.

② 顽疾久治无效，也许是心理问题[EB/OL]. 中国家庭报网，2019-12-17.

农民工社会保障权益的实现困难重重。然而，因户籍制度、就业制度、社会保障制度和土地制度等多种社会制度不完善，最终将影响青年农民工基本权益的行使与保障。立法部门应当积极的从法律供给的角度创造性地提供社会保障，确保已经为城镇化作出巨大贡献的青年农民工群体等青年群体提供有效的保障。①

其五，针对弱势青年人群提供法律帮助。虽然中国的法制化进程不断加快，我国已经建立起了各种各样的法律援助机构。确实有效地维护了大多数人群的法律权益。但涉及特殊的青年人群则缺乏具有针对性的权益保障法律，其中关于弱势青年人群，包括婚姻受挫的大龄青年、受就业歧视的女性青年、受家庭暴力的女性青年、被拖欠薪金的青年农民工等，往往由于他们在社会中处于弱势地位，而缺乏足够维护自身权益的能力，这就需要各级政府和各种社会力量来为这类青年提供各种法律帮助。

其六，着重强化新生代青年的法治意识。法国思想家卢梭曾说过，“一切法律中最重要的法律，既不是刻在大理石上，也不是刻在铜表上，而是铭刻在公民的内心里”。青年法治意识的强与弱，关系着他们是否会真正认可法律法规的内容、实施及结果，以及把法治作为处理问题和维护权益的首要手段。在现实生活中，不少青年的法治意识淡薄，不但对法律法规缺乏足够的了解，也不知道如何运用法律手段来维护自身的权益。据一项调查显示，读过宪法的青少年只有20%，有 30% 的人完全没读过宪法，对部分宪法知识的调查准确率只有 50%。②如果青年的法治意识相对淡薄，那么他们对于日益增加的利益诉求，就可能采取非法律手段或者非制度化的渠道来进行表达，其结果可能是无法满足其自身利益诉求。因此需要在学校和社会化的机构当中，不断地加强青年法治意识。首先，要充分发挥学校在法治教育中的作用，把法治作为学生的必修课之一，加强培养起学生的法律素养；其次，要利用其他社会化机构（如工作单位、社区、青年社会组织、大众媒体等）来加强法治的宣传教育，增强青年的法治意识；再次，要加强对青年的违法警示教育，让他们充分认识到违法犯罪带来的后果。

---

① 夏静雷，张文标，张娟 . 论青年农民工社会权益保障及制度［J］. 中国青年政治学院学报，2014（1）.

② 孟伟 . 青少年法治教育进行时［N］. 法治周末，2019-10-16.

四、不断完善青年社会信用体系

诚信是为人之本。诚信首先是一个国家和社会正常运行的基本条件。如果一个社会把事情看成社会的常态，就极其容易导致社会价值体系的崩塌，其结果一定会危害到社会的稳定。从现有的情况来看，虽然社会的信用体系逐步建立，但社会上信用缺乏的现象仍大量存在，并且由此引发了一系列的社会矛盾和社会冲突，这也是现有法律体系当中大量增加信用类案件的重要原因。数据显示，自 2013 年以来，我国共新增失信被执行人 1712.71 万。2013—2015 年，每年新增失信被执行人数量在 200 万以内，2016—2020 年，年新增数量均超过 200 万，2019 年新增最多，数量接近 300 万。2020 年，全国新增失信被执行人 249.84 万，同比下降 15.6%。2021 年，全国新增失信被执行人 134.12 万，同比下降 46.3%。从年度趋势来看，失信被执行人的增长数据整体呈现下降趋势，尤其是 2021 年，同比下降 46.3%。由此表明，国家在保证执行力度的前提下，社会信用体系建设已卓有成效。[①]

无疑，青年信用体系的建设在整个社会信用体系建设处于十分重要的位置，关系着社会的安全与稳定。从社会上普遍反映的情况来看，当前中国青年的信用状况令人十分担忧，其中表现为信用卡不及时还款、助学贷款拖欠、就业合同协议毁约等现象。这些信用状况也衍生出一系列的社会问题。就涉及的领域来看，青年在学习教育、就业创业、人际交往、婚恋家庭、子女抚养和赡养老人等领域失信的风险增大，青年的失信问题如若解决不好势必会制约青年的成长发展。青年失信的最重要影响之一就在于它的人际传播性。由于青年人的思想不够成熟，喜欢学习和模仿其他青年的失信行为，这就导致在青年人中形成一股失信的不良风气，从而造成恶劣的社会影响。为此，迫切需要加强青年信用体系建设。

首先，加强青年信用体系建设方面的立法。目前，中国的已有征信系统尚不完善，一些青年的信用信息还不能完全被规范录入系统，其根本原因就在于青年信用体系建设方面的立法还不健全。青年的信用信息零碎分散，缺乏全面性、准确性、及时性，有的甚至存在信用记录缺失的现象。为此，要从青年信用体系建设主体、信用信息收集和管理、信用等级评价和运用、法律责任承担等方面进行明确的界定，确保青年信用体系的法律权威性和系统性。

---

① 大数据揭秘：2021 年全国新增失信被执行人 134.12 万［EB/OL］. 信用中国，2022-04-02.

其次，增强青年信用体系的运行作用。青年信用体系的运行涉及的面非常广，其作用机制也非常多，其中，激励机制和失信修复机制是其尤为重要的部分。从激励机制方面来看，要加强对守信青年的激励。既要加大力度对守信青年的宣传力度，也要在教育、就业、金融、旅游等方面给予守信青年正向的激励，提供更加优质的服务，在青年中营造守信的社会氛围。从失信修复机制来看，青年时期是承上启下的人生重要阶段，如果这一阶段的年轻人因为叛逆等各种原因导致失信行为，应该给机会加以纠正，因为此时的青年人在性格、行为思想等各方面都具有很强的可塑性，仍然可以在合理的范围当中进行及时的纠偏。无疑，如若青年的失信行为得不到及时有效的修复，就会影响到青年的人生全过程。为此，要探索建立符合青年人群特点的社会自我纠错和社会志愿相结合的修复机制，支持有过不良信用记录的青年个体通过社会公益服务的形式来修复个人的社会信用，从而避免青年失信行为的恶性循环。

再次，积极开展青年诚信宣传。虽然我国已制定和出台《社会信用体系建设规划纲要（2014—2020 年）》《关于建立完善守信联合激励和失信联合惩戒制度加快推进社会诚信建设的指导意见》《关于进一步把社会主义核心价值观融入法治建设的指导意见》和《青年信用体系建设规划（2016—2020 年）》等，但从现有情况来看，新生代青年对于个人征信问题的认识还相当不到位。据一项对 2946 名大学生进行的调研显示，发现有 5.67% 的学生表示“并不准备按时还款”，可见部分学生对还款的责任意识不是很明确，没有充分了解不按时还款的危害。对于个人的征信问题，有将近四成的被调查大学生表示“没有听说过个人征信报告”，有过半的大学生“听说过但不了解”，只有 12% 的大学生“了解个人信用报告”。[①] 因此，要采取各种有效措施，通过传统媒体（如报刊、广播电视、宣传标语等）和网络新媒体（如网站、微博、微信、微视、抖音等）等来对新生代青年大力宣传诚信文化，引导青年重视社会信用，以此来纠正青年人的失信行为，从而消弭青年人之中存在的违法违规现象潜在诱因，让遵纪守法的良好意识在青年人之中生根发芽。[②]

① 魏礼群 . 中国青年诚信建设新探索［C］. 中国言实出版社，2017：43.

② 杜晓 . 青年信用体系建设夯实法治根基［N］. 法制日报，2016-07-20.

第二节 优化青年民生社会政策

民生问题是影响社会稳定的根本问题，解决好民生问题是确保社会得以稳定有序的关键。由于青年是社会的新生力量，民生问题对于青年人群来说更为敏感。今年最关心的最直接和最现实的问题都是民生问题，其中包括衣食住行，就业教育，居住医疗等各种一般性的民生问题，还包括专属于青年人面临的特有问题，比如恋爱婚姻和子女教育、抚养老人等各种人生问题。这些问题一方面影响到青年在社会的基本生存，另一方面又对青年的未来发展有着不可估量的影响。只有解决了青年民生问题，才能够有助于化解社会矛盾，促进社会稳定。而要解决青年民生问题，一个重要的手段就来自民生社会政策的优化。

一、重视青年民生问题的解决

从过往的研究来看，社会经济发展与青年群体的生活水平直接相关，并且会直接影响青年人群对社会的认同度。当社会经济发展为青年人群创造更好的生活水平时，青年人群对社会的认同度将趋于升高，最终表现为积极参与社会建设，其结果就表现为社会和谐稳定。美国学者奥罗姆指出："处于较高社会经济地位的人参与政治的比例必然要比处于较低社会经济地位的人高些，这种差别确实可以反映出那些较低社会地位的成员在各方面的不利条件，诸如仅享有较低级别的信息和较少的闲暇时间。"①

新生代青年的民生问题事关他们对国家和社会的认同，如果新生代的青年无法解决基本生存问题，对于未来的发展也缺乏民生作为基本支持，那他们将无心也无力去关注社会，更加不愿意主动纳入到各种制度化平台去表达利益诉求。更为糟糕的是，当青年的生存状况持续得不到有效改善，他们就会对政府不满，一旦被唆使或煽动，就会聚合成一股非制度化的力量，就有可能导致极端的社会越轨行为出现，如极端报复、群体性事件或街头骚乱等。正如亨廷顿所言："疏离

① 〔美〕安东尼.奥罗姆.政治社会学：主体政治的社会剖析［M］.张华青，等译，上海人民出版，1989：77.

的大学毕业生准备发动革命，疏离的技校和中等学校毕业生筹划政变，疏离的小学辍学者从事经常性的五花八门但无关紧要的政治骚动。”①

二、优化涉及青年的一般民生政策

任何一个国家都需要考虑青年的生存性和发展性问题，而事关青年的生存和发展性问题的民生政策，又必然是一般性的民生政策。②假如一个国家内的一般民生性政策不能得到有效的优化，一定会给青年群体带来巨大的工作压力、择偶压力和生活压力，影响青年的社会认同，进而导致各种越轨行为的产生。因此，当青年群体面临各种社会的压力时，一定要及时和充分地运用好政府和社会的两种力量，并将两种力量有效结合起来，制定和完善各种有关青年的政策体系，如青年管理服务政策、缩小贫富差距的收入分配政策、促进创业的青年就业政策、降低生活成本的年轻人公共房屋政策，以及互动、包容的青年交流政策。③

1. 完善促进青年就业的政策

就业是民生之本。青年实现有效的就业，是其实现经济独立、自主建立家庭，最终实现自我价值的基本前提。从历史来看，如果青年不能实现有效的充分就业，就会导致青年的社会化失败。在任何一个国家和地区中，如果青年的失业问题越来越突出，就会使青年个体陷入贫困与失望之中。一方面，这些青年慢慢会自我封闭起来，经济生活中的不如意使得他们性格取向孤僻怪异，价值观出现迷失，容易造成暴力、泄愤以及犯罪等行为的出现。另一方面，这部分青年也会被社会所排斥和孤立，从而对社会充满敌意和误解，进而造成对政府社会保障体系和政务工作的不满，在外力的煽动和激发下容易导致社会越轨行为的出现。然而，推动青年就业有赖于政府制定和出台各项政策来引导，并营造公平的就业环境。

---

① 〔美〕塞缪尔·P. 亨廷顿 . 变化社会中的政治秩序［M］. 王冠华，译，海人民出版社，2008：42.

② 苏颂兴 . 伦敦骚乱与突发群体事件的难题破解［J］. 中国青年研究，2012（1）.

③ 陶希东 . 全球社会危机与青年政策建设——基于“占领华尔街”视角［J］. 当代青年研究，2011（11）.

其一，完善青年就业服务体系。一方面，利用公共资源提供就业服务，如就业信息提供、就业咨询、就业指导、就业培训等，让就业青年和企业用人单位之间能够实现有效的衔接，既可以帮助就业单位解决“招人难”的问题，又可以帮助青年解决“就业难”的问题。另一方面，从创业的角度加大就业扶持，从政策项目、资金投入、税收优惠、平台搭建等各个方面提供服务，激发青年创业的热情。

其二，增强青年就业获得感。今年的就业质量应该得到提高，其就业结构也应当得到优化，这是增强青年就业获得感的重要途径。当前，我国劳动力市场需求方和供应方出现了不匹配的情形。所谓的“用工荒”并不是意味着所有的人力资源紧缺，而是技能型人才的匮乏。因此，要及时加快实施蓝领战略，大力发展职业教育和加大职业培训，优化青年人力资源的配置，实现青年人才结构与产业机构的有效匹配。如此，既能提升青年的就业率，也能提升劳动效率。通过实现高质量的就业，让更多的新生青年进入到中等收入群体。从社会稳定的角度来看，在社会地位更高层级的青年，对社会主流价值观的认同更为强烈，这些青年对于社会认同的价值外溢，会在一定程度上缓解社会对立以及社会矛盾。反之，当中产阶级在社会上仅为少数人时，下层阶级或低收入者的比例就必然较高。这时，一个社会在结构上就处于不稳定状态。①

其三，加快推动乡村振兴。相比较而言，城市里的青年生活在一个产业相对聚集的环境当中，因此其获得就业机会的可能性更大也更容易获得相对较好的待遇和职业，但现有农村产业的落后，导致青年在农村就业的可能性更低，加之农村的就业环境不良，导致青年到农村就业的意愿不断下降。然而，随着我国城镇化进程的加快，尤其是乡村振兴战略的实施，乡村是一片广阔的天地，这里有丰富的农业产业资源，具有广阔的就业前景和创业发展空间。因此，在乡村振兴的过程中，如何把青年人才吸引到农村创业和就业，成为迫切需要解决的问题。从调查的情况来看，青年希望政府在基础设施、就业创业环境、政策优惠等方面提供各种帮助。在一个调查中，当被调查者被问到“促进青年返乡就业”问题上，63.5% 的受访青年建议“完善农村基础设施建设”，57.4% 的受访青年建议“加强校企联动，培养农村需要的稀缺专业人才”，

---

① 李强．关于中产阶级的理论与现状［J］. 社会，2005（1）.

56.9% 的受访青年建议“鼓励创新，发展新型职业”，53.6% 的受访青年建议“发掘与基层发展相适应的就业岗位”。[①]

其四，保障青年就业权利。青年就业不止要实现自我生存，还要注重其职业发展。而青年就业的基本实现与未来职业展望是青年就业的权利。因此，需要提供青年职业发展平台，确保青年就业发展的平等权利。不同年龄的人群由于身体健康方面的因素，从事工作的机会和勤奋程度也不相同。总体上看，中青年群体更有机会也更能积极地学习更多知识和技能，比其他年龄段的人群更容易获得就业机会，从而具有较高的收入流动性，也更有可能挤入中等收入群体。[②] 从社会稳定来看，青年是关系社会稳定的重要人群，为青年提供更多的就业机会有助于促进社会的和谐与稳定。一方面，政府应当主动完善青年职业发展的政策，特别是在晋升发展机会方面的制度和政策，并加大监管的力度。为青年创造合理畅通的晋升渠道，推动青年职业发展健康成长。另一方面，要从就业和农民工平等对待问题等方面公正有效地解决好青年人群的重大利益诉求问题，确保社会的安全运行和健康发展。[③]

2. 有效解决青年住有所居问题

住有所居是人民的基本需求，对于新生代青年而言更是属于一种刚性需求，由于当前房地产市场发展过程中房价过高，极大地压抑了青年人群的住房需求，进而对青年人群的婚姻家庭等基本生活诉求产生了极大的影响。尤其是对处于“夹心层”的青年人群来说，如青年大学生、青年农民工等，住房问题就显得更为突出，他们由于户籍、年限和收入等条件既无法享受城市里提供的住房保障政策，却又没有经济实力购买市场上的商品住房。由于“住无所居”给青年人群带来的沉重压力，极大地影响了青年人群的幸福感和获得感。据中国青年报社会调查中心对 1921 名租房青年的调查显示，87.5% 的被调查者认为房租的压力过大，其中 25.8% 的受访青年直言压力极大；75.0% 的被调查者每月房屋租金超过个人月收入

---

① 孙山．促进青年返乡就业 62.6% 受访青年建议完善基础设施建设［N］．中国青年报，2019-07-31.

② 徐琤，常亚青．中国“潜在中等收入群体”：理论内涵与收入结构分析［J］．天津社会科学，2015（3）．

③ 吴忠民．“80 后”人群对社会安全影响的分析［J］．中国特色社会主义研究，2014（5）．

的三分之一及以上，其中 18.2% 的被调查者房租超过收入的一半以上。[①] 而青年的住房问题若是解决不好，则会带来一系列负面的社会影响：一方面，容易使青年在心理、职业发展和人生规划上产生消极负面的情绪，进而增加青年创业成本、使青年对创业顾虑重重，并阻碍青年的发展。住建部数据显示，2020 年，我国常住人口城镇化率达 63.89%，而大城市有 70% 的新市民和青年人是租房住。随着城镇化的继续推进和流动人口规模的扩大，还将有大量青年人进城工作和定居，住房问题将更加突出。他们是城市建设和社会发展的储备能量，只有让他们免除居住之忧，全身心地投入到干事创业中去，我们的城市和国家才有未来。[②] 另一方面，更为严重的是，在城市中的青年群体解决不了住房问题，就会租居、群居或蚁居，他们在朋辈比较、婚恋社会逻辑、阶层识别等个人社会化逻辑中身处劣势，从而容易产生焦虑、抑郁及对社会的仇视乃至成为报复社会的房怒族，房怒族的大量存在，最终会酿成个人及社会的双重悲剧。[③] 北京师范大学社会治理智库的调查也显示，就业住房贷款和赡（抚）养负担等（78%）生活压力是击碎青年们梦想的主要原因。[④] 另据《北京社会治理发展报告》显示，通过对发生在北京的九起报复社会犯罪案件的剖析发现，犯罪主体一般是生活在社会底层的青年男性，他们是社会的边缘化群体，现实中的窘境使他们对自己和社会丧失信心，从而萌发报复社会的想法，最后走上不归之路。[⑤] 可见，住房问题不只是一个经济问题，更是一个重要的社会问题和政治问题，需要引起高度重视和采取有效措施来解决。

首先，优化城镇住房保障政策。一方面，针对青年人才的住房，应该积极给予政策保障。对引进各类层次的青年人才可以通过人才性住房、住房补贴、个税优惠等政策为其购房提供帮助。另一方面，针对青年人才的廉租、公租等保障性住房政策应当积极加快落实。各级政府要为青年提供廉租房、公租房等各种住房保障，通过税收优惠、资金补助等政策引导房地产企业组织增加“廉租房、公租

---

① 王一帆 .74.0% 受访租房青年称：房租占了月收入 1/3 及以上［N］. 中国青年报，2019-06-25.

② 青年人的住房问题，怎么解？［N］. 中国青年报，2021-09-02.

③ 胡小武 . 青年的住房压力与社会稳定的探讨［J］. 中国青年研究，2014（10）.

④ 魏礼群 . 中国青年诚信建设新探索［C］. 中国言实出版社，2017：3.

⑤ 胡小武 . 青年的住房压力与社会稳定的探讨［J］. 中国青年研究，2014（10）.

房”的供应量，也鼓励有条件的企事业单位建立青年职工宿舍，为青年提供一定的居住条件。同时，还要加大对入住“廉租房、公租房”的青年人的收入、婚姻状况和住房等的跟踪监管，除了考虑夹心层中的住房困难户，也要考虑青年大学毕业生、外来务工的青年农民工等住房困难人员，并严格执行退出机制，确保把急缺的住房资源分配给最需要的年轻人。

其次，主动及时调整面向青年的住房政策。由于青年人经济收入不高，只有主动及时调整住房优惠政策，才能更好地保证青年获得满足其生活需求的住房。借鉴国外做法和经验，如英国制定和出台过“购房援助计划”和“开始买房计划”等政策，年轻人购买 25 万英镑以下的商品房可以优惠 20%，同时规定 5 年内不得出售和出租。当前，我国绝大部分城市在购房方面的限制条件比较多，特别是住房与户籍挂钩，大量的非城市户籍的青年享受不到政策红利。为此，要根据实际需要，把“廉租房”“公租房”“购房”等优惠政策的限制条件放宽，以便惠及更多的青年人群。

再次，政府以 PPP 形式合理利用空置房。现有的房地产市场当中留存的一部分控制房，因为各种原因无法有效进入房地产市场，政府此时可以以购买私人服务的形式，用于缓解青年的住房困难。空置房是一笔巨大的社会资源，目前城市中的空置房来源主要包括政府和企事业单位住房改革后留存的房子、城市拆迁后的安置房、个人商品房等。如若空置房能得到妥善利用，既能够减少大量的土地资源占用和资金投入，也可以促进解决青年人群的租房住房难题。各地城市可以一定的财政补贴，把比较稳定和优惠的租金吸纳进来，再由政府出租给住房困难的青年人，利用大量闲置的房屋，又可以对出租人和承租人都带来益处。

三、解决好青年群体特殊民生问题

青年人也有特殊的民生诉求。在面对一般性的民生问题之外，还要考虑到青年人群的特殊性，应该注重采取特有的措施，针对性地解决青年人群的民生问题，重点包括婚恋、家庭、子女教育、父母养老和弱势青年等各种方面的民生问题。应该充分调动社会各方面的积极因素，全社会一起共同营造、建立改善青年民生、促进青年发展的社会支持系统和良好的社会环境。[①] 青年群体的特有民生

---

① 黄洪基 . 关注青年发展 改善青年民生［J］. 上海青年管理干部学院学报，2011（1）.

问题，事关青年对社会的认知，更关系到青年人群对社会的参与，如果不能积极妥善地解决好，很有可能会引发青年群体对于社会的失望，进而引发各种社会越轨性行为，导致社会矛盾的发生。

1. 帮助青年解决婚姻和家庭问题

青年人群的人生第一个关键问题是婚姻和成立家庭问题。婚姻问题是青年人群在人生成长过程中必经的一个关键抉择，表面看来这是青年人存在成长过程的一种烦恼，但实质上婚姻问题的背后与社会的住房问题、家庭问题和生活成本等各种社会性因素紧密相关。青年的婚姻是一种青年个体与社会大环境交织的关键节点。[①] 因此，可以说青年的婚恋家庭问题是社会发展的重要晴雨表，从一个侧面折射出可能存在的社会问题与矛盾冲突。因此，政府在政策制定时要充分考虑青年婚恋问题的重要性，并联合各种社会力量来帮助青年妥善解决婚恋家庭方面的问题。

其一，打造青年人群"朋友圈"。当前，伴随社会的急剧转型，青年人群面对的社会生活，已与传统的社会生活有明显的不同，主要表现在社会生活的节奏。速度越来越快，信息交流越来越密集。青年在就业之后把越来越多的时间和精力都投入到工作中去，相应的交际圈子和交友时间会受到大大的压缩，从而也就影响他们的恋爱婚姻问题。从已有研究来看，绝大多数的青年单身往往是因为朋友圈太小，加之在快节奏的生活和工作方式下，缺少足够认识其他异性朋友的平台和渠道。近些年来，一些大型的组织活动已成为青年进行恋爱婚姻的重要方式。有调查显示，在问及"期待通过怎样的方式寻找另一半"的问题上，有 38.36% 的未婚青年认为"参加公益交友活动"是主要方式之一，其次"单位联谊活动"是另一个主要原因，占 36.25%；次要原因是"商业性的婚介组织的相亲活动"仅占 10.89%。[②] 为此，各级政府及单位组织要积极搭建起沟通交往的平台，如相亲大会、春风行动等，根据不同类型的青年人群提供不同的沟通渠道和交往平台，为青年的婚恋创造机会和渠道。

其二，针对青年婚姻开展培训。现在社会生活讲求效率，但许多单身男女青

---

① 廉思 . 中国青年发展报告——阶层分化中的联姻［C］. 社会科学文献出版社，2017：65.

② 沪上青年婚恋报告出炉：初婚年龄推迟，最看重长相和性格脾气［EB/OL］. 澎湃新闻，2019-08-07.

年在婚姻知识方面明显缺乏相关认知。因此，主动开展婚姻知识培训，提高婚恋的可能性与可持续性，是当前青年人群的主要需求之一。一方面，政府要充分调动和整合多方资源，通过各种媒体开展相关的青年婚恋培训活动，针对青年在恋爱、婚姻和家庭中遇到的各种问题进行解惑和引导，使其增进相互之间的信任和增强责任感，以更好地维系婚姻家庭。另一方面，大力培育婚姻家庭服务的专业性机构，培养以心理咨询师和社会工作者为主体的婚姻专业服务人员，开展婚姻治疗服务，提供专业化的辅导服务。①

其三，优化生育激励政策。新生代青年的生育意愿不断下降，特别是二孩的生育意愿下降尤为明显。迫切需要各级政府从婴幼儿托管、学前教育、基础义务教育、医疗卫生等方面制定出具有激励导向作用的政策，以鼓励青年二孩生育，从而防止人口的结构性风险。通过生育激励政策等一整套福利政策确保生育和家庭养育质量，让生育孩子特别是响应国家全面二孩政策生育第二胎的家庭多起来。这样既不至于面临过大的经济和养育压力，又可以让孩子拥有一个较好的成长环境。

2. 帮助青年解决下一代教育问题

子女教育问题也是当代新生代青年焦虑的一个重要问题。子女的教育问题在中国人的心目中居于非常重要的位置，然而这种极端重要性容易引起青年父母的焦虑，从“育儿焦虑”到“起点焦虑”，再到“升学焦虑”，各种以焦虑为后缀的新名词不断出现在青年父母视野中。究其原因，主要有两方面：一方面，新生代青年在享受改革开放之后带来的丰富物质生活的同时也获得了相较上一代更好的教育，为了迎接未来的竞争，新生代青年也希望自己的下一代能够获得良好的教育。正是这种较大的期待造成了青年父母焦虑的重要根源。另一方面，随着我国城镇化进程的加快，越来越多的农村青年进入城市务工，然而，这些青年农民工受户籍等条件的限制，其子女无法在务工的城市中接受与城市孩子一样的教育，绝大多数成为农村的留守儿童，引发了一系列社会问题，子女教育问题也成为他们心中的隐痛。针对这种现状，需要各级政府和教育部门采取各种有效措施来改善新生代青年子女教育焦虑和不公平的现状。

首先，积极落实双减政策。“双减政策”对于切实减轻学生过重课业负担，

---

① 徐柳，张强．广州青年发展报告（2017）[C]. 社会科学文献出版社，2017：205.

提高教师课堂教学效率，避免校外办学机构“喧宾夺主”、还学生快乐健康的童年，最终实现高质量的素质教育都有积极的意义。在央视财经频道发布的《中国美好生活大调查（2020—2021）》中，“子女教育”问题在家庭面临最困难的问题中名列第三。根据央视财经公布的数据，2019 年时，有 14.55% 的受访者认为“子女教育”是家庭最困难的问题，但是到了 2020 年，这项数据猛增至 36.19%，达到了五年来的新高，说明近年来随着教育政策的不断变化，在线教育行业的大力兴起，家长之间的内卷程度不断加重，对于下一代的培养，家长们的压力越来越大。为“子女教育”所难的人群中，36—45 岁人群占比最高，达到了 42.96%，其次是 26—35 岁人群和 46—59 岁的人群。一般来说，36—45 岁的家长正是新时代教育的受益者，他们清楚地知道教育的重要性，同时，他们的小孩大部分正在经历中考和高考，两次考试很大程度上决定了孩子未来的发展方向，因此这个年龄段的人会对下一代的教育问题格外重视，焦虑感最高。① 从中可见，虽然中小学生“减负”措施不断，但学生的负担并未真正减轻，青年父母的焦虑与此息息相关。为此，要努力推动高考改革，切实推进素质教育，避免青年父母盲目追求孩子考取高分而投入大量的时间、精力和金钱，进而造成其心理的过度焦虑，甚至引发其他社会性问题，如因小孩摩擦用刀捅死小学生的恶性凶杀事件。

其次，积极推进教育户籍改革。当前，青年农民工子女无法在城里接受相应的教育的重要根源，在于教育户籍制度，这是城乡二元结构遗留的问题，这就迫使大量的农村留守儿童只能在户籍所在地接受教育。这种子女教育现状也极大地阻碍了进城青年农民工对城市的认同，容易引发青年农民工与城市人群的矛盾冲突。为此，要加快户籍制度改革，确保基础教育公共服务面向常住人口全覆盖，取消对进城务工青年子女教育的限制，为其提供义务教育服务。同时，在现有政策的情况下，青年农民工流入地的政府有能力也有义务为其子女提供义务教育机会，可以适当放宽条件，保证覆盖农民工的子女，从而为青年农民工解决其子女教育问题的后顾之忧。

---

① 2022 中国美好生活大调查［EB/OL］. 央视网，2022-06-08.

第三节　拓宽青年社会参与的路径

社会参与是社会活动的一种重要形式，社会主体以广义和狭义两种方式形成了不同的两种社会参与，从广义上来看，社会参与是全体社会成员基于对社会的某种需要为前提，选择了特定的方式参与到国家社会市场及各种微观公共事务当中的过程，具体可以表现为社会主体主动关心社会领域的方方面面，并积极投身到社会活动当中去。[①] 而狭义的社会参与是指社会性事务方面的参与。在此，使用的是广义上的社会参与，包括政治参与、社会组织参与、社区参与和网络参与等。在一般情况下，青年的社会参与是社会活动的重要组成部分，与社会稳定具有直接相关性。通常情况下，青年在诉求反映、政策制定、意见表达、权利维护和社会公益等各项社会事务中的参与积极性和参与度越高，就越能影响政府的政策，从而实现和满足自身的利益诉求，并能有效避免和减少各种矛盾冲突。但必须指出的是，青年人群的社会参与并非都会表现为对社会的促进和改进，也可能会产生负面的影响。只有当青年人群的社会参与行为，遵循了一般的行为规范并且符合现行秩序下的社会主流价值取向，才可能获得绝大多数人民群众的支持，为社会稳定创造条件。

一、拓宽新生代青年政治参与的渠道

青年的社会参与最容易体现出来的是青年政治参与，这是青年人群在政治上进行利益表达和利益维护的重要途径。青年通过政治参与可以实现个体自我和群体的价值，其实质就是参与政策的决策和权力资源的分配。对此，联合国前秘书长科菲·安南曾指出，“青年和学生在实现政治变革和促进更为民主的管理结构方面发挥着关键的作用”[②]。中国的新生代青年,在改革开放之后接受到了更加开放的思潮碰撞，因此他们对于自由、平等、民主等价值观念的向往和认同较高。然而，与这些价值观念较高认同形成鲜明对比的是，新生代青年并未积极地参与

① 吴鲁平．城市青年政治心态与社会参与的特点［J］．青年研究，1995（8）．

② 邓希泉．青年政治参与政策与青年发展［J］．中国青年研究，2015（2）．

到政治当中去。课题组的问卷调查显示，在问及“您愿意参加哪方面的组织性活动？”时，只有 3.2% 的被调查青年选择“政治选举性的活动”。这从一个侧面反映了青年对政治参与的主观意愿问题。

新生代青年政治参与积极性不高主要受以下因素影响：一是青年的政治参与并未存在相应完善的参与机制，这就约束了许多新生代青年政治参与的可能。二是青年政治参与的实际效果不佳，在受到特定政治影响的情况下，反过来影响了青年政治参与的期望与积极性。青年的利益诉求得不到有效的制度回应和保障，进而对政治系统缺乏具体感知和体认，造成了部分青年的政治冷漠心理。[①] 三是青年政治参与的能力不足。主观上看，不少新生代青年存在自身的政治参与能力缺乏问题，如政治责任不强、政治知识匮乏和政治技能欠缺等，这极大地限制了青年的政治参与。对此，要不断完善青年的政治参与制度，努力扩大青年社会参与的空间。

其一，打通青年政治参与的通道。青年政治参与的通道，是影响政治参与的重要因素。如果要扩大青年的政治参与，就必须为青年政治参与提供合理合法有序的参与通道。从制度层面而言，制度化和非制度化都打通青年政治参与通道，往往能够有序地规范青年政治参与，而这是中国青年政治参与的重要方式，如直接参与政治活动、加入党团及青年组织、网络化的政治参与等，不断提高青年政治参与的积极性。一方面，针对性地扩大制度化的青年政治参与通道。尤其是在法定参与机制中为新生代青年提供足够的平台和空间。为此，要在各级党委、人大、政协、共青团、妇联、工会等组织中增加新生代青年（尤其是青年女性、青年农民工等特殊群体）的比例，让新生代青年的各种利益诉求呼声能发得出和听得见。这迫切需要政府转变理念，尊重新生代青年意见的表达，支持和鼓励青年利益诉求的制度化表达，并善于从青年诉求中发现和解决问题。同时，为引导青年有序进行社会参与，要构建青年人才培养体系，优化吸纳、培养和使用机制。[②] 另一方面，增加非制度化的青年政治参与通道。要加快转变国家的治理方式，拓宽各种非制度化的参与渠道，以此来扩大青年的政治参与，如互联网参与、论坛联盟等。据一项“青年政治参与调查”的

① 夏文贵 . 论当代中国青年的中国特色社会主义认同［J］. 思想战线，2014（6）.

② 刘喆 . 拓宽新兴青年群体的社会参与渠道［N］. 人民政协报，2018-03-02.

结果显示，在问及“治理方式转变会对青年政治参与带来何种影响”时，有39.1%的人认为“会不断扩大青年政治参与空间”，有47.0%的人认为“会不断丰富青年政治参与途径”。[①]

其二，扩大青年政治参与的范围。政治参与范围状况如何也会对青年的政治参与造成一定的影响。通常情况下，政治参与事务涉及的范围越广，与青年的利益关联度就越高，他们就越愿意参与。首先，要扩大新生代青年参与政治选举面，如人大代表选举、党代表选举和社区换届选举等，充分保障青年的选举和被选举权利。其次，要引导新生代青年积极参与公共政治事务管理，提高青年对社会公共政治生活的关注度，切实融入到社会的大熔炉之中，以提高参与的能力。再次，加强新生代青年在公共决策中的参与。可以通过构建协商和对话机制，充分发挥青年在移民表达、政策解读、决策支持等方面的作用，如听证会、议事会等。特别需要指出的是，在参与听证、议事的人员选择上，要保证新生代青年的比例，确保他们在各种公共议题上享有足够的话语权。最后，加强新生代青年在民主监督中的参与，激发青年对各项公共政策及政府行为的监督，从而促进公共权力机构的透明而又高效的政治行为。

其三，积极提高青年政治参与的效能。从词义上看，效能是指事务在某种条件下所能起到的作用。它是衡量和考核某项工作成效的重要工具和尺度。而政治效能就是指社会成员（个体或群体组织）的政治参与行为会对决策者（政党或政府）产生影响的能力。[②]具体而言，政治效能既包括作为个体的社会成员对决策产生影响的能力，又包括作为群体或组织的社会成员对决策产生影响的能力。有研究表明，对于个人来说，政治效能感是影响其政治参与的重要因素之一。[③]这里的效能主要是从政治参与角度理解，是政治参与活动中所表现出来的效率和效果，反映了政治参与目标的实现程度，它又往往取决于政府对政治参与的诉求和影响做出的回应和处理。一般情况下，政治参与的期待越多，政治参与的效能越高，青年的参与积极性就越高，反之亦然。因此，要扩大青年的政治参与，就迫

① 邓希泉．青年政治参与政策与青年发展［J］．中国青年研究，2015（2）．

② 王丽萍，方然．参与还是不参与：中国公民政治参与的社会心理分析［J］．政治学研究，2010（6）．

③ 熊美娟．政治信任、政治效能与政治参与［J］．广州大学学报（社会科学版），2014（3）．

切需要不断提高政治参与的效能，即各级公共权力机构要及时对政治参与者的诉求进行回应和处理，从而增强其政治参与的认同度。

其四，增强政治责任和参与能力。一个国家的青年政治责任与政治参与的能力，对于社会稳定具有重要的意义。为此，要采取各种措施来激发青年参政议政的积极性和主动性，如扩大宣传、拓宽渠道、增加利益关联度等。同时，要采取一切合理和规范的方式增强青年政治参与能力，规范和引导青年的政治参与行为，促进青年有序的政治参与，以此最大限度地发挥其政治参与的正功能。在现实的政治生活中，政治参与是把“双刃剑”，过分压制政治参与和过度扩张政治参与，都有可能导致政治不稳定和社会动荡。[①] 在这其中，最为关键的是把握好政治参与的“度”，而这个“度”的把握又取决于青年的政治责任感和政治参与能力。一方面，要增强青年的政治责任感，要汇集民意和代表公共利益进行政治参与，而非牟取个人的私利。如若青年政治责任感不强，缺乏个体的自我约束，就容易出现非理性和情绪化的政治行为，从而带来不良的社会影响。另一方面，要通过合理的方式优化青年理论学习和实践的方式，不断提高自身政治参与的能力，从而提升政治参与的水平。

二、提高青年社会组织的参与效用

从青年群体的情况来看，青年参与社会活动一般都是借助社会组织的平台，有效表达青年群体的利益诉求，而非“单打独斗”。而从政府角度来看，政府作为社会活动的主体，往往难以与个体的青年进行单独的沟通与谈判，这会极大的增加政府的运行成本。所以，总的来看，一个社会的青年社会组织往往会承担起青年群体利益表达的功能，并且积极地与政府进行沟通与协商，使得青年以群体的方式有效地获取群体性利益，降低政府的组织成本。

而现实情况是，由于中国当前的社会组织程度不高，特别是青年的社会组织依然有较大的提升空间。这就导致青年往往要依靠个人的关系网络向政府等其他社会主体提出社会诉求。然而，由于个体而非组织化的青年往往难以有效地向政府等各种社会主体传递有效的信息，更难以形成对公权力有效的影响和监督。当青年群体意识到自身无法通过已有的社会组织来表达个人诉求，以至于更难以保

---

① 沈健平 . 我国青年政治参与和对策研究［J］. 中国青年政治学院学报 .2012（5）.

障个人的利益时就容易采取搭便车的行为，从而造成“集体行动的困境”，甚至会采取一些非制度化的渠道去满足青年自身利益，从而带来社会安全隐患。鲍曼指出，“有效行动，特别是集体的有效行动，尤其是长期有效的集体行动的机构正在消失，而且，人们也无法找到一个明确的方式来复兴或重新培育它们。”[①]对此，需要大力培育青年社会组织，将青年社会参与纳入组织化的渠道，并引导好这种组织化的参与。

首先，扩大青年社会组织的数量。只有当青年社会组织达到一定数量时，才可以更好地为青年参与社会组织并进一步参与到社会活动提供良好的前提和基础。针对当前我国的青年社会组织发育不足和不规范的现状，需要通过制定各种有效的政策以扩大青年社会组织的数量。同时，不断提高青年的组织化水平，使青年的各种社会行动在组织化、法治化和制度化的框架内运行，从而在青年群体和政府之间架起一座沟通的桥梁。已有调查显示，通过青年社会组织开展的社会活动及受欢迎程度高达 85.2%。在这些社会组织当中，其社会成员平均每年参与社会组织的活动次数达到 7.3 次，尤其是社会组织当中组织的公益类服务活动最多，平均达到 6.8 次。其次，职业类的活动也达到 5.1 次。这些青年社会组织可以成为社会的稳定器，通过积极的正能量的宣传，青年对社会的情绪发泄就会少一些。[②]有研究指出，在我国社会急剧转型过程中，曾经一段时期内，单位制社会解体，导致原有社会组织的形式和程度都趋于减弱，而现代的社会组织体系又培育起来，也未能发挥起应有的作用，导致一些青少年犯罪迅速增长。可见，在一定程度上，社会组织的发育和作用的发挥，有助于防范青少年的犯罪。[③]为此，要大力支持青年组建合法化的社会组织，以此来开展利益表达、权利维护、参政议政和公益志愿活动，如青年互助组织、青年农民工协会等组织、民营和外资企业的青年工会组织等。

其次，鼓励广大青年主动融入社会组织。一方面，工会、共青团、妇联等各类组织要扩大对新生代青年的覆盖，想尽一切办法努力保障青年融入社会组织的可能，从而广泛吸收优秀青年的参与，以发挥其示范带动作用。值得指出

---

① 〔英〕鲍曼 . 被围困的社会［M］. 郇建立译，江苏人民出版社，2005：58.

② 中国青年社会组织发展报告出炉　身份是个问题［N］. 中国青年报，2014-07-13.

③ 王焱 . 社会组织化程度与青少年犯罪［J］. 青少年犯罪问题，2010（3）.

的是，针对新生代青年社会参与的新特点和新倾向，共青团组织在帮助他们解决最关心、最直接和最现实问题的同时，要更好地发挥其引领青年社会参与的作用，为青年参与各种社会公共事务搭建更广阔的平台。另一方面，积极鼓励各类青年积极地融入现有青年社会组织主动开展相关工作，以充分实现青年社会组织应有的社会性功能和更好地服务于青年人群。据一项调查显示，青年在从事社会组织的从业动机上，选择“要努力实现自身价值追求”和“要追求个人兴趣爱好”分别占到 38.4% 和 29.8%。选择“对自己未来职业发展有帮助的”占 12.3%，“为社会作贡献”占 10.3%。[①] 从中可见，新生代青年对于社会组织参与的期待是比较高的。因此，要通过提高社会组织参与的效能来吸引新生代青年的广泛参与。

再次，依法规范和引导青年参与社会组织活动。新生代青年是一个个性鲜明的群体，他们更注重自身权益、个人隐私和发展空间。因而，他们更愿意参与非正式的青年组织，这也是导致大量青年自组织产生的重要根源。这些青年自组织具有双重的功能：一方面，青年自组织在一定程度上有助于政府收集和听取社会信息，不同类型的青年自组织可以根据组织特性，对青年利益诉求进行相应的收集，并向政府等有关部门进行有效的反馈，在一定程度上有助于政府决策部门收集相关信息，提高帮助青年进行社会参与的效果。这些体制外的组织对社会民主的强调会让有关决策部门听到他们的呼声，这将有助于完善公共政策的利益综合功能。[②] 同时，青年自组织具有强大的社会动员能力，可以将利益诉求相似的青年人群聚集起来，并以一种组织性的力量来对政府形成压力，从而制约和监督政府的政策执行情况。另一方面，青年自组织作为一种非正式的组织，往往又有其非制度化的特性从而导致这些组织本身并不具备强力的约束，所以其所能获得的信息往往是质量相对不高，甚至可能会产生虚假信息。特别需要指出的是，青年自组织在动员青年参与时可能会将某些负面的信息扩大化，引发不良的舆论，容易给青年带来消极负面的影响。为此，需要从社会良性运行和协调发展的高度出发，密切关注青年自组织的成长过程，既给它们一定的自我发展空间，又需要在

---

① 对外经济贸易大学教授廉思课题组．青年社会组织：汇聚时代青春力量［N］. 光明日报，2018-11-16.

② 刘刚．近二十年来中国社会稳定述评［J］. 大连干部学刊，2011（8）.

恰当的时机加以必要的指引，引导青年自组织的健康有序发展，减少青年自组织和其他社会组织的冲突，促进社会的和谐与稳定。

三、推动新生代青年参与社区活动

无论是生活在城市社区还是农村社区的新生代青年，往往都要借助社区这个大环境来进行社会活动，而参与社区活动就成为青年社会参与的一个重要路径。党中央和政府制定、出台的《中共中央国务院关于深化教育改革全面推进素质教育的决定》就明确指出，要建立青少年参与社区服务和社区建设的制度。新生代的青年与传统的青年具有明显的性格特点分野，新生代青年更加主张独立和个性，相对于传统的青年更容易接受新鲜的事物，也对外部的环境更加敏感，这就使得新生代青年在社区活动参与当中往往趋向于主动参与，并且希望成为积极分子，这些青年的参与为社区活动注入了新鲜的能量。[①] 新生代青年的社区参与状况如何是衡量社区治理水平的一项重要指标。他们的参与包括事务性、维权性、公益性和文娱性等多种参与方式，这些参与有助于促进社区的治理与发展。然而，当前困扰我国社区发展的瓶颈恰恰也就在于社区居民的参与不足，参与人群主要还是限于离退休人员等老年群体，而青年的社区参与无论是广度还是深度都存在严重的不足，这使得社区治理与发展缺乏足够的活力和动力。据调查显示，对于“参与社区活动”“参与社区自组织”和“参与社区事务商议”，表示“不赞同”的青年比例达到 43.4%、41.5% 和 48.9%（详见表 8–2）。从中可见，青年的社区参与意愿不高，而且真正的实际参与还要更低。

表 8–2　青年参与社区的意愿状况

选项 \ 类型	参与社区活动	参与社区自组织	参与社区事务商议
非常愿意	16.4%	8.7%	9.3%
比较愿意	41.2%	39.8	40.8%
不愿意	43.4%	41.5%	48.9%

数据来源：吴同，邓洋洋 . 从个体到主体青年社区参与的可能与实现路径［J］. 青年学报，2020（1）.

---

① 吴同，邓洋洋 . 从个体到主体：青年社区参与的可能与实现路径［J］. 青年学报，2020（1）.

社区的治理一般要讲求对社区居民自我管理、服务和发展，如果只是单纯地依靠政府和社区，相关组织部门的服务供给没有引导社区居民的参与，社区的有效治理将无从谈起。对此，要鼓励新生代青年有序参与到各种社区公共事务中去，为社区治理注入新鲜血液和动力。

其一，优化青年参与社区治理的机制。只有积极地优化青年参与到社区当中的机制，才能够让更多的新生代青年主动参与到社区治理当中来。当前，青年社区参与不足的重要根源之一就在于青年参与机制的不健全。因此，要扩大青年的社区参与就必须建立健全多元化的社区参与机制。首先，主动完善社区选举参与机制。在一些城市的社区选举中明确限制外来人口的选举参与，这就限制了新生代青年农民工的社区参与。无论是城市青年还是青年农民工，他们在城市生活当中的选举权利都应该得到体现，要将他们的参与有效纳入到城市社区治理中去，扩大他们的社区参与，增强他们对城市的认同感而非被城市边缘化。其次，扩大青年参与社区组织的范围。既要在社区党组织、社区居委会、社区议事协商委员会等社区组织中不断吸收青年的参加，也要大力培育城乡社区类的青年组织，积极发挥这些组织在社区事务治理中的作用，从而引导青年广泛而有序地参与社区生活，提高青年的社区认同感和融入感。再次，充分并且有效地建立健全青年参与志愿服务的机制。通过志愿者培训制度、志愿者激励机制等制度设置来引导青年热心参与社会公益活动，让青年在奉献自身的同时感受人生价值，提升其社会参与能力[①],使广大青年通过参与社区公益和志愿服务等社会实践活动,以此来不断提高参与社区服务的水平。

其二，优化新生代青年参与社区的关系网络。当前青年参与到社区活动当中存在一个明显的关系网络缺乏问题，因此青年在社区参与活动时往往缺乏可持续性和有效性。其主要原因在于青年与社区之间的利益关联和信息关联未能有效形成。一方面，社区是社会治理的最末端，它的资源禀赋就决定了社区无法为青年提供其所想获得的资源。也就是说，青年利益诉求的表达与实现，与社区并没有多大的关联性。同时，青年也不了解或掌握社区工作的开展与其利益之间有什么样的关联性，因而必然也就对社区缺乏认同，因为缺少利益的关

---

① 李春梅，师晓娟．青年社会参与政策的现状及效果评价研究［J］．中国青年研究，2018（7）．

联度。另一方面，在社区行政化趋势凸显的困境下，社区所开展的各种事务大多是从上而下的行政性事务，围绕社区自治性的事务比例较少，其中符合青年利益需要和兴趣爱好的社区活动内容就更少，这不但无法帮助青年实现利益诉求，给青年的才能展示的机会也很少，使得他们参与的愿望和动机都不高。所以，只有社区把青年的利益关联构建为稳固的关系网络，才能够将青年嵌入到社区利益的格局当中，青年才更容易认同社区的组织架构和平台，更能积极主动地参与到社区当中。对此，要从以下几方面着手：首先，广泛地吸收青年大学生和青年大学毕业生、青年退役军人和青年农民工等从事城市和农村社区的相关工作，实行全职和兼职相结合，从而吸引更多的青年参与到社区事务中来，实现青年从社区治理的旁观者向参与者的转变。其次，社区应当积极组织针对青年民生所需的各种服务，如婚恋、就业和生活等方面的信息与服务，从而增进青年对社区事务的关注。再次，要在社区层面打造青年进行利益表达、才能展示和沟通交流的平台，为青年的社区参与架起桥梁，既达到利益表达的功能，又充分发挥青年的各种才能。

其三，增强社区运作的透明度。青年人在参与社区活动时，往往容易质疑社区事务的透明度，这是阻碍新生代青年参与社区活动的一个重要因素。一方面，凡是涉及社区居民重大利益的社区事务都应该向社区全体成员及时公开信息，增加社区事务的透明度，让青年居民了解社区事务，并提高社区青年居民对社区的关注度和认同度。另一方面，社区的议题设立、主题的最终决策、执行监督等全过程，都要纳入一定比例的社区青年，如通过民主恳谈会、居民论坛、居民议事会、社区听证会等方式吸纳青年的参与，从而最大限度地发挥广大青年社区参与的积极性，既可以达到锻炼和提高青年的社区参与能力，又可以促进社区治理水平的提高。

四、利用网络引导新生代青年主动参与

互联网在 21 世纪的广泛普及和应用，使新生代青年广泛地纳入到互联网世界当中。互联网已经成为新生代青年广泛交流信息，进行利益表达的重要平台。但网络在弥补社会参与不足的情况下，也存在着各种虚假信息，从而可能会对青年造成负面的引导。这其中的重要原因在于青年自身的政治和社会鉴别力相对不足，容易被有些信息利用和煽动，最终会导致一定程度的网络群体事件。因此，

要将青年社会参与的意愿通过网络平台有效组织，积极引导，加强沟通，将青年纳入有序的网络参与中。

一是增强互联网规范化的参与平台建设。应该看到，新生代青年通过网络平台来积极和广泛参与社会性事务，已经对社会的有效运行与社会的稳定产生了重大的影响。网络社会的嵌入改变了青年的交往方式，大量青年可以在体制之外形成自我组织化。网络对现实社会运行逻辑的重构，导致社会权力向青年转移。[①]新生代青年，目前并没有找到相对容易广泛参与的制度化渠道，这就导致了新生代青年的一些合理合法的利益诉求无法得到有效表达。一个相关的课题组在进行调查时显示，在问及“青年人会有效利用网络平台进行社会交往和自我宣传”的问题上，76.7% 的青年选择“同意”和“非常同意”。另据中国互联网信息中心的数据显示，青少年网民对互联网的信任程度明显高于网民总体水平。2014 年，互联网上的青少年对网上的信息完全信任的比例达到 3.9%。相比于其他网民而言，高出了接近 0.6 个百分点，而比较信任的网民比例达到 56.4%，高于其他网民接近 5%。[②] 这表明青少年对网络具有很强的依赖性。无疑，网络空间的有序与否对他们的参与会产生较大的影响。然而，由于网络方面的法律法规尚不完善，网络参与渠道参差不齐和鱼龙混杂，这使得有些青年不但未能实现利益表达，还上当受骗造成利益受损，甚至还被利用和煽动导致各种越轨行为的出现。为此，政府要制定和出台政策来对网络参与的平台和渠道进行制度化和规范化管理，明确青年网络参与的权责边界，对于青年制度化的网络渠道利益表达要大力支持，而不是简单地以维稳为借口来打压这些青年的网络参与。同时，政府可以借助网络平台更好地了解和满足青年群体的利益诉求，从而有效避免各种矛盾冲突的出现。

二是在网络空间积极引导青年自组织。网络新媒体的出现给网络青年自组织的发展带来了广阔的空间和机会。新生代青年由于善于利用网络资源，有时他们会运用网络平台发起一些组织活动，这些组织活动成本很低，效益却很大。当前，网络青年自组织已经成为青年进行网络参与的重要平台和渠道之

---

① 朱梦琪 . 创新社会参与机制《规划》为国家发展注入“青年力量”[EB/OL]. 中国青年网，2017-05-08.

② 2015 年中国青少年上网行为研究报告 [EB/OL]. 中国互联网信息中心，2018-11-01.

一，它对于青年进行利益表达、社会交往和公益志愿等活动的展开具有重要的促进作用。可是，在网络空间当中存在的青年自组织往往存在着松散的组织结构，并且加上互联网存在的匿名性，可能使得一些未经官方证实的信息，可以由网络大V等通过网络平台广泛传播，最终形成最大的舆论压力，如若应对不妥可能容易导致一些群体事件的产生。为此，首先，要加强网络青年自组织的监管。对于那些影响大、规模大、活动频率高且涉及社会政治生活的网络自组织，要严格实行注册登记制度，减少隐形的网络青年自组织，便于管理和指导。青年的网络参与有序和得当，就是正能量；反之，青年的网络参与无序和不得当就会给社会添乱。青年志愿者和网络自组织在救灾中的表现足以说明这一问题。[①] 其次，可以有针对性地对共青团组织进行有效引导，发挥共青团组织在网络上积极引导的作用。针对迅猛发展的网络青年自组织现象，共青团要及时跟进时代步伐，适应新时代下青年网络组织化的新趋势，有效整合各方面资源，努力引导网络青年自组织，使其朝着制度化、正式化的方向发展，成为维护社会稳定的重要力量。

三是要加强对青年的网络行为引导。当前，世界各国青年网民都面临着相似的网络使用风险：网络谣言、网络诈骗、网络不良信息侵害和网络暴力等。北京青少年法律援助与研究中心发布的《线上儿童性剥削的预防和处置平台工作指引报告》指出，一些网站和App非法收集、滥用、买卖未成年人个人信息频频发生，并严重威胁未成年人身心健康和安全。在调查中，46.0%的未成年网民曾在上网过程中遭遇过各类不良信息。其中，遇到炫富类信息的占比最高，为23.5%；淫秽色情、血腥暴力、消极思想内容的占比也均超过15%。而未成年人遇到淫秽色情内容信息的比例更是高达20.6%。大数据背后是不幸的实例。通过近几年最高人民法院通报的一系列案例，我们可以从中窥见这一问题的严峻性。2018年6月，最高人民法院通报了10起互联网侵害未成年人合法权益典型案例，其中犯罪分子利用互联网平台性侵未成年人的案件占到其中一半。[②] 对此，既要切实加强对青年网民的保护，尤其是青少年群体，又要加强对青年的网络行为引导。首先，加强青年的网络理性教育。网络理性教

① 刘会英 . 新时代青年社会参与如何实现［N］. 中国青年报，2017-10-25.

② 46.0% 未成年网民曾遭遇不良信息［N］. 工人日报，2020-07-20.

育，就是通过有组织的有计划的方式对青少年进行网络理论课程的教育以提升其理性认识和应用互联网的能力。通过这种教育帮助青年树立正确的网络价值观、掌握使用网络的基本方法和培养良好的网络行为习惯。其次，有必要对网络上的法治与安全进行适当教育，有效地提高青年在网络上的法治与安全意识。在观念层面上，就是要不断强化青年的网络空间法治观念，虽然网络是虚拟社会，但它的运行也是要遵行相关的法律规范，而不是法外之地；在情感层面上，要增强青年的网络责任，使其认识到自己的网络行为需要承担相应的社会责任，而不是任意而为之。社会发展的未来在于青年，他们作为“网络原住民”一代，理应更“懂”互联网、更“爱”互联网、更多地受益于互联网，进而也应当为互联网的未来承担更多的责任。[①]

第四节 加强对青年的心理疏导

从党的十八大到二十大，社会心理服务的工作重心和思想转变，明确了社会心理服务道路越走越宽，在中国有崭新的未来。党的二十大报告提出，把保障人民健康放在优先发展的战略位置，重视心理健康与精神卫生，提高人民生活品质，健全基本公共服务体系和社会保障体系，采取更多惠民生、暖民心举措，增强均衡性和可及性。伴随着我国社会转型和现代化进程的加快，新生代青年所面临的各种压力日益增大，由此造成的青年心理问题也随之凸显。青年心理的问题不断凸显往往与青年生活密切相关，其中包括婚姻、家庭、就业、住房等各种问题。无论是作为个体青年，还是作为群体的青年人群，如果新生代青年的心理问题长期无法得到及时疏解，极容易出现青年的心理扭曲，形成内心阴暗面，最终可能转化为报复社会等各种破坏性心理。因此，要维护社会安全与稳定，就迫切需要加强青年的心理疏导，将其心理的疏导纳入到社会治理中去，要根据新生代青年的身心特点及心理干预规律及时进行调整和疏导，以保证新生代青年的不满

① 谢玉进，曹乃馨.我国青少年网络行为特点及其引导策略［J］.电子科技大学学报（社科版），2019（5）.

意情绪，可以在适当的途径中有效地宣泄。

一、积极利用社会支持疏导青年心理

随着社会不断转型与发展，新生代青年面临的社会经济生活环境不断变化，其生活压力越来越大，因此对应的青年社会心理压力也不断加大。而在现代的社会转型过程中，已有的社会支持系统虽然能够在一定程度上解决一部分社会主体的心理压力，但对于青年群体快速变化和不断深化的心理变化特点，已有的社会支持反而出现了弱化的情况，难以实现有力的支持。比如原有的家庭支持和工作单位的支持，在现有的社会发展条件下出现了相对衰减的迹象。这就需要社会创造更为积极和有力的社会支持系统，用于减轻新生代青年的心理压力。

其一，增强组织视角的社会支持。有研究显示，“社会支持系统的强弱与个体职业枯竭之间存在非常深刻的关联”呈现负向相关。[①]此处的组织主要包括党组织、工作单位和学校等各类合法的正式组织。首先，积极发挥共青团组织对青年的支持。我们的共青团组织要始终扎根于青年之中，依靠、教育、培养和服务青年，在心理上不断拉近与青年的距离，使其成为青年工作生活中遇到困难和难题时能依靠的坚实力量，从而帮助青年解除心理上的苦恼。其次，要主动争取工作单位和社会组织等的支持。比如新生代青年人当中的农民工，他们往往处于城市的人群边缘，一方面这些人远离父母和家乡，缺乏来自家庭的足够支持，在现实社会当中有时会受到一定的社会排挤。再加上青年人正处于青春冲动期，这种底层和陌生的工作生活环境更容易导致他们产生焦虑心理，也容易诱发情绪失调以及心理失范。近些年来，城市新生代农民工不断发生极端事件，这些事件在很大程度上都是负面情绪和焦虑心理的累积而造成的。[②]无疑，如果能够通过各种组织对新生代青年加以支持，可以很大程度地减少青年在社会生活当中的无助感，有效调节他们的心理压力，减少外部因素产生的负效应，为社会稳定创造条件。

其二，提前推动社会工作者有效接入青年心理问题调解过程。对于正处于

① 许燕，王芳，蒋奖．职业枯竭：研究现状与展望［J］．西南大学学报（人文社会科学版），2006（5）．

② 袁靖华．边缘青年情绪心理危机的测量与疏导［J］．青年研究，2015（2）．

社会转型加速期的中国社会而言，需要加快培养起一支社会化、专业化和职业化的社会工作者队伍；同时，还要加强社会工作者对青年心理问题的有效介入。一方面，应当积极采取针对性的个案化解手段，主动调节各类青年的心理压力和情绪，如危机调适模式、行为治疗模式、人本治疗模式等等。通过这些个案工作方法帮助青年改善生活、改变生活态度和增强生活适应能力，从而调节个体心理压力。另一方面，可以通过小组或团体的活动为青年提供各种服务，从而缓解青年的生活困难，增强青年的社会交往，培养青年之间的友谊和增强社会认同感，减少负面心理和情绪。

其三，增强家庭的有效支持。一些新生代青年虽然已经组织了新的家庭，但又并未完全脱离父辈家庭。如果新生代青年生活在一个充满关爱的温馨家庭当中，其获得相对较多的社会支持使这些新生代青年的心态更加积极和向上，需要处理的心理问题相对较少。相反，在一个缺乏关爱和支持的家庭环境中成长起来的青年，其心态要更悲观消极，其心理情绪容易波动。尤其是对于那些刚走上社会的青年大学生来说，他们接触社会较少，对自身充满期待，然而一旦真正进入实际的工作岗位，容易找不准自己的位置，从而在就业的道路上不断受挫失败，这使得他们在心理上承受的压力越来越大，最后导致出现了各种各样的心理层面问题。[①]这就需要家庭的强有力支持，父母和家人的关心与支持有助于缓解他们的身心紧张感，从而能更好地调整自己的心态。所以，要增强家庭的有效支持，必须要关注青年的家庭关系，及时帮助青年理清自身与家庭的关系，争取合理的家庭支持。

二、及时引导新生代青年调整社会预期

社会预期是指社会主体对于自身或社会整体状况的判断，是一种重要的心理状态。社会预期对社会具有正向的推动效应，因为它在很大程度上囊括了社会主体对社会未来发展的希望。但是社会预期本身也是一种社会压力，它可以划分为微观个体的社会预期和宏观整体的社会预期，就前者而言，是指当个体社会成员根据以往社会经验和自身愿望自觉不自觉地对于个人未来生活、社会将来发展做出一种主观判断，这种判断会影响个体成员的信念、情绪和行为抉择，这是个体

① 尚丹．民族高校大学生心理健康教育存在的问题及对策［J］．黑龙江科学，2017（8）．

的预期。[①]就后者而言，这是由于个体预期而发展的，还是全部社会主体对于整个社会经济生活状况的心理判断。

总体上看，新生代青年由于对社会预期很高，因此愿意积极向上。对 CSS2019 年数据中全部青年样本中 18—35 岁（含 35 岁）[实际青年样本数为 2315 人]进行分析可见（见图 1），中国青年的主体是奋斗的，积极奋斗（上游青年）和有限奋斗（和解青年）合计为 89.15%，占绝大多数，且积极奋斗（46.26%）大于有限奋斗（42.89%）。真正“躺平”的是少数（9.20%），敢于“摆烂”的更是极少数（1.64%）。

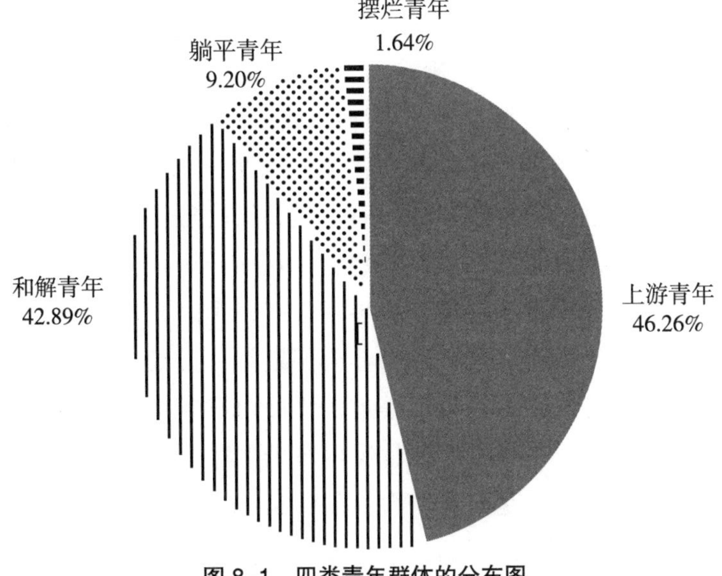

图 8-1　四类青年群体的分布图

注：有关研究从成就预期的视角将当代中国青年划分为摆烂青年、躺平青年、和解青年和上游青年四类。见[1]廉思，袁晶，张宪．成就预期视域下的中国青年发展——基于时间洞察力理论的新认知[J]．中国青年研究，2022（11）：30-51.

从中可见，绝大部分青年对社会流动的预期非常高，对未来的生活和社会充满期待和向往，这从一个侧面反映出青年的社会预期状况。然而，我们必须看到的是，如果新生代青年脱离实际的调高自我的期望，甚至是对社会预期提得过高时，一旦自身期望无法在社会当中得到实现，特别容易在现实生活当中遭受挫败

① 王俊秀．居民需求满足与社会预期[J]．江苏社会科学，2017（1）.

感。这时若是缺乏必要的引导，这种社会挫败感就会进一步造成心理的失衡，甚至出现悲观主义情绪，产生对社会的不满甚至泄愤心理。这种心理在外力因素的促使下一旦爆发出来，就会带来很大的破坏性。正如有研究指出，青年一旦丧失了社会流动信心，对未来迷茫和彷徨，产生悲观情绪，就容易将他们对社会的理想想法作为他们的行动纲领，掀起社会运动。[①]对此，需要及时引导新生代青年的社会预期，避免其不切合实际的过高期望而带来的失望，从而造成的心理失衡。

其一，确保正确引导新生代青年舆论。社会舆论是社会心理的预期导向，它可以让社会心理以一定的速度扩散，并且会对社会主体的心理产生快速影响，最终可能会对社会主体的未来行为产生催化作用。通常情况下，正确的、理性的社会舆论能提振青年的精神，进而形成合理的社会预期，并能增强通过努力能够达到预期目标的信心；而非理性的、不良的社会舆论则会误导青年，造成青年过高的社会预期，而一旦后续的经济社会生活状况达不到这种预期，就容易招致青年的不满和怨愤，从而产生消极的影响。因此，必须要通过合理的方式构建社会舆论引导新方式，及时营造符合青年心理预期的环境，引导新生代青年形成合理的社会预期。一方面，要积极利用传统媒体和互联网新媒体等各种舆论传播渠道，积极引导新生代青年理解社会的秩序与现实的发展状况，引导青年了解民生改善的循序渐进性和层次性。青年民生问题关系方方面面，是具有层次性的，从基本生存到生计来源，再到生活质量的民生改善是循序渐进的，不可能一蹴而就，既需要国家和政府制定和出台政策来促进民生的改善，也需要每一位青年自身付出辛勤的劳动和艰苦的努力。为此，正确有效引导社会舆论，把涉及青年利益的政策安排讲透彻，争取青年的理解和支持，以最大限度地凝聚社会共识，为青年的发展提供良好的社会环境。另一方面，要及时地引导新生代青年正确认识社会的公平问题，只有当新生代青年对社会公平具有正确的认识，正面理解社会公平的相对性，才会对新生代青年培育良好的社会心理状况产生正面影响。如若青年的社会不公平感越高，就越容易对现实不满，就越可能造成他们的社会越轨行为。然而，必须看到的是，社会公平问题也是随着经济社会发展而发

① 廉思 . 世界范围内青年运动新趋势研究［J］. 中国青年研究，2013（12）.

展的，不同的发展阶段有不同的社会公平要求，没有绝对意义上的公平。为此，需要加强引导青年对社会公平的理解。例如要引导青年对“共享”准确理解，既要认识到党的一切奋斗，都是为了不断解放和发展生产力，以此来实现民生的共享，让全体社会成员共同享受大家创造出来的财富，这也是改革发展的初衷和落脚点；也要了解共享不是均享，不是“吃大锅饭”和“杀富济贫”，而是对于共同创造的财富的分享，也不能简单理解为高福利，“从摇篮到坟墓”的高福利是不切实际的。

其二，坚持“尽力而为”和“量力而行”的辩证关系。中国特色社会主义进入新时代后，人民日益增长的美好生活需要和不平衡不充分的发展之间的矛盾成为新的社会主要矛盾。对此，需要从两个层面来理解：一方面，我国正处于并将长期处于社会主义初级阶段，生产力的发展水平尚未达到发达国家的水平，区域、城乡和个体之间的收入还存在一定的差距，这是现阶段我国的实情。保障和改善青年的民生问题必须从这个基本国情出发，在工资收入分配、医疗住房等方面制定有关青年民生政策，既让更多青年公平地分享改革发展成果，又引导青年形成符合经济社会发展实际的合理预期。唯有如此，才能更好地缓解青年的紧张心理，增强青年对社会的稳定预期。另一方面，广大的人民群众对社会的发展提出更高的要求是可以理解的，但这些要求只能是由全体人民共同努力，尽力而为地去创造。人民日益增长的美好生活需要对政府提出了更高的要求。党和政府要尽力而为提供满足人民日益增长美好生活需要的公共服务和产品，努力完善社会保障体系，为青年提供基本生存层面的民生保障，从而增强青年对自身未来生活、社会进步和国家发展的强烈信心。

其三，合理疏导新生代青年的自我定位。新生代青年对于未来的期待相对更高。因为改革开放以来，中国的快速发展让新生代青年产生了“生活一定会越来越好”的现实认知。因此，新生代青年的职业预期相对高于其他社会主体。但如果是在社会发展过程中，新生代青年对未来的预期无法有效地实现时，就会导致新生代青年对于社会公平的认知错落，甚至会导致新生代青年产生相对剥夺感，进而导致社会矛盾的发生。因此，针对新生代青年的自我定位应当积极主动引导，使其理解在现实社会当中如何看待自身就业、经济收入、婚姻家庭等各方面的现实条件，为其提供处理理想和现实、当前和长远之间的合理心理预期，形成推动社会良性有序运行的心理可能。

三、优化新生代青年的心理调适机制

新生代青年面临着社会生活当中的学业、就业和住房等各种社会压力，本身心理调适已经出现了较大困难。加上在西方社会思潮影响和催化下，少数青年会产生对社会认知的模糊感，进而产生青年心理问题。这些心理问题应该需要有不同的心理调适机制进行化解，以防新生代青年的心理失衡，最终演化为各种社会矛盾。

一是优化学校对青年学生的心理疏导机制。新生代青年的主要生活环境之一是学校，各级学校都对青年学生的心理疏导具有一定的责任。首先，要加大对青年学生的心理帮扶。一方面，优化青年学生的思想政治教育引导机制。可以开展社会实践和组织文明、红色活动，使青年能够从实践中感受到主流价值观的魅力[①]，帮助青年学生形成积极向上的社会心态。另一方面，优化学校层面的心理健康和咨询服务机制，帮助青年学生祛除不良的心理问题。就前者而言，教学上应该专门开设心理调试的相关课程，及时举办学校层面的心理调试讲座，班级层面积极开展心理调试的相关活动，为青年学生提供一些心理健康方面的知识。就后者而言，可以在学校层面建立心理健康咨询中心，聘请专业心理咨询工作人员为青年学生提供专业的心理疏导治疗服务。心理疏导治疗法在临床上不建议把病人当作“机器”一样“修理”，而是主张要调动病人的主观能动性，树立足够的信心，并帮助其自己解决生活中遇到的实际问题。其次，及时优化青年心理危机的化解机制。青年学生在学校期间出现的各种消极心理和情绪，都会经历一个渐进发展的过程，并通过一些具体的行为表现出来，学校可以通过班主任、授课教师、辅导员、导师和同学等人群来了解青年学生的学业、家庭和思想心理状况等，学生的心理问题如果能够较早地得到发现，就容易为其后来的心理调适打下良好的基础。再次，注重青年学生心理抗压能力的培养。青年学生社会阅历少，容易从自身利益和理想状态的角度来认识和思考问题，这往往就会遇到各种实际的困难和挫折。因此，要引导青年学

---

① 石雪，张晓艳，冯飞．当前增强我国青年政治认同的对策探析［J］．广西社会科学，2017（7）．

生如何去面对困难和挫折，而不是逃避的态度，通过直面困难和挫折，不断提高其心理抗压能力。

二是打造针对青年经济心理的引导机制。要积极主动地对青年的经济心理进行有效评价和引导，比如对青年公务员应该积极引导他们看待好公和私的问题，引导他们正确理解薪酬和职级晋升的规则。同时在人际关系方面进行辅导，定期开展一些心理辅导课程，促进信息交流，不断改善员工关系，强化组织支持，将基层工作人员的整体精气神和素质全面提升起来。中国大约有九十多万名持证的心理咨询师，但是仅有 3 万至 4 万人从事心理咨询行业的专兼职工作，90% 以上的心理咨询师持证而未从业。心理咨询师的人员缺口数量达 43 万。[①] 无法满足社会对心理咨询和治疗的需求。因此，要加快建立社会心理疏导机制，将人们的心理问题合理引导，宣泄其心理压力，增强其社会心理承受能力，防止更多社会越轨行为的出现。善于解决青年存在的心理问题，运用专业的心理知识和技能帮助青年走出心理阴影，做到早发现、早介入和早解决。

三是构建新生代青年的情绪宣泄阀门机制。从安全阀角度来看，情绪宣泄可以充分发挥“排气阀”的作用，可以将青年的各种不良情绪以特定的方式进行化解，以防青年的不良情绪积累到一定程度，超越爆发阈值而导致社会矛盾和社会稳定的危害。科塞在《社会冲突的功能》一书中指出：“那些缺乏发泄不满的渠道的人，其自我被剥夺感越强，则越可能怀疑现存分配方式的合法性。”[②] 从现代心理学来看，不少研究者认为，情绪宣泄是获得心理健康的重要“营养素”。所以，青年的心理调适应该要有情绪宣泄阀门机制。通过这个机制可以让青年的社会心理压力得到有效的释放，而不是完全的压抑在青年的心中。现代社会在转型发展过程中，确实为青年带来了许多新的压力，也导致了青年的心理问题不断加剧。遗憾的是，社会生活当中缺乏相应的宣泄机制，使得青年往往会将心理情绪积压在心中，当这种负面情绪长期得不到发泄时，很容易通过群体性的讨论，进而演化为群体性的过激性行为，最终可能酿成群体性事件，而对社会稳定带来灾难性的破坏。

---

① 1.9 亿中国人需要心理干预治疗，而中国心理咨询师缺口却有 43 万［EB/OL］. 中国青年网，2021-12-11.

② 〔美〕L. A. 科塞 . 社会冲突的功能［M］. 孙立平，等译，华夏出版社，1989：71.

致 谢

“一路前行，感恩有您”。此时，我的脑海中浮现出许多熟悉的名字，我的心中溢满了无以言表的感动。首先，我要感谢湖北景初文化传媒有限公司的肖丹女士，她为本书的出版四处奔波，才使得这本著作最终与读者相见。其次，我要感谢关心和支持我的领导和同事。在课题开题、课题调研、书稿撰写和完善的过程中，他们给我提出了许多建设性的意见，提供了诸多帮助。尤其值得指出的是，本书得到了吴振华博士（第五章）和傅李琦博士（第六章）的大力支持，这两章的内容是在他们整理和统计问卷数据的基础上撰写而成的，感谢他们无私的帮助。最后，感谢所有关心和支持我的家人、老师和朋友们，这份温暖我将永远珍藏在心底……尽管已经很努力了，但我个人的学识和水平终究有限，研究中依然存在着不少尚未深刻阐述的问题，论证中依然存在一些令人难以信服的地方，书中依然存在着不足之处，在此敬请各位读者批评指正。